Reale Optionswerte in der Umweltökonomie

Band 1: Michael Schröder
Die volkswirtschaftlichen Kosten von Umweltpolitik
1991, ISBN 3-7908-0535-1

Band 2: Karl Heinz Gruber
Zur methodischen Auswahl von Emissionsminderungsmaßnahmen
1991, ISBN 3-7908-0547-5

Band 3: Helmuth-M. Groscurth
Rationelle Energieverwendung durch Wärmerückgewinnung
1991, ISBN 3-7908-0552-1

Band 4: Frank Stähler
Kollektive Umweltnutzungen und individuelle Bewertung
1991, ISBN 3-7908-0572-6

Band 5: Rolf Winkler
Konzeption und Bewertung technischer Entsorgungswege
1992, ISBN 3-7908-0577-7

Band 6: Michael van Mark/
Erik Gawel/Dieter Ewringmann
Kompensationslösungen im Gewässerschutz
1992, ISBN 3-7908-0638-2

Band 7: Maria J. Welfens
Umweltprobleme und Umweltpolitik in Mittel- und Osteuropa
1993, ISBN 3-7908-0654-4

Band 8: Hans-Dietrich Haasis
Planung und Steuerung emissionsarm zu betreibender industrieller Produktionssysteme
1994, ISBN 3-7908-0768-0

Band 9: Ute Bennauer
Ökologieorientierte Produktentwicklung
1994, ISBN 3-7908-0779-6

Band 10: Maria J. Welfens/
Nadja Schiemann (Hrsg.)
Umweltökonomie und zukunftsfähige Wirtschaft
1994, ISBN 3-7908-0788-5

Band 11: Rolf Jacobs
Organisation des Umweltschutzes in Industriebetrieben
1994, ISBN 3-7908-0797-4

Band 12: Frank Jöst
Klimaänderungen, Rohstoffknappheit und wirtschaftliche Entwicklung
1994, ISBN 3-7908-0809-1

Band 13: Georg Müller-Fürstenberger
Kuppelproduktion
1995, ISBN 3-7908-0883-0

Band 14: Andreas Pfnür
Informationsinstrumente und -systeme im betrieblichen Umweltschutz
1996, ISBN 3-7908-0894-6

Band 15: Christian Kölle
Ökonomische Analyse internationaler Umweltkooperationen
1996, ISBN 3-7908-0901-2

Band 16: Rainer Souren
Theorie betrieblicher Reduktion
1996, ISBN 3-7908-0933-0

Band 17: Fritz Söllner
Thermodynamik und Umweltökonomie
1996, ISBN 3-7908-0940-3

Band 18: Thomas Nestler
Umweltschutzinvestitionen im Verarbeitenden Gewerbe
1997, ISBN 3-7908-0962-4

Band 19: Anja Oenning
Theorie betrieblicher Kuppelproduktion
1997, ISBN 3-7908-1012-6

Band 20: Graciela Wiegand
Die Schadstoffkontrolle von Lebensmitteln aus ökonomischer Sicht
1997, ISBN 3-7908-1024-X

Band 21: Karin Holm-Müller
Ökonomische Anreize in der deutschen Abfallwirtschaftspolitik
1997; ISBN 3-7908-1028-2

Band 22: Ronald Wendner
CO_2-Reduktionspolitik und Pensionssicherung
1997, ISBN 3-7908-1032-0

Band 23: Jochen Cantner
Die Kostenrechnung als Instrument der staatlichen Preisregulierung in der Abfallwirtschaft
1997, ISBN 3-7908-1033-9

Gerd R. Nicodemus

Reale Optionswerte in der Umweltökonomie

Eine Analyse der umweltökonomischen Implikationen von Unsicherheit am Beispiel des Treibhauseffektes

Mit 6 Abbildungen

Physica-Verlag
Ein Unternehmen
des Springer-Verlags

Reihenherausgeber
Werner A. Müller
Martina Bihn

Autor
Dr. Gerd R. Nicodemus
Energy and Environment Division
International Energy Agency/OECD
9, rue de la Fédération
F-75739 Paris Cedex 15, France

ISBN-13: 978-3-7908-1089-9 e-ISBN-13: 978-3-642-48092-8
DOI: 10.1007/978-3-642-48092-8

Die Deutsche Bibliothek – CIP-Einheitsaufnahme
Nicodemus, Gerd R.: Reale Optionswerte in der Umweltökonomie: eine Analyse der umweltökonomischen Implikationen von Unsicherheit am Beispiel des Treibhauseffektes / Gerd R. Nicodemus. – Heidelberg: Physica-Verl., 1998
(Umwelt und Ökonomie; Bd. 24)

Umschlaggestaltung: Erich Kirchner, Heidelberg

SPIN 10663282 88/2202-5 4 3 2 1 0 – Gedruckt auf säurefreiem Papier

Vorwort

Diese Arbeit entstand während meiner Tätigkeit als wissenschaftlicher Mitarbeiter am Institut für Finanzwissenschaft der Universität Mainz. Sie wurde im Sommer 1997 vom Fachbereich Rechts- und Wirtschaftswissenschaften der Johannes Gutenberg-Universität Mainz als Dissertationsschrift angenommen.

Meinem Doktorvater, Herrn Prof. Dr. Georg Tillmann, der die Arbeit während meiner Assistentenzeit betreute, möchte ich für die Betreuung und Unterstützung danken.
Herrn Prof. Dr. Hermann Bartmann danke ich für die Übernahme des Zweitreferats.

Ein weiteres Wort des Dankes gilt meinen Freunden und Kollegen Herrn Klaus Feketics, Herrn Jeffrey Wagner, Herrn Axel Breitbach und Herrn Stefan Klomfaß für die kritische Durchsicht des Manuskripts und für wertvolle Anregungen.

Schließlich möchte ich noch meinen Eltern und Hortense danken, die mir mit Rat und Tat, Aufmunterung und Geduld zur Seite standen und mich weit über das übliche Maß hinaus unterstützt haben.

Mainz, Paris, 1997 *Gerd R. Nicodemus*

INHALTSVERZEICHNIS

Einleitung

Die Gefahr einer Klimaveränderung durch anthropogene Emissionen von Treibhausgasen ist seit Ende der achtziger Jahre verstärkt in den Mittelpunkt des umweltpolitischen Interesses gerückt. Spätestens seit der Umweltkonferenz der Vereinten Nationen im Juni 1992 in Rio de Janeiro gewann die Treibhausproblematik eine politische Dimension. Der Umweltgipfel stand ganz im Zeichen der Diskussion über die Dringlichkeit einer signifikanten Reduktion der klimarelevanten Emissionen. So beschloß die Bundesregierung ein Reduktionsziel für Kohlendioxidemissionen von 25 % bis zum Jahre 2005, womit sie jedoch noch unterhalb der von der Enquete-Kommission „Vorsorge zum Schutz der Erdatmosphäre" geforderten 30% blieb. Andere Staaten, wie etwa die USA, schätzen den Nutzen einer deutlichen Emissionsreduktion im Vergleich zu den immensen Kosten als zu gering ein und verweisen dabei auf die nach wie vor bestehenden Unsicherheiten bezüglich des Treibhauseffektes.

In der Tat werden nur wenige Themen innerhalb der wissenschaftlichen umweltökonomischen Forschung vergleichbar kontrovers und daher auch intensiv diskutiert. So werden einerseits Forderungen nach einer sofortigen merklichen Reduktion der Emissionen laut, die mit Hinweis auf die Irreversibilität der einmal in der Atmosphäre akkumulierten Spurengase begründet werden. Die ansteigende Konzentration dieser Gase in der Erdatmosphäre führe demnach unumkehrbar zu klimatischen Veränderungen mit verheerenden Auswirkungen. Dagegen weisen Kritiker darauf hin, daß der endgültige Beweis aller naturwissenschaftlichen Vorhersagen zum Treibhauseffekt noch ausstehe und insofern eine Reduktion der mit der Nutzung fossiler Energieressourcen verbundenen Emissionen eine Vergeudung volkswirtschaftlicher Ressourcen darstelle.

Zwei Elemente sind im Zusammenhang dieser Kontroverse zunächst zu beachten. Relevant für den Einfluß wirtschaftlicher Aktivitäten auf das Klima sind nicht die aktuellen Emissionen, sondern die insgesamt in den Umweltmedien zu einer Bestandsgröße kumulierte Konzentrationsmenge an Treibhausgasen. Dieser Zusammenhang gilt in ähnlicher Weise für eine Reihe von Umweltproblemen[1]. Der Treibhauseffekt kann somit als prominentes Beispiel für eine ganze Klasse von Umweltproblemen gelten, die eine explizite intertemporale Betrachtung unter Berücksichtigung der natürlichen Absorptionsfähigkeit in der Zeit erfordern. Unsicherheit hinsichtlich der Höhe der natürlichen Kapazität, Schadstoffe abzubauen, sowie vor allem hinsichtlich der zukünftigen Schäden aus der akkumulierten Menge an Schadstoffen, bildet das zweite Element, das Anlaß zu der aufgezeigten Kontroverse gibt. Das zwischen Unsicherheit und

[1] So ist etwa der saure Regen das Ergebnis einer Schadstoffakkumulation von Schwefeldioxid. Weitere Beispiele betreffen die Akkumulation von Pestiziden, langlebigem Giftmüll, radioaktiven Abfällen usw.

Schadstoffbestandscharakter bestehende Spannungsverhältnis wirft somit die Frage auf, ob umweltpolitische Maßnahmen sofort eingeleitet werden sollten, oder ob die Entscheidung für den Einsatz volkswirtschaftlicher Ressourcen zur Emissionsreduktion bis zum Erhalt zuverlässigerer Informationen aufzuschieben ist.

Im Mittelpunkt der vorliegenden Arbeit steht daher die Frage, in welchem Ausmaß Emissionen, die zum weiteren Aufbau eines Schadstoffbestandes beitragen, unter den Bedingungen von Unsicherheit und mit Blick auf eine optimale intertemporale Allokation der Ressourcen reduziert werden sollten. Demnach sind die Implikationen des Einsatzes von umweltökonomischen Instrumenten (z.B. Emissionssteuer, Emissionszertifikate) mit dem Ziel der Emissionsreduktion in einem intertemporalen Kontext bei Vorliegen von Unsicherheit abzuleiten.

Eine präventive umweltpolitische Allokationsentscheidung ist dabei abhängig von der Risikoaversion der umweltpolitischen Entscheidungsinstanz und von der Existenz eines sogenannten Quasi-Optionswertes. Eine über die Reduktionsentscheidung bei Risikoneutralität hinausgehende Vermeidung von Emissionen kann bei risikoaversem Verhalten als Risikoprämie aufgefaßt werden, die den Wert einer Verminderung zukünftiger Risiken hinsichtlich der irreversiblen Nutzung von Umweltgütern darstellt. Dieser Wert wird häufig auch als Optionswert bezeichnet. Dagegen ist risikoaverses Verhalten für die Existenz eines Quasi-Optionswertes nicht erforderlich. Im Fall einer irreversiblen Nutzungsentscheidung kann ein „vorsichtiges Verhalten" angezeigt sein, um den Wert zukünftiger Informationen im Hinblick auf die Ableitung einer optimalen Entscheidung nicht auszuschließen. Beide Optionswerte setzen somit einen Zugewinn an Informationen bzw. die Verringerung der Unsicherheit in der Zukunft voraus.

Gegen eine präventive Umweltpolitik und für ein Aufschieben der Entscheidung zur Durchführung signifikanter Emissionsreduktionsmaßnahmen spricht dagegen ein zweiter „Irreversibilitätseffekt" auf Seiten des Vermeidungskapitals. Mit dem Beschluß für eine deutliche Reduktion der Treibhausgasemissionen wird der Startschuß für umfangreiche Investitionen in Vermeidungskapital gegeben mit der Konsequenz, daß knappes langfristiges Kapital in eine Verwendung mit ungewissem Nutzen geführt wird. Der Entscheidung, erforderliche Investitionsmaßnahmen zur Reduktion der Emissionen aufzuschieben, kommt somit ein eigener Wert zu. Konstitutiv für diesen Wert ist zum einen die Möglichkeit, auch in Zukunft in Vermeidungskapital investieren zu können und zum anderen der Irreversibilitätscharakter des eingesetzten Kapitals. In Analogie zu den am Kapitalmarkt gehandelten Optionen kann der Wert des Wartens somit als Optionswert angesehen werden. Im Unterschied zu diesen begründet er jedoch nicht das Ausübungsrecht auf am Kapitalmarkt gehandelte Wertpapiere, sondern auf Investitionen in reales Kapital. Die Implikationen dieses Zusammenhangs auf die optimale Investitionsentscheidung sowie die Wahl des umweltpolitischen Instrumentes zur Umsetzung des Emissionsziels gilt es zu berücksichtigen.

Da eine theoretisch orientierte Auseinandersetzung umweltpolitischer Probleme sich innerhalb eines wohlfahrtsökonomischen Rahmens vollzieht, steht am Anfang dieser Arbeit das Kapitel 1 zu den wohlfahrtstheoretischen Grundlagen der Umweltproblematik. Die Bereitstellung einer optimalen Umweltqualität scheitert demnach an der fehlenden Ausweisung und Durchsetzung von Knappheitspreisen für die Nutzung von Umweltgütern, die sich durch die Marktversagensthese für öffentliche Güter begründen läßt. Eine dem Pareto-Kriterium genügende Allokation ist im Fall der Existenz eines öffentlichen Gutes durch dezentrale Allokationsmechanismen (bzw. marktwirtschaftliche Instrumente) nicht erreichbar, und ein staatliches Eingreifen zur Behebung des allokativen Defizits wird erforderlich. Dazu wird die Vorgabe eines Umweltqualitätsziels, das eine Bewertung der Kosten und Nutzen von mehr Umweltqualität ermöglicht, durch die Wahl einer sozialen Wohlfahrtsfunktion notwendig.

Im Kapitel 2 werden die Besonderheiten der Klimaproblematik erläutert. Dazu wird zunächst aufgezeigt, inwiefern die mit der Verbrennung fossiler Energieressourcen freigesetzten Emissionen zu einer globalen Erwärmung und einer Veränderung des Klimagleichgewichts beitragen. Dabei sind die bislang bestehenden naturwissenschaftlichen und sozioökonomischen Unsicherheiten sowie deren Implikationen nicht außer acht zu lassen. Ferner wird auf die globale Dimension des Treibhauseffektes sowie die sich daraus ergebenden Kooperationsprobleme zwischen souveränen Staaten zur Bereitstellung des öffentlichen Gutes Klimastabilität eingegangen.

Die statische Optimierung von Umweltbelastung bei Unsicherheit bezüglich des Nutzens von mehr Umweltqualität und bei Unsicherheit über die Vermeidungskosten von Umweltbelastung ist Gegenstand des dritten Kapitels. Eine Identifikation optimaler Handlungsalternativen erfolgt anhand der Maximierung des Erwartungsnutzens von Umweltqualität sowie anhand des zweidimensionalen (μ, σ)-Entscheidungsprinzips. Innerhalb eines komparativ-statischen Modellrahmens werden Irreversibilitäten in das Optimierungskonzept der Umweltbelastung eingeführt. Sie können als eine wichtige Kategorie intertemporaler Externalitäten aufgefaßt werden, und sind als konstitutives Element für das Konzept der Optionswerte (Options- und Quasi-Optionswert) anzusehen.

In Kapitel 4 erfolgt erstmals eine explizite dynamische Betrachtung. Für den Fall der vollständigen Information kommt ein Modell der optimalen Kontrolle eines Schadstoffbestandes mit konstanter natürlicher Assimilationkapazität zum Einsatz, das zur Ableitung einer effizienten Emissionsvermeidungsstrategie dient. Eine effiziente Strategie zur Kontrolle kumulativer

Umweltbelastung ist demnach an der expliziten Dynamik des Schadstoffbestandes und nicht an einem „Steady State“ von Ökonomie und Schadstoffbestand zu orientieren. Es wird aufgezeigt wie angestrebte „Steady States“ sich aufgrund neuer Informationen ständig verändern können. Desweiteren wird auf den empirisch relevanten, jedoch meist nicht beachteten Umstand eingegangen, daß die aktuellen Emissionen sich erst mit einer gewissen zeitlichen Verzögerung auf die Höhe des akkumulierten Schadstoffbestandes auswirken.

Die explizite Einbeziehung von Unsicherheit bezüglich der natürlichen Assimilationkapazität sowie hinsichtlich der Bewertung zukünftiger Umweltschäden im Hinblick auf effiziente Strategien zur Kontrolle von Emissionen ist Gegenstand des fünften Kapitels. Dabei wird gezeigt, wie Akkumulationsunsicherheit und ungewisse zukünftige Präferenzen die optimale Emissionssteuer und eine an dieser orientierte Emissionsvermeidungsstrategie beeinflussen. Insbesondere die Ableitung der Bedingungen eines Quasi-Optionswertes und die sich aus der Existenz eines solchen Wertes ergebenden Implikationen für den optimalen Pfad einer Emissionssteuer stehen dabei im Mittelpunkt der Analyse.

Im sechsten Kapitel wird dem Umstand Rechnung getragen, daß eine signifikante Reduktion von Emissionen Investitionen in Vermeidungskapital bzw. umweltfreundliche Technologien erforderlich macht. Zunächst wird eine intertemporal wohlfahrtsmaximierende Allokation der Ressourcen bei Berücksichtigung eines kumulativen Schadstoffbestands und vollständiger Information abgeleitet. Anschließend wird aufgezeigt, wie mittels einer optimalen Emissionssteuer eine wohlfahrtsmaximierende Allokation erreicht werden kann. Aufgrund der ungewissen Entwicklung des zukünftigen Schadstoffbestandes, ist der zukünftige Pfad der optimalen Emissionssteuer ebenfalls ungewiß. Angesichts der Irreversibilität des einmal investierten Vermeidungskapitals, begründet dies einen Optionswert bzw. einen Wert des Wartens bezüglich der Durchführung der Investition. Die optimale Investitionsentscheidung der Schadstoffemittenten bei Beachtung dieses Optionswertes wird im darauffolgenden Abschnitt abgeleitet und geht damit in Richtung der kürzlich von Farzin (1996)[2] gemachten Vorschläge. Im weiteren wird aufgezeigt, inwiefern die Implementierung einer Marktlösung mittels einer Politik der handelbaren Emissionsrechte zum einen das Erreichen des ökologischen Ziels gewährleistet. Zum anderen erlaubt dieses Instrument eine Absicherung der ökonomischen Risiken einer Investition in umweltfreundliches Kapital mit Hilfe derivativer Instrumente. Zum Schluß werden die Ergebnisse der vorliegenden Arbeit in Kürze zusammengefaßt und ein Ausblick auf weiterführende Fragestellungen sowie mögliche Modellerweiterungen gegeben.

---

[2] Vgl. Farzin, Y. H. (1996): Optimal Pricing of Environmental and Natural Resource Use with Stock Externalities, Journal of Public Economics, Vol. 62, S. 31-57, S. 54.

1 Umweltbelastung als Allokationsproblem

1.1 Öffentliche Güter und externe Effekte

Das zentrale Problem im Umgang mit der Ressource Umwelt ist allokationstheoretischer Natur, d.h. die verschiedenen Nutzungsmöglichkeiten des knappen Gutes Umwelt stehen in konkurrierender Beziehung zueinander. Staatlicher Handlungsbedarf ergibt sich dabei aufgrund der Ineffizienz der Nutzung dieses Gutes.

Die Forderung nach einer effizienten Verwendung des Gutes Umwelt ist zum einen durch die Knappheit des Gutes und zum anderen durch den ihm zugemessenen Wert zu begründen. Angesichts von Luft-, Wasser- und Bodenverschmutzung erübrigt sich eigentlich die Frage nach der Knappheit des Gutes "saubere Umwelt". Zwischen der Nutzung der Umwelt als öffentlichem Konsumgut und der Inanspruchnahme dieser zur Entsorgung von Schadstoffen oder als Standort zur Produktion besteht eine Verwendungskonkurrenz. Die Nachfrage nach diesen alternativen Nutzungsmöglichkeiten übersteigt bei einem in vielerlei Hinsicht noch gültigen Nulltarif der Umweltnutzung das zur Verfügung stehende Angebot an Umwelt, welche daher nicht mehr als ein freies Gut angesehen werden kann. Die Folge ist eine übermäßige Inanspruchnahme der Umweltmedien zur Entsorgung von Schadstoffen, die die Nutzungsmöglichkeiten der Umwelt als öffentliches Konsumgut einschränkt und zu einer Verschlechterung der Qualität führt.

Da die Frage nach einer "optimalen" Nutzung der Umwelt sich als ein Problem der miteinander konkurrierenden Verwendungsmöglichkeiten eines nur begrenzt zur Verfügung stehenden Gutes darstellt, ergibt sich ein Allokationsproblem, dessen Lösung in der Zuweisung des knappen Gutes auf die unterschiedlichen Nutzungsmöglichkeiten besteht[1].

Das Konzept der negativen Externalitäten nimmt dabei nicht die Idee einer Verwendungskonkurrenz von Umwelt als Ausgangspunkt, sondern versucht die nicht über den Markt, aber über das System der Umwelt laufenden ökonomischen Aktivitäten einzelner Wirtschaftssubjekte, die eine Beeinträchtigung im Konsum (externe Effekte im Konsum), in der Produktion (externe Effekte in der Produktion) oder von Produktionsaktivitäten auf den Konsum von Umwelt anderer Wirtschaftssubjekte bewirken, zu erfassen. Die negativen externen Effekte sind dann Folge des (noch nicht gelösten) Problems der konkurrierenden Verwendungen des Gutes Umwelt.

---

[1] Vgl. zum Konzept der miteinander konkurrierenden Verwendungen von Umwelt Siebert, H. (1992): Economics of the Environment, 3. Auflage, Berlin et al., S. 15 ff.

Die fehlende Berücksichtigung der Opportunitätskosten der Umweltnutzung im einzelwirtschaftlichen Entscheidungskalkül führt somit zu einer Diskrepanz von einzelwirtschaftlichen und volkswirtschaftlichen Kosten, was eine Fehlallokation des Gutes Umwelt als auch der volkswirtschaftlichen Produktionsfaktoren Arbeit und Kapital zur Folge hat. Insofern ist die Einführung von Preisen, die die Knappheit bzw. die Opportunitätskosten der Nutzung in den unterschiedlichen Verwendungen widerspiegeln, geboten.

Die fehlende Ausweisung von Knappheitspreisen der Umweltnutzung ist über die Marktversagensthese für öffentliche Güter zu begründen. Demnach sind (reine) öffentliche Güter durch Nichtrivalität im Konsum sowie durch die fehlende Anwendbarkeit des Ausschlußprinzips gekennzeichnet[2]. Für eine Reihe von Gütern ist es technisch unmöglich einen Ausschluß von der Nutzung vorzunehmen (z. B. Luft, ästhetische Werte von Landschaft und Natur). Jedoch lassen sich auch Beispiele finden, die zwar einen technischen Ausschluß zulassen, dieser aufgrund normativer Überlegungen aber nicht vorgenommen werden sollte. Nach der ersten Eigenschaft würde eine effiziente Ressourcennutzung (wonach die Grenzkosten für zusätzliche Nutzer dem Preis zu entsprechen hätten) einen Preis von Null voraussetzen, da die Nutzung des Gutes durch ein Wirtschaftssubjekt die Nutzung durch andere Wirtschaftssubjekte nicht beeinträchtigt, d.h. die Ausdehnung der Nachfrage auf zusätzliche Nutzer ist nicht mit zusätzlichen Kosten verbunden. Insofern sind die Grenzkosten der weiteren Inanspruchnahme gleich Null und somit ist es effizient, keinen Ausschluß vorzunehmen und den Preis gleich Null zu setzen. Dagegen sind die Kosten der Bereitstellung des öffentlichen Gutes von null verschieden. Wenn rivalisierender Konsum vorliegt, ist ein Marktversagen aufgrund fehlender (technischer) Möglichkeiten, weitere Nutzer auszuschließen (wie dies im Fall privater Güter über den zu zahlenden Marktpreis erfolgt) möglich und "free-rider"-Verhalten die Konsequenz. Dies hat nun zur Folge, daß sich ein zu geringes privates Angebot zur Verbesserung der Umweltqualität entfaltet.

Obwohl beide Eigenschaften kennzeichnend für reine öffentliche Güter sind, genügt eine davon, um ein Marktversagen zu begründen. Tatsächlich ist der Fall des reinen öffentlichen Gutes als ein Extremfall gegenüber dem Fall der privaten Güter abzugrenzen. So ist die Frage der Umweltnutzung auch als ein Überfüllungsproblem aufzufassen, welches dadurch gekennzeichnet ist, daß eine Übernutzung der Umwelt angesichts begrenzter Umweltkapazitäten die Qualität des öffentlichen Gutes negativ beeinflußt. Es findet zwar kein Ausschluß von Nutzern des öffentlichen Gutes statt, jedoch geht mit steigender Inanspruchnahme desselben eine Vermin-

---

[2] Vgl. z.B. Musgrave, R. A.(1959): The Theory of Public Finance. A Study in Public Economy, Mc Graw-Hill: New York et. al.

derung in der Qualität einher (z.B. öffentliche Parkanlagen, Straßen[3])[4]. Neben diesem qualitativen Knappheitsproblem ist sehr häufig eine quantitative Restriktion bzw. Verwendungskonkurrenz infolge einer steigenden Nutzung von Umweltgütern festzustellen.

Neben dieser intratemporalen Verwendungskonkurrenz von Umwelt ist bei dynamischer Betrachtung für viele Umweltprobleme eine intertemporale Nutzungsrivalität festzustellen. Die Tatsache, daß durch die Akkumulation von Schadstoffen ein Schadstoffstock aufgebaut wird, von dem Schäden ausgehen, die weit in die Zukunft reichen (und möglicherweise irreversibler Natur sind), beeinträchtigt die Qualität des öffentlichen Gutes Umwelt und schränkt gegebenenfalls die Nutzungsmöglichkeiten zukünftiger Generationen ein. Insofern ist das Gut Umwelt auch aus dieser dynamischen Perspektive kein reines öffentliches Gut, da eine Rivalität hinsichtlich der Nutzung zu unterschiedlichen Zeitpunkten gegeben sein kann. Das Konzept der miteinander konkurrierenden Verwendungen von Umweltgütern wäre daher um die zeitliche Dimension zu erweitern.

Die miteinander konfligierenden Nutzungsmöglichkeiten der Umwelt lassen sich zusammenfassend auf die beiden zentralen Funktionen der Umwelt als Aufnahmemedium von aus Produktion und Konsum resultierenden Schadstoffen sowie als öffentliches Konsumgut reduzieren. Vor diesem Hintergrund stellt sich das Umweltproblem als eine Frage der Knappheit im weitesten Sinne, bzw. als ein Allokationsproblem dar. Im Unterschied zu privaten Gütern funktioniert das Marktausschlußprinzip nicht, weil Verfügungsrechte nicht definiert bzw. nicht definierbar sind. Dies hat zur Konsequenz, daß der Zugang zur Nutzung des Gutes nicht beschränkt oder reglementiert ist und somit eine (Über-) Nutzung der Umwelt als Empfänger von Schadstoffen zum Nulltarif resultiert. Wird die Umwelt zum Nulltarif als Aufnahmemedium für Schadstoffe genutzt, kann das Allokationsproblem nicht gelöst werden.

Die Vertreter der sogenannten "Property Rights"-Theorie fassen diesen Sachverhalt als eine Marktunvollkommenheit (die im Unterschied zur Marktversagensthese einen staatlichen Eingriff nicht zwingend erfordert) auf und sehen die Lösung des Problems der Umweltallokation in der Zuweisung von Verfügungsrechten, die die Nutzung des Gutes Umwelt rechtlich und institutonell festlegen[5]. Durch die Zuweisung von Nutzungsrechten wird das Umweltgut zum Gegenstand von Verhandlungen zwischen der Gruppe der Nutzer von Umwelt als Schadstoffaufnahmemedium (Schadstoffemittenten) und der Gruppe der Geschädigten (Nutzern des

---

[3]Der Konsum des öffentlichen Gutes Straße wird in diesem Fall durch die Inanspruchnahme anderer Individuen in Form sogenannter Überfüllungskosten ("congestion costs"), d.h. hier in Form eines Zeitverlustes bei Stau auf der Straße, beeinträchtigt.

[4] Vgl. Oakland, W.H.(1972): Congestion, Public Goods and Welfare, Journal of Public Economics, Vol. 1, S. 339-357.

[5] Vgl. Furubotn, E. and S. Pejovich (1972): Property Rights and Economic Theory: A Survey of Recent Literature, Journal of Economic Literature, Vol. 4, S. 1137-1162.

öffentlichen Konsumgutes Umwelt), so daß je nach Ausgestaltung der Verfügungsrechte Kompensationszahlungen zu leisten sind, die die Knappheit der Ressource Umwelt zum Ausdruck bringen. Die Verteilung der Nutzungsrechte in der Ausgangssituation ist dabei (sofern wir von Transaktionskosten abstrahieren und eine Zusammenfassung von Nutzern und Geschädigten zu jeweils einer Gruppe unterstellt wird) für eine effiziente Umweltallokation als Ergebnis der Verhandlungslösung nicht von Bedeutung[6].

Durch die Zuordnung exklusiver Nutzungsrechte für Umweltgüter wird zwar eine Ursache der Fehlallokation der Umwelt behoben und nach Ansicht der Vertreter der „Property Rights"-Theorie die Vorbedingung für eine effiziente Ressourcenallokation erfüllt. Jedoch sind mit alternativen Ausgangsverteilungen dieser Rechte unterschiedliche Verteilungswirkungen für Schädiger und Geschädigte verbunden, die letztlich einen Interessenkonflikt hinsichtlich der Verteilung des Internalisierungsgewinns hervorrufen können, welcher das effiziente Verhandlungsergebnis verzögern oder gar verhindern kann.[7]

Ferner kann wohl für die meisten Umweltgüter eine große Anzahl von betroffenen Personen unterstellt werden. Dies dürfte zum einen mit der Anzahl der Individuen steigende Transaktionskosten zur Folge haben, die unter Umständen die Internalisierungsgewinne empfindlich schmälern oder diese sogar übersteigen und die Aussichten auf ein Verhandlungsergebnis verringern. Coase hingegen hält dem entgegen, daß auch die zentrale Internalisierung externer Effekte durch den Staat mit nicht vernachlässigbaren Transaktionskosten verbunden ist[8]. Zum anderen wird die Verhandlungslösung durch die Verhandlungsstärke als auch durch "free rider"- Verhalten innerhalb der jeweiligen Gruppen beeinflußt bzw. beeinträchtigt.

Letztlich ist die Frage, ob einer dezentralen Internalisierung Vorrang vor einer zentralen Strategie eingeräumt werden sollte ("Pigou-Coase"-Kontroverse), durch eine unterschiedliche Einschätzung der Marktversagensthese bei Externalitäten bestimmt. Während die Anhänger einer zentralen Strategie in der Existenz externer Effekte ein Versagen des Marktes sehen, welches eine pareto-optimale Allokation verhindert und nur mittels staatlicher Eingriffe korrigiert werden kann ("Pigou-Lösung"), diagnostizieren die Verfechter der dezentralen Internalisierungsstrategie das Externalitätenproblem als ein Marktunvollkommenheitsproblem, welches durch freiwillige Verhandlungen der beteiligten Wirtschaftssubjekte marktmäßig gelöst werden kann (vgl. dazu Kapitel 2.3).

---

[6] Vgl. Coase, R. H. (1960): The Problem of Social Cost, Journal of Law and Economics, Vol. 3, S. 1-44.
[7] Vgl. dazu auch: Endres, A. (1977): Die Coase-Kontroverse, Zeitschrift für die gesamte Staatswissenschaft, Vol. 133, S. 642.
[8] Vgl. Coase, R.H. (1960), S. 15.

Die Kapazität der Natur, als Reservoir für Schadstoffe zu dienen, die gemäß der natürlichen (begrenzten) Abbaukapazitäten verarbeitet werden, ist durch „Rivalität im Konsum" gekennzeichnet bzw. ist knapp und erfüllt somit nicht die Eigenschaften eines reinen öffentlichen Gutes. Diese Fähigkeit der Umwelt ist vielmehr als Kapitalgutbestand und die Nutzung der Umwelt als Schadstoffempfänger als Kapitaldienstleistung aufzufassen. Gleichzeitig sind jedoch in der Regel (z.B. Atmosphäre als Empfänger für gasförmige Emissionen) Verfügungsrechte nicht definiert bzw. nicht definierbar, und der Zugang zur Ressource ist nicht beschränkt und somit zu einem Preis von Null möglich. Dies hat eine Übernutzung der Umwelt wegen des Auseinanderfallens einzelwirtschaftlicher und gesamtwirtschaftlicher Kosten und damit eine Fehlallokation zur Konsequenz. Sofern sich der Kreis der Nutzer dieser "gemeinsamen Kapitalgüter" auf eine Ebene mit staatlicher Hoheitsgewalt einschränken läßt (Staat, Staatenbund), ist eine Regelung der Nutzung dieser Ressourcen mittels unterschiedlicher Strategien möglich[9]. Für den Fall, daß diese Ressourcen globalen Charakter haben ("global common property resources"), wie dies zum Beispiel für die natürliche Atmosphäre der Fall ist, scheitert eine Beschränkung der Nutzung dieser Güter an den fehlenden übergeordneten Autoritäten mit entsprechender Hoheitsgewalt.

So ist der Treibhauseffekt ein globales Umweltproblem par excellence, dessen Bewältigung nur durch eine Übereinkunft zur Reduzierung der Nutzung der Atmosphäre als Aufnahmemedium für Treibhausgase auf internationaler Ebene möglich ist. Wenngleich die Emission von toxischen Schadstoffen, hervorgerufen durch die Verbrennung fossiler Energieressourcen, unmittelbar zu externen Kosten führt, wurde die gleichzeitige Freisetzung des nichttoxischen Treibhausgases Kohlendioxid lange Zeit nicht als ein Umweltproblem erkannt. Durch den sich allmählich in der Atmosphäre akkumulierenden Kohlendioxidgehalt und die sich daraus ergebende Gefahr einer globalen Klimaveränderung wurde die Begrenztheit der natürlichen Ressource als Aufnahmemedium für dieses klimarelevante Gas (als Folge einer Übernutzung) jedoch offensichtlich.

1.1.1 Der „Öffentliche-Gut-Charakter" der Umwelt

Im folgenden Abschnitt sei Umweltqualität als ein öffentliches Gut betrachtet, welches nicht über den marktwirtschaftlichen Prozeß alloziiert werden kann, da unterstellt sei, daß keine Verfügungsrechte für dieses Gut definiert sind bzw. definiert werden können. Sieht man zu-

---

[9] Vgl. Demsetz, H. (1967): Toward a Theory of Property Rights, American Economic Review, Papers and Proceedings, Vol 57, S. 347-359.

nächst von staatlichem Handeln ab, so ist zu erwarten, daß das Angebot an Umweltqualität im dezentralisierten marktwirtschaftlichen Allokationsmechanismus zu gering ausfällt. Während die sogenannte Lindahl-Lösung eine pareto-optimale Allokation des Gutes Umwelt über die Zuweisung von an der individuellen Zahlungsbereitschaft orientierten Lindahl-Preisen an die Nutzer des Gutes erreichen könnte, scheitert die Implementierung dieser Lösung an den fehlenden Anreizen des einzelnen Individuums, seine wahren Präferenzen zu enthüllen. Wenngleich in einigen Ansätzen zur Entwicklung dezentraler Allokationsmechanismen für öffentliche Güter versucht wurde, das Problem der Anreizkompatibilität zu lösen[10], erscheint es jedoch nahezu unmöglich, diese Mechanismen in der Realität umzusetzen.

Da eine dezentrale Allokation des öffentlichen Gutes die effiziente Bereitstellung desselben demnach offenbar nicht gewährleistet, wird staatliches Handeln erforderlich. Im weiteren Verlauf sollen zunächst die Bedingungen einer pareto-optimalen Bereitstellung des öffentlichen Gutes in einer Ökonomie ohne explizite Modellierung von Umweltverschmutzung abgeleitet werden.

Dazu sei angenommen, daß der Nutzen des Individuums i durch die (streng) quasi-konkave und zweimal stetig differenzierbare Nutzenfunktion u^i beschrieben werde:

$$(1.1) \qquad u^i = u^i(x_1^i,.x_j^i..,x_k^i,G) \quad \text{mit } i=1,\dots,n \text{ und } j=1,\dots,k$$

Dabei gelte für alle k privaten Güter x_j^i und das öffentliche Gut G

$$\frac{\partial u^i}{\partial x_j^i}>0\,;\ \frac{\partial u^i}{\partial G}>0\,.$$

Betrachtet man das private Gut x_1^i als sogenanntes Numeraire-Gut (Preis gleich eins), so läßt sich die marginale Zahlungsbereitschaft des Individuums i (MZB^i) in Einheiten des privaten

[10] Vgl. dazu die von Clarke (1971)und Vickrey(1960) vorgeschlagene Clarke-Steuer, die für den Fall (empirisch fragwürdiger) quasi-linearer Nutzenfunktionen einen Mechanismus vorschlagen, der zwar zu einer anreizverträglichen Präferenzoffenbarung führt, jedoch am Effizienzziel wegen der mit dieser Steuer erzielten Budgetüberschüsse scheitert. Dagegen zeigt der von Groves and Ledyard (1977) vorgeschlagene Mechanismus eine Lösung des Effizienzproblems, die jedoch auf Kosten der Anreizkompatibilität geht. Wie Laffont (1987) in seinem Überblick feststellt, ist es offenbar nicht möglich, beide Ziele gleichzeitig zu erreichen (Unmöglichkeitstheorem von Hurwicz (1972)), und fordert eine Lösung dieses Problems durch eine Auswahl unter den vorgeschlagenen Mechanismen nach dem second-best-Kriterium. Vgl. Laffont, J.-J.(1987): Incentives and the Allocation of Public Goods, in: Auerbach, A. J. and M. Feldstein (eds.): Handbook of Public Economics, Vol. 2, North-Holland, S. 537-569, sowie die dort angegebene Literatur.

(Numeraire-)Gutes für eine Steigerung der bereitgestellten Menge des öffentlichen Gutes "Umweltqualität" ausdrücken durch:

$$(1.2) \qquad MZB^i = \frac{\frac{\partial u^i}{\partial G}}{\frac{\partial u^i}{\partial x_1^i}} .$$

Wie durch Samuelson (1954)[11] gezeigt wurde, erfordert die Bedingung für eine pareto-optimale Bereitstellung des öffentlichen Gutes, daß die marginale Wertschätzung aller Individuen aufzuaddieren und der Grenzrate der Transformation zwischen dem öffentlichen Gut und dem Numeraire-Gut, d.h. den Grenzkosten einer Bereitstellung des öffentlichen Gutes, gleichzusetzen ist. Zwecks Vereinfachung der Schreibweise sei die Betrachtung im weiteren auf zwei private Güter reduziert[12]. Anhand der konkaven und zweimal stetig differenzierbaren Transformationsfunktion

$$(1.3) \qquad F(X_1, X_2, G) = 0 ,$$

lassen sich die gesamtwirtschaftlichen Produktionsmöglichkeiten und damit auch die Grenzkosten der Bereitstellung des öffentlichen Gutes Umwelt darstellen. Dabei bezeichnen X_1 und X_2 die insgesamt produzierten und auch nachgefragten Mengen der privaten Güter, d.h.

$$(1.4a) \qquad X_1 = \sum_{i=1}^{n} x_1^i \qquad \text{und}$$

$$(1.4b) \qquad X_2 = \sum_{i=1}^{n} x_2^i .$$

Da ein pareto-optimaler Zustand dadurch gekennzeichnet ist, daß sich der Nutzen eines Individuums (hier z.B. Individuum 1) bei Beachtung der gegebenen Produktionsmöglichkeiten nicht mehr steigern läßt, ohne die als konstant angenommenen Nutzenniveaus der anderen Indivi-

---

[11] Vgl. Samuelson, P. A. (1954): The Pure Theory of Public Expenditure, Review of Economics and Statistics, S. 387-389.

[12] Dabei kann das zweite Gut auch als Güterbündel für alle übrigen Güter aufgefaßt werden.

duen ($u^i(.) = u_0^i$ für i=2,3,...,n) zu verringern, läßt sich folgende Lagrange-Funktion zur Ableitung der Optimalbedingungen bilden:

(1.5)
$$L = u^1(x_1^1, x_2^1, G) + \sum_{i=2}^{n} \beta^i \left[u^i(x_1^i, x_2^i, G) - u_0^i\right] + \lambda F(X_1, X_2, G)$$
$$+\omega_1 \left[X_1 - \sum_{i=1}^{n} x_1^i\right] + \omega_2 \left[X_2 - \sum_{i=1}^{n} x_2^i\right].$$

Aus der Maximierung von (1.5) ergeben sich folgende (notwendige) Marginalbedingungen

(1.6a)
$$\frac{\partial L}{\partial x_1^1} = \frac{\partial u^1}{\partial x_1^1} - \omega_1 = 0,$$

(1.6b)
$$\frac{\partial L}{\partial x_1^i} = \beta^i \frac{\partial u^i}{\partial x_1^i} - \omega_1 = 0 \text{ für i=2,...,n },$$

(1.6c)
$$\frac{\partial L}{\partial x_2^1} = \frac{\partial u^1}{\partial x_2^1} - \omega_2 = 0,$$

(1.6d)
$$\frac{\partial L}{\partial x_2^i} = \beta^i \frac{\partial u^i}{\partial x_2^i} - \omega_2 = 0 \text{ für i=2,...,n,}$$

(1.6e)
$$\frac{\partial L}{\partial G} = \frac{\partial u^1}{\partial G} + \sum_{i=2}^{n} \beta^i \frac{\partial u^i}{\partial G} + \lambda \frac{\partial F}{\partial G} = 0,$$

(1.6f)
$$\frac{\partial L}{\partial X_1} = \lambda \frac{\partial F}{\partial X_1} + \omega_1 = 0,$$

(1.6g)
$$\frac{\partial L}{\partial X_2} = \lambda \frac{\partial F}{\partial X_2} + \omega_2 = 0.$$

Unter Berücksichtigung von (1.6a), (1.6b), (1.6e), (1.6f) und (1.2) erhält man folgende Bedingung für eine pareto-optimale Allokation des öffentlichen Gutes (ausgedrückt in Einheiten des Gutes eins):

$$(1.7) \qquad \sum_{i=1}^{n} \frac{\frac{\partial u^i}{\partial G}}{\frac{\partial u^i}{\partial x_1^i}} = \sum_{i=1}^{n} MZB^i = \frac{\frac{\partial F}{\partial G}}{\frac{\partial F}{\partial X_1}} .$$

Der soziale Grenznutzen bzw. die von allen Individuen aufaddierte marginale Zahlungsbereitschaft ist im Optimum gleich der Grenzrate der Transformation zwischen dem privaten Gut X_1 und dem öffentlichen Gut G (d.h. den Grenzkosten der Bereitstellung des öffentlichen Gutes ausgedrückt in Einheiten des Numeraire-Gutes).

In der bisherigen Betrachtung des Gutes Umweltqualität wurde davon ausgegangen, daß dieses Gut öffentlich und wegen der begrenzten Produktionsmöglichkeiten "auf Kosten" eines geringeren Konsums an privaten Gütern[13] als öffentliches Konsumgut bereitgestellt bzw. "produziert" wird. Dieser Zusammenhang mag zwar für eine Reihe anderer öffentlicher Güter zutreffen, jedoch der Fall der Umweltqualität ist dadurch gekennzeichnet, daß die Menge an Umweltqualität von der Produktion und/oder dem Konsum von privaten Gütern sowie von Entsorgungs- und Schadstoffbeseitigungsaktivitäten abhängt. Bei vielen Produktionsprozessen fallen im Zusammenhang mit der Erstellung von Gütern und Dienstleistungen Schadstoffe und Emissionen als Kuppel- oder Abfallprodukte an. So führt bspw. die Erstellung von Strom-, Verkehrs- und Transportdienstleistungen, die zum größten Teil durch die Verwertung von fossiler Energie erstellt werden, zu einer ganzen Reihe von unterschiedlichen Schadstoffemissionen und Abfallstoffen, welche einen nicht unbedeutenden Anteil an der Verschlechterung der Umweltqualität haben[14]. Der Zusammenhang zwischen der bei Produktion und Konsum von Gütern und Dienstleistungen erfolgenden Freisetzung von Emissionen und Schadstoffen und den Auswirkungen auf die Umweltqualität ist in den meisten Fällen sehr komplex und erfordert die Kenntnis von Produktionsfunktionen, ebenso wie das Wissen über die Transmission von Emissionen in die verschiedenen Umweltmedien, als auch über die Assimilationskapazität der Umwelt und über mögliche Synergismen verschiedener Schadstoffe. Insbesondere die Tatsache, daß viele Schadstoffe sich in der Umwelt akkumulieren und somit die Umweltqualität

---

[13] Da der dynamische Aspekt bislang vernachlässigt wurde, wird demnach eine stationäre Wirtschaft unterstellt, d.h. es findet kein Wachstum statt.

[14] Vgl. z.B. Hohmeyer, O. (1989): Soziale Kosten des Energieverbrauchs, 2. Auflage, Berlin et. al.

dauerhaft verringern, verlangt nach einer intertemporalen Betrachtung dieses Allokationsproblems.

Im weiteren Verlauf sei von all diesen Schwierigkeiten zunächst abgesehen (vgl. die folgenden Kapitel dazu) und folgender Zusammenhang zwischen Umweltqualität G[15] und privater Produktion und/oder Konsum, sowie öffentlichen Ausgaben R unterstellt

$$(1.8) \qquad G = G(E, R).$$

Mit der Produktion bzw. dem Konsum des Gutes zwei fallen Emissionen (E) an

$$(1.9) \qquad E = E(e^1, \ldots, e^n) \quad \text{mit} \quad e^i = \varphi x_2^i \quad \text{und} \quad \varphi > 0$$

welche die Umweltqualität beeinträchtigen, d.h. $\frac{\partial G}{\partial E} < 0$. Die Variable e^i bezeichne daher die mit der vom Haushalt i konsumierten Menge des Gutes x_2^i einhergehende Emissionsmenge, die zudem von dem Emissionskoeffizienten φ abhänge. Dabei sei unterstellt, daß die Freisetzung der gleichen Menge eines Schadstoffes (Emissionen) von unterschiedlichen Emittenten die Umweltqualität im gleichen Ausmaß verschlechtert (gleiche Immissionswirkung), d.h. $\frac{\partial G}{\partial e^i} = \frac{\partial G}{\partial e^j}$, für i, j =1,...,n und $i \neq j$. Entscheidend für das Ausmaß der Verschlechterung der Umweltqualität ist daher $\sum_{i=1}^{n} e^i$, wobei ein linearer Funktionszusammenhang zwischen dem Gut x_k und der jeweiligen Emissionshöhe angenommen wird[16]. So ist es bspw. im Rahmen der Treibhausproblematik völlig unerheblich, an welchen Quellen etwa CO_2-Emissionen freigesetzt werden; entscheidend ist die insgesamt emittierte Menge dieses Treibhausgases.

Zur Verdeutlichung der zentralen Aspekte sei ferner unterstellt, daß eine größere Menge des öffentlichen Gutes Umweltqualität durch staatliche Ausgaben (R) angeboten werden könnte, d.h. $\frac{\partial G}{\partial R} > 0$. Darunter können etwa staatliche Subventionen oder staatliche Investitionszuschüsse zur Verringerung oder Beseitigung der Emissionen ebenso wie staatliche Investitionen

---

[15] Umwelt*qualität* wird somit als öffentliches Gut aufgefaßt, welches von allen Individuen in gleicher Menge bzw. Qualität konsumiert wird.

[16] Ein linearer Zusammenhang zwischen Schadstoffen und der konsumierten oder produzierten Menge stellt sicherlich eine gewisse Vereinfachung dar. Für das Problem einer drohenden globalen Erwärmung infolge von Treibhausgasen z.B. trifft dieser Zusammenhang jedoch zu, da die Emission von Kohlendioxid sich nach dem spezifischen Kohlenstoffgehalt des jeweiligen fossilen Energieträgers bemißt.

in Umweltkapital (in der Treibhausproblematik z.B. Wiederaufforstungsprogramme zur Vergrößerung der natürlichen Assimilationskapazität, Forschungsinvestitionen in Energietechnologien, usw.) subsumiert werden. Die Aufbringung dieser Mittel erfolge der Einfachhheit halber allokationsneutral über lump-sum-Steuern.

Berücksichtigt man nun diesen Zusammenhang in (1.6e), so ergibt sich für die pareto-optimale Allokation des öffentlichen Gutes

$$(1.7)` \qquad \sum_{i=1}^{n} \frac{\frac{\partial u^i}{\partial G}}{\frac{\partial u^i}{\partial x_1^i}} \frac{\partial G}{\partial R} = \left\{ \sum_{i=1}^{n} MZB^i \right\} \frac{\partial G}{\partial R} = \frac{\frac{\partial F}{\partial R}}{\frac{\partial F}{\partial X_1}} .$$

Der soziale Grenznutzen einer Verbesserung der Umweltqualität ist demnach gleich den Grenzkosten der Bereitstellung einer größeren Menge an Umweltqualität zu setzen. Eine im Sinne des Pareto-Effizienz-Kriteriums optimale Bereitstellung an Umweltqualität erfolgt nach der bekannten Samuelson`schen Regel der Addition der individuellen Zahlungsbereitschaften, die ein Lindahl-Gleichgewicht determinieren. Damit wird aber klar, welche Voraussetzungen zur Erreichung dieses Gleichgewichtes zu erfüllen wären. Ein pareto-optimales Angebot würde individuelle Preise (Lindahl-Preise) von jedem Individuum, die in der Summe den Grenzkosten der Bereitstellung von mehr Umweltqualität zu entsprechen hätten, abverlangen. Die Bestimmung dieser Preise setzt jedoch voraus, daß dem sozialen Planer die individuellen Zahlungsbereitschaften bekannt bzw. die Individuen ihre Präferenzen für Umweltqualität wahrheitsgemäß offenbaren. Wie bereits erläutert, ergibt sich dagegen aufgrund der Nichtausschließbarkeitseigenschaft eines öffentlichen Gutes die Möglichkeit zu Freifahrerverhalten, wodurch der Anreiz zu wahrheitsgemäßer Offenbarung der Zahlungsbereitschaft verhindert wird[17].

Die Bedeutung des Lindahl-Gleichgewichtskonzepts ist dadurch zu begründen, daß es als Pendant zu einem Wettbewerbsgleichgewicht einer Ökonomie mit ausschließlich privaten Gütern angesehen werden kann[18]. Wie aufgrund der beiden Hauptsätze der Wohlfahrtstheorie bekannt ist, besitzt ein Wettbewerbsgleichgewicht (unter gewissen Voraussetzungen) die wünschenswerte Eigenschaft der Pareto-Effizienz, wonach keine andere erreichbare Allokation möglich ist, die ein Individuum besser stellen könnte, ohne zumindest ein anderes Individuum

---

[17] Mechanismen, die das Kriterium der Anreizkompatibilität erfüllen und damit das Schwarzfahrerproblem lösen, wie etwa die Clarke-Steuer (oder Groves-Ledyard-Mechanismus), sind mit einer Reihe anderer Probleme verbunden. Vgl. dazu Laffont, J.-J. (1987): Incentives and the Allocation of Public Goods, in: Auerbach, A. J. and M. Feldstein (Hrsg.): Handbook of Public Economics, Vol. 2, Chapter 10, S. 537-569.

[18] Vgl. dazu Mäler, K.-G.(1985): Welfare Economics and the Environment, in: Kneese, A. V. and J. L. Sweeney : Handbook of Natural Resource and Energy Economics, Vol. 1, S. 3 ff.

schlechter zu stellen. Des weiteren läßt sich für jede dem Pareto-Optimalitätskriterium genügende Allokation zeigen, daß diese als ein Wettbewerbsgleichgewicht erreichbar ist. Da diese Aussagen für eine Ökonomie mit lediglich privaten Gütern zutreffen, verlieren sie ihre Gültigkeit, wenn öffentliche Güter hinzukommen. Durch das Konstrukt eines Lindahl-Gleichgewichts wird eine dem Pareto-Effizienzkriterium folgende optimale Allokation des öffentlichen Gutes neben der Marktallokation der privaten Güter beschrieben. Die Existenz eines Lindahl-Gleichgewichts sowie die Pareto-Optimalität dieses Gleichgewichts kann unter gewissen Bedingungen gezeigt werden[19]. Ebenso läßt sich zeigen, daß jede pareto-optimale Allokation durch eine Umverteilung von Einkommen als Lindahl-Gleichgewicht dargestellt werden kann[20]. Die Implementierung eines Lindahl-Gleichgewichts setzt jedoch voraus, daß es einem staatlichen Planer (oder einer Umweltbehörde) gelingt, das öffentliche Gut Umwelt optimal zu alloziieren. Vorausgesetzt, es gelänge der Umweltbehörde, die individuellen Gleichgewichtspreise (marginale Zahlungsbereitschaften $MZB^i(G^*), für\ i = 1,\dots,n$) für die optimale Menge des öffentlichen Gutes G^* zu ermitteln, müßte die Behörde versuchen, diese Einnahmen abzüglich der Kosten für die Bereitstellung des öffentlichen Gutes gemäß einem Kosten-Nutzen-Kalkül zu maximieren. Aufgrund der Probleme, einen Mechanismus, der zugleich den Kriterien Anreizkompatibilität und Effizienz genügt, zu finden, erweist sich das Konzept eines Lindahl-Gleichgewichts allenfalls aus theoretischer Sicht als ein interessantes Referenzmodell.

Gleichung (1.7)`gibt die Bedingung einer optimalen Bereitstellung des Gutes Umweltqualität, hier in seiner Eigenschaft als öffentliches Konsumgut, wieder[21]. Die Frage nach einer optimalen Menge an Umweltqualität stellt sich hierbei aufgrund der Tatsache, daß die Umwelt nicht ausschließlich als Konsumgut, sondern auch als Medium für die Aufnahme von Schadstoffen aus Produktion und Konsum von privaten (und auch anderen öffentlichen Gütern) genutzt wird. Dadurch wird jedoch die zur Verfügung stehende Menge an sauberer Umwelt eingeschränkt und zu einem knappen bzw. ökonomischen Gut. Eine optimale Nutzung der Umwelt und damit die Zuweisung derselben in die alternativen Verwendungsmöglichkeiten (öffentliches Konsumgut, Aufnahmemedium für Schadstoffe, Lieferant von Rohstoffen) erfordert eine Bewertung der jeweiligen Nutzung anhand ihrer Opportunitätskosten.

Die Opportunitätskosten bzw. die sich aus der Bereitstellung von mehr Umweltqualität ergebenden Kosten bestehen in dem Verzicht auf die Produktion und den Konsum von privaten

---

[19] Vgl. ebenda, S. 14 ff.
[20] Vgl. ebenda S. 22 ff.
[21] Die zur Finanzierung der Bereitstellung des öffentlichen Gutes erforderlichen staatlichen Einnahmen müßten (anderenfalls) Lump-Sum-Charakter haben, da ansonsten weitere Verzerrungen auftreten, und somit nur die Realisierung eines Second-Best-Zustandes verbliebe.

Gütern. Das Austauschverhältnis zwischen beiden wird durch die Grenzrate der Transformation ausgedrückt (vgl. (1.7) bzw. (1.7)`).

Die Inanspruchnahme der Umwelt als Medium zur Aufnahme von Schadstoffen aus Konsum- oder Produktionsprozessen muß diese Opportunitätskosten berücksichtigen, da ansonsten die einzelwirtschaftlichen (Grenz-) Kosten von den volkswirtschaftlichen (Grenz-) Kosten abweichen und eine suboptimale Allokation der begrenzten Ressourcen resultiert. Eine Korrektur dieses Ergebnisses ist durch die Internalisierung der zusätzlichen (volkswirtschaftlichen) Kosten möglich. Da diese externen Effekte über das System Umwelt übermittelt werden, findet in den meisten Fällen (sofern wir von Verhandlungslösungen im Sinne von Coase absehen) eine Belastung in Form von externen Kosten der Nutzer des öffentlichen Gutes Umwelt statt. Aus der Sicht der Emittenten besitzen die Schadstoffemissionen die Eigenschaften eines privaten Gutes, für welches sie ohne umweltpolitische Maßnahmen keinen „Preis" zahlen müssen. Für die Konsumenten des öffentlichen Gutes Umwelt, denen die Nachteile angelastet werden, weisen umweltverbessernde Maßnahmen bzw. Maßnahmen zur Vermeidung von Emissionen die Eigenschaften eines öffentlichen Gutes auf.

Um dies zu verhindern, besteht ein auf Pigou zurückgehender Lösungsvorschlag darin, die externen Kosten dem Verursacher in Form einer Emissionssteuer anzulasten und somit diese Kosten zu internalisieren.

1.1.2 Der Ansatz von Pigou

Im vorangehenden Abschnitt wurde aufgezeigt, daß Umweltgüter als öffentliche Konsumgüter aufgefaßt werden können. Oftmals wirken sich Produktions- und Konsumentscheidungen nicht nur auf die konsumtive Nutzung von Umweltgütern, sondern auch auf die Produktionsmöglichkeiten von Unternehmen aus, welche die Ressource Umwelt als Inputfaktor für Produktionsprozesse verwenden (z.B. Landwirtschaft, Fischerei, Tourismus). Die grundlegenden Aspekte und Probleme optimaler Umweltnutzungsentscheidungen lassen sich jedoch auch bei einer Beschränkung auf die Konsumguteigenschaft von Umwelt aufzeigen.

Im folgenden wird gezeigt, daß eine pareto-effiziente Allokation im Fall unregulierter Konkurrenzmärkte für Güter mit externen Effekten nicht erreicht wird. Die effiziente Regulierung der Umweltnutzung setzt daher den staatlichen Eingriff voraus. Durch die Einführung einer Emissionssteuer soll eine Übereinstimmung von privaten und sozialen Grenzkosten herbeigeführt und somit die Erfüllung der Pareto-Optimalbedingungen gewährleistet werden[22]. Aufgrund der Tatsache, daß über die Umweltgüter ökonomische Aktivitäten eines Wirtschaftssubjektes einen nicht über den Marktmechanismus laufenden Einfluß auf die ökonomischen Aktivitäten anderer Wirtschaftssubjekte haben können, erfordert ein rein an der Nutzenmaximierung orientiertes Entscheidungskalkül die Berücksichtigung dieser Kosten. Die Realisierung des Umweltziels erfolgt daher über die Erhebung eines einheitlichen Emissionssteuerbetrages τ pro Schadstoffeinheit, der sich wie folgt ableiten läßt:

Es sei davon abgesehen, daß der Staat sich an der Erstellung des öffentlichen Gutes Umwelt beteiligt. Umweltqualität ist demnach ausschließlich von der Höhe der Gesamtemissionen abhängig, d.h. $G = G(e_1, e_2, \ldots, e_n)$. Die für eine pareto-optimale Allokation notwendigen Marginalbedingungen ergeben sich somit aus der Maximierung von $u^1(x_1^1, x_2^1, G(e_1, e_2, .., e_n))$ unter Beachtung der Bedingung eines unveränderten Nutzenniveaus für alle anderen Individuen mit den identischen Nutzenfunktionen $\bar{u}^i = u^i(x_1^i, x_2^i, G(e_1, e_2, \ldots, e_n))$ sowie der gesamtwirtschaftlichen Transformationsfunktion $F(X_1, X_2) = 0$. Für den hier beschriebenen Fall einer Konsumexternalität erhält man die folgende Marginalbedingung, welche die Umweltkosten des Konsums von Gut zwei in das Optimierungskalkül einbezieht:

(1.10)
$$\frac{\frac{\partial u^1}{\partial x_2^1}}{\frac{\partial u^1}{\partial x_1^1}} + \sum_{i=1}^{n} \frac{\frac{\partial G}{\partial u^i}}{\frac{\partial u^i}{\partial x_1^i}} \frac{\partial G}{\partial e_i} \varphi = \frac{\frac{\partial u^1}{\partial x_2^1}}{\frac{\partial u^1}{\partial x_1^1}} + \frac{\partial G}{\partial e} \varphi \sum_{i=1}^{n} \frac{\frac{\partial G}{\partial u^i}}{\frac{\partial u^i}{\partial x_1^i}} = \frac{\frac{\partial F}{\partial X_2}}{\frac{\partial F}{\partial X_1}} \quad \text{für i=1,...,n.}$$

Da das einzelne nutzenmaximierende Individuum i lediglich den ihm infolge des Konsums des Gutes x_2^i zufallenden Nutzen berücksichtigt[23], ist zur dezentralen Realisierung der Pareto-Bedingungen für das Gut zwei die Erhebung einer (für alle Konsumenten einheitlichen) Pigou-Steuer in Höhe von

(1.11)
$$\tau_2 = -\varphi \frac{\partial G}{\partial e} \sum_{i=1}^{n} \frac{\frac{\partial u^i}{\partial G}}{\frac{\partial u^i}{\partial x_1^i}} = -\varphi \frac{\partial G}{\partial e} \sum_{i=1}^{n} MZB^i$$

[22] Auf die Problematik der Annahme einer sozialen Wohlfahrtsfunktion wird im folgenden noch näher einzugehen sein (vgl. Kapitel 1.2).

[23] Dabei wird unterstellt, daß Individuum i die ihm infolge seines Konsums des Gutes x_2^i zukommende Umweltverschlechterung in seine Konsumentscheidung nicht internalisiert.

pro Einheit des konsumierten Gutes erforderlich, um dem Individuum die sich aus dem Konsum von x_2^i ergebenden Umweltkosten anzulasten. Der Gegenstand der Besteuerung ist dabei das Emissionen verursachende Gut zwei.

Von einer emissionsorientierten Besteuerung gehen finanzielle Anreize zur Verminderung der Emissionshöhe aus. Da die Möglichkeit einer Veränderung des Emissionskoeffizienten bisher ausgeschlossen und zudem unterstellt wurde, daß von den Emissionen die gleiche Immissionswirkung ausgeht, ist für den Fall einer Produktsteuer auf das Gut zwei eine Differenzierung nach der jeweils entstehenden Emissionsmenge bzw. nach räumlichen Kriterien nicht erforderlich und die Produktsteuer der Emissionssteuer ebenbürtig. In vielen Fällen umweltbelastender Aktivitäten dürften die getroffenen Annahmen jedoch nicht gegeben sein, d.h. der pareto-optimale Steuersatz wäre nach Verursachern, räumlichen und möglicherweise zeitlichen Kriterien zu differenzieren.

Dennoch erfordert die Ermittlung des optimalen Emissionssteuersatzes im Sinne von Pigou (trotz der bereits gemachten Annahmen) die Ermittlung der marginalen Wertschätzung aller Individuen für eine Verbesserung der Umweltqualität in einem Pareto-Optimum, ebenso wie eine Quantifizierung der Umweltbelastung durch Emissionen (vgl. (1.8)). Eine Bewertung von mehr Umweltqualität und somit die Ermittlung des sozialen Nutzens von staatlichen Ausgaben zur Verbesserung der Umweltqualität ist an die gleichen Informationsvoraussetzungen geknüpft (vgl. (1.7)`). Somit sind die Informationsvoraussetzungen für die Festlegung der optimalen Pigou-Steuer die gleichen, die es für die optimale Produktion des öffentlichen Gutes Umwelt durch eine Umweltbehörde zu beachten gilt. Eine pareto-optimale Festlegung des Umweltqualitätsziels setzt die Ermittlung der marginalen Zahlungsbereitschaften aller Individuen für das öffentliche Gut voraus. Sofern von dem Problem der wahrheitsgemäßen Offenlegung der Präferenzen für das Gut Umweltqualität abgesehen wird, kann ein Lindahl-Gleichgewicht entweder durch eine von den Nutzern verlangte Zahlung gemäß der marginalen Wertschätzung (individualisierte Preise) für den Konsum des öffentlichen Gutes oder durch die Forderung einer emissionseinheitenabhängigen Zahlung von den Emittenten (Produzenten) implementiert werden. Im ersten Fall kann das Aufkommen zur Zahlung von Stücksubventionen für reduzierte Emissionseinheiten an die Produzenten (oder zur Finanzierung öffentlich durchgeführter Reduktionsmaßnahmen) verwendet werden, während im zweiten Fall das Aufkommen aus der Emissionssteuer der Entschädigung der Konsumenten dienen kann. In beiden Fällen wird ein Umweltqualitätsziel erreicht, welches dem Pareto-Kriterium genügt, da die Ableitung des Zieles auf den Präferenzen der Individuen aufbaut. Aufgrund der Probleme einer wahrheitsgemäßen Offenbarung der Präferenzen für das öffentliche Gut ist jedoch nach anderen Ansätzen zur Bestimmung des Umweltqualitätsziels zu suchen.

1.2 Wohlfahrtstheoretische Grundlagen

Bei der Ermittlung des marginalen sozialen Nutzens von mehr Umweltqualität wurde die Aggregation der individuellen marginalen Zahlungsbereitschaften für das öffentliche Gut vorgenommen. Damit wird implizit eine Gewichtung der individuellen Nutzen vorgenommen. Die Durchführung einer sozialen Nutzen-Kosten-Analyse zur Ermittlung der optimalen Menge des öffentlichen Gutes Umwelt setzt daher eine soziale Wohlfahrtsfunktion voraus, mit welcher eine Gewichtung der individuellen Nutzen einhergeht. Nur so ist es möglich, zwischen verschiedenen umweltverbessernden Maßnahmen, die einige Individuen besser und andere schlechter stellen, zu diskriminieren. Die Auswahl einer sozialen Wohlfahrtsfunktion stellt somit ein Werturteil dar[24]. Im Hinblick auf die Auswahl der optimalen Menge der Bereitstellung des öffentlichen Gutes Umwelt aufgrund allokationstheoretischer Zielsetzungen ist zu erinnern, daß „in carrying out cost-benefit analysis we should always bear in mind the necessity of using specific value judgements on distributional questions“[25].

Es sei nun folgende soziale Wohlfahrtsfunktion unterstellt, die von den beiden Konsumgütern sowie der Menge des öffentlichen Gutes Umweltqualität abhängig sei:

$$U(X_1, X_2, G) = U(\tilde{u}^1(x_1^1, x_2^1, G), \ldots, \tilde{u}^n(x_1^n, x_2^n, G)). \tag{1.12}$$

Die Schwierigkeiten der Formulierung einer sozialen Wohlfahrtsfunktion in der neoklassischen Wirtschaftstheorie sind durch die individualistische Fundierung von Wohlfahrt zu begründen. Demnach kann das einzelne Individuum am besten über seine nutzenrelevanten Angebots- und Nachfrageentscheidungen befinden. Die Aggregation der individuellen Nutzen aller in einer Gesellschaft lebenden Individuen zu einer sozialen Wohlfahrtsfunktion steht ganz in der Tradition des Utilitarismus und setzt demnach eine kardinale, interpersonelle Nutzenvergleichbarkeit voraus. Die in Gleichung (12) dargestellte soziale Wohlfahrtsfunktion entspricht für $U(\ldots) = \sum_{i=1}^{n} \tilde{u}^i(x_1^i, x_2^i, G)$ den klassischen Vorstellungen, nach denen eine vom staatlichen Pla-

[24] Vgl. Mäler, K.-G. (1985), S. 39 ff.
[25] Mäler, K.-G. (1985), S. 45.

ner vorgenommene kardinale Bewertung individuellen Nutzens ($\tilde{u}^i(x_1^i, x_2^i, G)$ vorgenommen wird und dieser durch einfache Addition (oder gewichtete Addition) aggregiert wird[26]. Mit Hilfe dieser oder auch allgemeiner formulierter utilitaristischer sozialer Wohlfahrtsfunktionen, die nicht lediglich individuelle (gewichtete) Nutzen aufaddieren, sondern die Gesamtwohlfahrt über andere funktionale Zusammenhänge aus den Einzelnutzen ermitteln, ist es zum einen möglich, eine konsistente Ordnung aller erreichbaren Allokationen aufzustellen und zum anderen Aussagen über die Eigenschaften der pareto-optimalen Allokationen zu treffen[27]. Gegen die Vorgehensweise, kardinale interpersonelle Nutzenvergleiche zur Ermittlung sozialer Wohlfahrtsfunktionen durchzuführen, wurden eine Reihe von Einwänden vorgetragen, die im Ergebnis lediglich ordinale Nutzenfunktionen zulassen. Wie von Arrow (1963)[28] in seinem Unmöglichkeitstheorem gezeigt, verhindert die fehlende Möglichkeit, interpersonelle Nutzenvergleiche durchzuführen, jedoch die Ableitung einer transitiven sozialen Wohlfahrtsfunktion. Wenngleich die Präferenzordnungen der Individuen dem Transitivitätskriterium genügen, führt die als selbstverständlich erscheinende Forderung nach unterschiedlichen Präferenzordnungen bei den Individuen zu einer nichttransitiven Ordnung der sozialen Präferenzen. Es gibt demnach keinen Wahlmechanismus bzw. keine ordinale soziale Wohlfahrtsfuntion, die die Aggregation individueller Präferenzen in konsistenter Weise erlaubt.

Die mit der Durchführung interpersoneller Nutzenvergleiche einhergehenden Probleme bei Annahme einer utilitaristischen sozialen Wohlfahrtsfunktion sowie die Unbrauchbarkeit dieser für Gerechtigkeitsaussagen[29] seien im folgenden aufgrund der oben genannten Vorteile und im Bewußtsein des innerhalb der utilitaristischen Wohlfahrtstheorie bestehenden normativen Defizits vernachlässigt.

Um eine Aussage über die mit umweltpolitischen Maßnahmen einhergehenden Wohlfahrtsänderungen treffen zu können, sei daher unterstellt (in Übereinstimmung mit dem in der ökonomischen Literatur verbreiteten Vorgehen), daß eine soziale Wohlfahrtsfunktion existiere, die durch ein Parlament, eine Regierung oder Umweltbehörde oder die Idee eines wohlwollenden staatlichen Planers (Diktators) determiniert werde[30]. Des weiteren liegen der paretianischen Wohlfahrtstheorie die folgenden, weniger kontrovers diskutierten Werturteile zugrunde, wonach jedes Individuum seinen Nutzen am besten einschätzen kann, und eine Allokation einer anderen vorzuziehen ist, sofern mindestens ein Individuum eine Erhöhung seines Nutzenni-

---

26 Vgl. dazu Tillmann, G. (1991): Steuern und Gerechtigkeit, in: Wahl, J. (Hrsg.): Steuerpolitik vor neuen Aufgaben, S. 91.

27 Vgl. ebenda, S. 90.

28 Vgl. Arrow, K. J. (1963): Social Choice and Individual Values, New York.

29 Vgl. Tillmann, G. (1991), S. 83-104.

30 Vgl. zu der Annahme auch Mäler, K.-G. (1985), S. 39 f.

veaus erfährt, und kein anderes schlechter gestellt ist (Pareto-Kriterium)[31]. Hinter diesem individualistischen Ansatz steht zudem die Annahme stabiler Präferenzen.

Mit der Auswahl einer sozialen Wohlfahrtsfunktion und der Durchführung von umweltpolitischen Maßnahmen zur Erreichung eines Allokationsoptimums ist die Übernahme unterschiedlicher Einkommensverteilungen verbunden, während eine bessere (gerechtere) Verteilung der Wohlfahrt damit nicht gewährleistet wird. Die Reduktion der Zielsetzung auf das allokative Ziel stellt somit ein Werturteil dar.

Die Ableitung umweltpolitischer Maßnahmen zur Herstellung des allokativen Optimums auf Grundlage einer sozialen Wohlfahrtsfunktion genügt dem sogenannten Kaldor-Hicks-Kriterium, wegen der mit umweltpolitischen Maßnahmen im allgemeinen erforderlichen gleichzeitigen Besser- und Schlechterstellung von Individuen jedoch nicht dem Pareto-Kriterium[32]. Die aus der Maximierung der sozialen Wohlfahrtsfunktion resultierenden umweltpolitischen Maßnahmen haben die Herstellung des allokativen Optimums zum Ziel, wobei das Umweltqualitätsziel durch die Vorgabe der sozialen Präferenzen für Umweltqualität sowie die damit verbundenen Opportunitätskosten des Verzichts auf umweltbelastende Konsum- oder Produktionsaktivitäten zur Erreichung einer höheren Umweltqualität bestimmt wird. Nach dem Kaldor-Hicks-Kriterium könnte der so erreichbare Wohlfahrtsgewinn (sofern der soziale Nutzen einer höheren Umweltqualität die Vermeidungskosten übersteigt) dazu benutzt werden, diejenigen Individuen, die eine Benachteiligung durch die umweltpolitische Maßnahme erleiden, nutzenmäßig zu kompensieren. Dies trifft ebenfalls für eine nutzen-kosten-analytische Betrachtung der Umweltpolitik zu, da die Ermittlung des Nutzens von weniger Umweltverschmutzung bzw. mehr Umweltqualität die Bewertung desselben anhand einer sozialen Wohlfahrtsfunktion implizit voraussetzt. Eine Steigerung der sozialen Wohlfahrt ist demnach solange möglich, wie der soziale Nutzen von mehr Umweltqualität die damit verbundenen Kosten (Opportunitätskosten) übersteigt. Die optimale Menge an Umweltqualität ist erreicht, wenn der soziale Grenznutzen von mehr Umweltqualität (d.h. gemäß der Bewertung durch die soziale Wohlfahrtsfunktion: $U_G = \sum_i \frac{\partial U}{\partial G} \frac{\partial \tilde{u}^i}{\partial G}$) gleich den Grenzkosten der Bereitstellung des öffentlichen Gutes Umweltqualität, d. h. gleich den Grenzvermeidungskosten von Umweltverschmutzung ist. Sofern wir einen positiven Nettonutzen einer umweltpolitischen Maßnahme feststellen können, bedeutet dies bei Zugrundelegung des Kaldor-Hicksschen Kompensati-

31 Vgl. Sohmen, E. (1976): Allokationstheorie und Wirtschaftspolitik, Tübingen, S. 30 ff.

32 Vgl. dazu etwa: Baumol, W. J. and W.E. Oates (1988): The Theory of Environmental Policy, 2. Auflage, Cambridge University Press, S. 96.

onskriteriums die Möglichkeit einer Wohlfahrtssteigerung, die zumindest potentiell dem Pareto-Kriterium genügen kann[33].

In den bisherigen Überlegungen spielte die zeitliche Dimension keine Rolle, und die Überlegungen zur Herstellung allokationsoptimaler Zustände erfolgten in einem statischen Rahmen. Da Entscheidungen über die Nutzung von Umwelt jedoch sehr häufig mit Implikationen über die zukünftige Qualität und die zukünftigen Nutzungsmöglichkeiten von Umwelt verbunden sind, ist eine intertemporale Modellierung, die Aussagen über die Nutzung von Umwelt im Zeitverlauf erlaubt, angebracht. Erfolgt die Analyse des umweltökonomischen Allokationsproblems anhand einer sozialen Wohlfahrtsfunktion, so unterstellen wir, daß diese für alle zukünftigen Perioden existiert und dem staatlichen Planer über den gesamten Planungshorizont bekannt ist. Damit stellt sich zwangsläufig die Frage nach der Bewertung zukünftiger Wohlfahrt. Das normative Defizit bei der Auswahl einer sozialen Wohlfahrtsfunktion, die in der statischen Formulierung eine kardinale, interpersonelle Nutzenvergleichbarkeit voraussetzt, wird damit um die zeitliche Dimension erweitert, die zusätzlich eine kardinale, intertemporale Vergleichbarkeit von sozialer Wohlfahrt zu unterschiedlichen Zeitpunkten (von unterschiedlichen Generationen) verlangt. Die normative Entscheidung über die Gewichtung von Wohlfahrt zu unterschiedlichen Zeitpunkten kommt in der Auswahl der sozialen Diskontrate δ zum Ausdruck, so daß sich das (allokative) Ziel der Maximierung der langfristigen sozialen Wohlfahrt (für einen von der Gegenwart t_0 bis unendlich reichenden Planungshorizont) wie folgt formulieren läßt:

$$(1.13) \qquad \Omega = \int_{t_0}^{\infty} e^{-\delta t}\, U(\tilde{u}^1(x_{1t}^1, x_{2t}^1, G_t), \ldots, \tilde{u}^n(x_{1t}^n, x_{2t}^n, G_t))\, dt\,.$$

Somit bezeichnet Ω den Gegenwartswert der zukünftigen sozialen Wohlfahrt, die sich durch die Addition aller zukünftigen abdiskontierten Werte für Wohlfahrt zu unterschiedlichen Zeitpunkten zusammenfassen läßt. Dies impliziert demnach die Kardinalität der sozialen Wohlfahrtsfunktion bezüglich der intertemporalen Dimension von Wohlfahrt und somit die Vergleichbarkeit von Wohlfahrt zukünftiger Generationen mit der Wohlfahrt der aktuell lebenden Generation. Da zukünftige Generationen an der Auswahl der intertemporalen Wohlfahrtsfunktion nicht beteiligt sind bzw. nicht beteiligt werden können, stellt die Entscheidung für eine

---

[33] Vgl. Drèze, J. and N. Stern: The Theory of Cost-Benefit-Analysis, in: Auerbach, A.J. and M. Feldstein (ed.), Handbook of Public Economics, Vol. 2, North-Holland, Chapter 14, S. 909-989 zu einer ausführlichen Darstellung der theoretischen Grundlagen der Nutzen-Kosten Analyse.

soziale Diskontrate ein von der gegenwärtig lebenden Generation oder genauer vom gegenwärtigen staatlichen Planer zu treffendes Werturteil dar[34].

Begründet wird die Annahme einer positiven sozialen Diskontrate mit intertemporalen Effizienzüberlegungen. Demnach sind Individuen aufgrund ihrer Zeitpräferenzen nur dann zum Verzicht auf Konsum in der Gegenwart bereit, wenn ihre Ersparnis eine Verzinsung (im einfachsten Fall in Höhe der Zeitpräferenzrate) in der Periode des Konsumverzichts erfährt. Aus individualistischer Sicht wird versucht, dieses Verhalten durch die „Minderschätzung zukünftiger Bedürfnisse" zu erklären[35]. Für die Unternehmen spiegelt sich die Bedeutung des intertemporalen Aspektes in den Opportunitätskosten des Kapitals wider, die die Kosten für die zeitweilige Überlassung von Ersparnissen zum Zwecke der Kapitalbildung bezeichnen. Die Entlohnung des überlassenen Kapitals erfolgt durch die Zahlung von Zinsen in Höhe des erwirtschafteten Grenzprodukt des Kapitals. Die Zusammenfassung beider Gruppen zur Analyse des optimalen Wachstums (als Folge der Kapitalbildung) und zur Ableitung der intertemporalen Effizienzbedingungen ist anhand des bekannten Ramsey-Modells möglich[36]. Die soziale Wohlfahrt setzt sich bei einer intertemporalen Betrachtung zusammen aus der Summe der periodenbezogenen Nutzen aus dem Konsum. Aus diesem intertemporalen Nutzenmaximierungskalkül folgt, daß eine Generation auf eine Einheit Nutzen aus Konsum verzichten sollte, wenn die nachfolgende Generation daraus eine Nutzensteigerung um mehr als diese eine Nutzeneinheit beziehen kann. Es ergibt sich somit ein in der Zeit stetig steigender Pfad des optimalen Konsumniveaus, dessen Steigung unter anderem von der Diskontrate abhängig ist[37]. Sofern das Wachstumsargument zur Begründung einer positiven Diskontrate herangezogen wird, ist es wichtig zu unterscheiden, ob das Wachstum durch eine Zunahme der Bevölkerung zustandekommt oder eine Zunahme des Pro-Kopf-Einkommens stattfindet. Der Versuch eine positive Diskontrate zu begründen, ist auf den letztgenannten Fall zu beschränken.

So führt die wachstumsbedingte Zunahme des Konsumniveaus zukünftiger Generationen bei Annahme einer utilitaristischen Wohlfahrtsfunktion zu einer Abnahme des Grenznutzens aus dem Konsum[38]. Es erscheint somit gerechtfertigt, den höheren Konsum zukünftiger Generatio-

---

[34] Die Festlegung eines bestimmten gesellschaftlichen Planungshorizontes setzt ebenso ein Werturteil voraus.

[35] Vgl. Stephan, G. (1988): Minderschätzung künftiger Bedürnisse. Zur Formulierung eines psychologischen Phänomens, Jahrbuch für Nationalökonomie und Statistik, Vol. 205, S. 348-362.

[36] Vgl. dazu Blanchard, O. J. and S. Fischer (1989): Lectures on Macroeconomics, MIT-Press, Cambridge, Mass., S. 37.

[37] Zu erwähnen ist in diesem Zusammenhang, daß Ramsey ursprünglich nicht von einer Diskontierung zukünftiger Nutzenströme ausging, sondern diese aus ethischen Gründen ablehnte. Vgl. Fußnote 4 in Blanchard, O. J. and S. Fischer (1989), S. 39.

[38] Vgl. dazu die Begründung von Nordhaus (1993) für die Auswahl des optimalen Konsumpfades. Nordhaus, W. (1993): How Much Should We Invest in Preserving Our Current Climate?, in: Giersch, H. (Hrsg.): Economic Progress and Environmental Concerns, Berlin et.al., S. 255-299.

nen durch Diskontierung geringer zu gewichten. Die auf den Konsum anzuwendende Diskontrate setzt sich daher - bei einem positiven Pro-Kopf-Wachstum - aus der reinen Zeitpräferenzrate δ sowie einer wachstumsbedingten Komponente, die von der Elastizität des Grenznutzens aus dem Konsum und der Wachstumsrate des Konsums abhängt, zusammen[39].

Im Hinblick auf die Implikationen der Anwendung einer positiven und konstanten sozialen Diskontrate auf eine Nutzen-Kosten-Analyse umweltpolitischer Maßnahmen fordert Weitzman (1994)[40] mit Hinweis auf die mit ökonomischen Wachstumsprozessen gewöhnlich verbundene Abnahme an Umweltqualität, sowie die einkommensbedingte, überproportionale Zunahme der Nachfrage nach Umweltqualität (d.h. die Einkommenselastizität der Nachfrage nach Umweltgütern muß dazu über eins liegen), eine unter der privaten Ertragsrate des Kapitals liegende und im Zeitverlauf abnehmende soziale (umweltbezogene) Diskontrate. Insbesondere für die Beurteilung von Nutzen-Kosten-Analysen, die sich über einen längeren Zeitraum erstrecken, wie dies für eine Reihe umweltökonomischer Fragestellungen gilt (als prominentes Beispiel seien die Nutzen-Kosten-Analysen zur Bekämpfung des Treibhauseffektes genannt), würde eine Anpassung der sozialen Diskontrate erhebliche Veränderungen mit sich bringen.

Insbesondere vor dem Hintergrund der weit in die Zukunft reichenden Konsequenzen von Umweltnutzungsentscheidungen erscheint die Adäquanz einer an der Ertragsrate privaten Kapitals orientierten sozialen Diskontrate fragwürdig. Im Hinblick auf das einzelwirtschaftliche Investitionskalkül ist es sicherlich gerechtfertigt, von einem endlichen Planungshorizont auszugehen. Das Ziel der Maximierung der intertemporalen sozialen Wohlfahrt wirft dagegen zum einen die Frage nach der geeigneten Festlegung der Länge des Planungshorizontes, zum anderen die Frage der Bestimmung der Güterbestände am Ende des Planungszeitraumes auf[41]. Beide Aspekte sprechen zunächst dagegen, eine intertemporale Wohlfahrtsfunktion mit endlichem Zeithorizont zu unterstellen. Ein wohlfahrtsmaximierender staatlicher Planer steht somit vor der Aufgabe, den Präferenzen zukünftiger Generationen, die nicht an den gegenwärtigen Allokationsentscheidungen beteiligt werden können, Rechnung zu tragen. Die unterstellte Länge des Planungshorizontes wirkt sich jedoch mit auf das Ergebnis der Planung aus. Die von Ramsey (1928)[42] geforderte Zurückweisung einer Diskontierung im Interesse zukünftiger Generationen ist aber nicht mit der utilitaristischen Formulierung einer sozialen Wohlfahrtsfunktion, wie der in Gleichung (1.13) angegebenen, vereinbar, da in diesem Fall die intertemporalen

---

39 Vgl. Nordhaus, W. (1993).

40 Vgl. Weitzman, M. L. (1994): On the „Environmental“ Discount Rate, Journal of Environmental Economics and Management, Vol 26, S. 200.

41 Vgl. Stephan, G. (1988), S. 354 f.

42 Vgl. Ramsey, F. (1928): A Mathematical Theory of Savings, Economic Journal, Vol. 38, S. 543-559.

Wohlfahrtsbündel nicht definiert sind[43]. Wenngleich eine konsistente Ableitung der bei Individuen beobachtbaren Zeitpräferenzrate, die unter anderem durch die „Minderschätzung künftiger Bedürfnisse" begründet werden kann, zu einer gesellschaftlichen Zeitpräferenzrate nicht möglich ist, erfordert die Formulierung einer in der Tradition des Utilitarismus stehenden sozialen Wohlfahrtsfunktion ein Werturteil über die Gewichtung zukünftiger Wohlfahrt. Eine interessante Forschungslinie, die auf die Definition des „Overtaking-Kriteriums" zurückgeht, umgeht das Problem der Diskontierung in dem die Vorgehensweise des Vergleichs von auf die Gegenwart bezogenen Entwicklungspfaden, welche sich über einen unendlichen Zeithorizont erstrecken, hinterfragt wird. Demnach ist es angemessener ein intertemporales Konsumgüterbündel höher als ein anderes zu bewerten, sofern es ab einem bestimmten Zeitpunkt fortan einen höheren Nutzen stiftet[44].

Die Implikationen einer von der konventionellen (utilitaristischen) Formulierung der sozialen Wohlfahrtsfunktion abweichenden Annahme zugunsten anderer Wohlfahrtsfunktionen im Hinblick auf die Größe der sozialen Diskontrate wurden von d'Arge et. al. (1982)[45] für ein Zwei-Generationen-Modell am Beispiel der Treibhausproblematik aufgezeigt. D'Arge et. al. (1982) vergleichen den Nutzen aus Konsum der gegenwärtigen Generation U_1, der von dem Konsum F_1 eines endlichen Bestandes an fossiler Energie Z sowie von einem gegebenem Kapitalstock K_1 und den Investitionen in den zukünftigen Kapitalstock I_1 abhänge, mit dem Erwartungsnutzen der zukünftigen Generationen $E[U_2]$. Die Generationen seien über zwei Bestandsgrößen miteinander verbunden. Zum einen bestimmt der Konsum an fossiler Energie in der ersten Periode die für die zweite Generation verbleibende Menge an dieser Ressource, d.h. $F_2 = Z - F_1$. Zum anderen bestimmt der Umfang der Investitionen die Konsummöglichkeiten und damit den Nutzen der ersten Generation $U_1(f_1 - I_1)$, wobei $f_1 = f(K_1, F_1)$ den gesamten Output der ersten Periode bezeichne, und über den Kapitalstock den Produktionsumfang der zweiten Periode, der dann mit dem Konsum zusammenfällt. Zusätzlich treten mit einer gewissen Wahrscheinlichkeit Schäden aus der Nutzung fossiler Energie durch den Treibhauseffekt in der zweiten Periode auf, die von der Höhe des in der ersten Periode konsumierten Umfangs an Energie abhängen und sich auf die Höhe des in der zweiten Periode verfügbaren Kapitalstocks auswirken. Durch die explizite Einführung von Unsicherheit

---

43 Vgl. Stephan, G. (1988). Aus mathematischer Sicht ist dies letztlich dadurch zu begründen, daß das in Gleichung (1.13) angegebene Integral bei einer Diskontrate von null nicht konvergiert. Damit ist es aber in der „utilitaristischen Welt" nicht mehr möglich, jedem Wohlfahrtsbündel einen reellen Wert zuzuordnen.

44 Vgl. dazu ausführlicher Weizsäcker, C. C. von (1965): Existence of Optimal Plans of Accumulation for an Infinite Time Horizon, Review of Economic Studies, Vol. 23; Stephan, G. (1988), S. 355.

45 Vgl. d'Arge, R. C., W. Schulze and D. S. Brookshire (1982): Carbon Dioxide and Intergenerational Choice, American Economic Review, Vol. 72, S. 251-256.

wird ein zusätzliches Erkärungselement zur Begründung von Diskontierung herangezogen, auf welches im weiteren noch näher einzugehen sein wird. Es wird gezeigt, daß nach dem konventionellen utilitaristischen Wohlfahrtskriterium, das eine Maximierung des Gesamtnutzens, d. h. des Nutzens der gegenwärtigen Generation und des Erwartungsnutzens der zukünftigen Generation ($\max\{U_1 + E[U_2]\}$) vornimmt, eine Diskontierung in Höhe der erwarteten zukünftigen Ertragsrate der Investitionen anzusetzen ist. (Die Erwartungswertbildung bezieht sich dabei auf die Möglichkeit, daß der zukünftige Kapitalstock durch klimabedingte Schäden abgewertet wird.) Dies setzt allerdings die Möglichkeit einer Kompensation der zukünftigen Generation in Form von Investitionen voraus.

Demgegenüber hat der Rawls´sche Ansatz die Maximierung des Minimums der Wohlfahrt von beiden Generationen zum Ziel: $\max\min\{U_1, E[U_2]\}$. Nach dem sogenannten Maximin-Prinzip ist das Ziel der Wohlfahrtsmaximierung in der Aufrechterhaltung eines konstanten („sustainable") Konsumniveaus zu sehen. Dies hat zur Konsequenz, daß es der ersten Generation nicht erlaubt ist, intergenerative Umverteilungsmaßnahmen in Form der Durchführung von Investitionen zugunsten einer nachfolgenden Generation (oder durch den Verzehr von Umweltkapital zu Lasten der nachfolgenden Generationen), die zwar zu einer Steigerung der intertemporalen Gesamtwohlfahrt führen, sich jedoch vom konstanten Wohlfahrtsniveau der am schlechtesten gestellten Generation wegbewegen, vorzunehmen. D´Arge et. al. (1982) zeigen, daß im Fall einer fehlenden Möglichkeit, zukünftige Generationen durch Investitionen zu kompensieren, eine soziale Diskontrate von -1 anzusetzen ist, was im Ergebnis zum Verbot des Konsums an fossiler Energie führen würde. Diese sicherlich extreme Auffassung von intergenerationeller Gerechtigkeit, nach der als intertemporales Wohlfahrtskriterium der Konsumstandard der am schlechtesten gestellten Generation gewählt wird, bringt, wie das soeben aufgezeigte Modellergebnis verdeutlicht, Probleme mit sich. „... : A society starting out poor would find no justification for the initial accumulation that could provide a higher standard of consumption in the future."[46] Zu einer differenzierteren Analyse der Rawls´schen intergenerationellen Gerechtigkeitsvorstellungen, die über die reine Betrachtung von Diskontraten hinausgeht, kommt Solow (1974)[47] in seiner Analyse der optimalen Kapitalakkumulation bei erschöpfbaren Ressourcen. So sind gegenwärtige Generationen nur dann berechtigt, erschöpfbare Ressourcen aufzubrauchen, wenn sie im Gegenzug genügend in den Kapitalstock investieren, so daß eine Aufrechterhaltung des (konstanten) Pro-Kopf-Konsums möglich ist. Den Zu-

---

[46] Solow, R. M. (1986): On the Intergenerational Allocation of Natural Resources, Scandinavian Journal of Economics, Vol. 88, S. 144.

[47] Vgl. Solow, R. M. (1974): Intergenerational Equity and Exhaustible Resources, Review of Economic Studies, Vol. 41, S. 29-45.

sammenhang zwischen der optimalen Ausbeutung der erschöpfbaren Ressource und der zur Aufrechterhaltung eines konstanten Konsumstroms erforderlichen optimalen Investitionsausgaben zur Vergrößerung des Kapitalstocks beschreibt Hartwick (1977)[48]. Nach der Hartwick´schen Regel sind die Erträge aus der Nutzung der erschöpfbaren natürlichen Ressource zum Aufbau des Kapitalstocks so zu verwenden, daß die Abnahme des Nutzens aus dem natürlichen „Umweltkapitalbestand" durch die Akkumulation von Sachkapital kompensiert werden kann.

Das Rawls´sche Maximin-Kriterium wird oftmals als Gegenposition zu einer utilitaristischen Wohlfahrtsfunktion aufgebaut. Die von Rawls formulierten Gerechtigkeitsvorstellungen wurden jedoch im Hinblick auf intragenerationelle Fragestellungen konzipiert[49]. Nach diesen Überlegungen werden rationale Individuen, die sich vollständiger Ungewißheit („veil of ignorance") über ihre Position in einer Gesellschaft gegenübersehen, aufgrund extremer Risikoscheu für eine Maximierung des Nutzens des am schlechtesten gestellten Individuums entscheiden[50].

Die Formulierung einer intertemporalen Wohlfahrtsfunktion nach dem Rawls´schen Maximin-Prinzip geht daher auf diesen Zustand der Unkenntnis der eigenen wirtschaftlichen Position zurück. Im Unterschied zur statischen Formulierung sehen sich die Individuen bei intertemporaler Betrachtung einer Situation unvollständiger Information hinsichtlich der Zugehörigkeit zu einer bestimmten Generation gegenüber und entscheiden sich daher nach der Maximin-Strategie, d.h. für die Maximierung des Nutzens der am schlechtesten gestellten Generation.

Das Maximin-Prinzip kann verkürzt auch als das Ergebnis eines Entscheidungsverhaltens bei Unsicherheit verstanden werden. Dann stellt der Konflikt zwischen utilitaristischer Formulierung der sozialen Wohlfahrtsfunktion und Rawls´scher Formulierung zwei miteinander konkurrierende Theorien rationalen Verhaltens bei Unsicherheit dar[51]. Die in D´Arge et. al. (1982) aufgezeigte utilitaristische Formulierung der sozialen Wohlfahrtsfunktion setzt die Anwendbarkeit des Erwartungsnutzenkonzeptes voraus. Dies unterstellt zum einen, daß sich für den unsicheren Nutzen der zweiten Generation mit Hilfe von Wahrscheinlichkeitsinformationen ein Erwartungsnutzen bestimmen läßt und zum anderen die intertemporale Substituierbarkeit von Wohlfahrt, die eine Kompensation zukünftiger Generationen etwa durch Investitionen zuläßt. Dagegen leugnet das Rawls´sche Maximin-Prinzip die Möglichkeit einer Kompensation und

---

[48] Vgl. Hartwick, J. (1977): Intergenerational Equity and the Investing of Rents from Exhaustible Resources, American Economic Review, Vol. 66, S. 972-974.
[49] Vgl. Solow, R. M. (1974), S. 29; Rawls, J.(1971): A Theory of Justice, Cambridge.
[50] Vgl. Rawls, J. (1971).
[51] Vgl. dazu die Ausführungen von Richter, W. (1991) zu Utilitarismus und Gerechtigkeit im Zusammenhang mit der Formulierung einer sozialen (statischen) Wohlfahrtsfunktion. Richter, W. (1991): Utilitarismus und Gerechtigkeit, in: Wahl, J., S. 113-117.

vernachlässigt den Umstand, daß Individuen in Anbetracht des Rawls´schen „veil of ignorance" zumindest subjektive Einschätzungen von Wahrscheinlichkeiten vornehmen.

Der Einfluß von Unsicherheit auf die Höhe der Diskontrate innerhalb eines utilitaristischen Konzeptes der Formulierung von sozialen Wohlfahrtsfunktionen wurde bislang nicht näher analysiert, ist aber als ein wichtiges Erklärungselement nicht zu vernachlässigen. So kann aus individualistischer Sicht Zukunftsunsicherheit zur Begründung einer Minderschätzung zukünftiger Bedürfnisse, die ihren Ausdruck in der Wahl einer individuellen Diskontrate findet, herangezogen werden, da es sicherlich angemessen ist, von einem endlichen und in der Länge unbekannten Planungshorizont auszugehen. Wie bereits oben aufgezeigt, können diese Überlegungen jedoch nicht ohne weiteres auf die mit der Formulierung einer intertemporalen Wohlfahrtsfunktion verbundene Wahl einer sozialen Diskontrate übertragen werden[52]. Wenngleich die Bestimmung der Länge des Planungshorizontes einer sozialen Wohlfahrtsfunktion nach unterschiedlichen Kriterien erfolgen kann, dürfte Unsicherheit bezüglich der Existenz zukünftiger Generationen eine Rechtfertigung für den Diskontierungsvorgang liefern[53]. Die Entscheidung für eine bestimmte soziale Diskontrate erfordert offenbar eine normative Entscheidung, die die Wahl des Planungshorizontes und somit eine Einschätzung der Existenz zukünftiger Generationen einbeziehen muß.

Arrow und Lind (1970)[54] haben dagegen eine Antwort auf die Frage nach der risikobedingten Anpassung der einer öffentlichen Investitionsentscheidung zugrundeliegenden Diskontrate gefunden. Im Unterschied zu privaten Investitionsentscheidungen, die den Risikoaspekt durch die Anpassung der Diskontrate mittels eines Risikozuschlags berücksichtigen, zeigen die Autoren, daß für öffentliche Investitionsprojekte dieser Zuschlag vernachlässigt werden kann, da die Kosten der Risikoübernahme für ein öffentlich finanziertes Investitionsvorhaben auf eine große Anzahl von Individuen verteilt werden können. Das von jedem Einzelnen zu tragende Risiko geht mit zunehmender Teilnehmerzahl gegen null („risk spreading"), und aus gesellschaftlicher Sicht kann daher eine risikofreie Diskontrate zur Beurteilung des Investitionsprojektes angesetzt werden. Die Anwendbarkeit dieses Ergebnisses ist jedoch für den Fall, daß der Gegenstand der Investition die Bereitstellung eines öffentlichen Gutes darstellt, einzuschränken[55]. Aufgrund der Nutzungseigenschaften öffentlicher Güter führen beispielsweise Investitionsmaß-

---

52 Vgl. dazu Tinbergen, J.(1960): Optimum Savings and Utility Maximization Over Time, Econometrica, Vol 28, S. 488-489: „ ...since, in the opinion of many economists, such a time discount should not govern a nation´s decisions - in contrast with an individual´s decisions, where it should."

53 Vgl. dazu etwa Solow, R. M. (1986), S. 143.

54 Vgl. Arrow, K. J. and R. C. Lind (1970): Uncertainty and the Evaluation of Public Investment Decisions, American Economic Review, Vol. 60, S. 364-378.

55 Vgl. Fisher, A. C. (1973): Environmental Externalities and the Arrow-Lind Public Investment Theorem, American Economic Review, Vol. 63, S. 722-725.

nahmen zur Verbesserung der Umweltqualität oder etwa Projekte, die eine Umweltbeeinträchtigung mit sich bringen, nicht zu einer Streuung des Risikos, da die Übernahme des Risikos durch einen Nutzer des öffentlichen Gutes das von allen anderen zu tragende Risiko nicht vermindert. Es besteht gewissermaßen eine „Nichtrivalität" hinsichtlich der Risikokosten, da das Risiko gesellschaftlicher Natur ist.

Entscheidend für die Frage, ob und in welcher Form eine Risikoanpassung der Diskontrate bei öffentlichen Investitionsprojekten vorgenommen werden sollte, ist die Frage, wie der Ertrag des Projektes mit der Gesamtwohlfahrt korreliert[56]. Die Nichtanwendbarkeit des Arrow-Lind-Theorems im Fall von Umweltrisiken (Risiko bezieht sich auf öffentliches Gut) erklärt sich dann dadurch, daß die Nutzen der betroffenen Individuen nicht unabhängig voneinander sind, wie dies für die Gültigkeit des Theorems zu fordern wäre, sondern miteinander korrelieren. Dies schließt allerdings eine Diversifizierung des Risikos aus. Aus diesen Überlegungen läßt sich eine Anwort auf die Frage nach der risikoadäquaten Anpassung der Diskontrate auf die Nutzen- und Kostenströme von umweltpolitischen Maßnahmen ableiten. Da der Nutzen umweltpolitischer Maßnahmen positiv mit der Gesamtwohlfahrt korreliert ist, erscheint eine (gemäß dem Capital Asset Pricing-Modell) negative Risikoprämie angebracht, d.h. die soziale Diskontrate liegt unter der risikoneutralen Rate.

Eine einmalige Anpassung der Diskontrate ist dabei grundsätzlich nur für den Fall einer einperiodigen Investitionsmaßnahme korrekt. Sofern Nutzen und Kosten umweltpolitischer Maßnahmen sich über mehrere Perioden erstrecken, wäre eine fortwährende Risikoanpassung der Diskontrate vorzunehmen[57].

1.3 Der Standard-Preis-Ansatz

Wie in den vorangegangenen Ausführungen deutlich wurde, kann die Lösung des Umweltallokationsproblems innerhalb der Wohlfahrtstheorie als Versuch einer Antwort auf die Frage nach der effizienten Bereitstellung eines öffentlichen Gutes verstanden werden. Demnach weisen die über das System Umwelt laufenden externen Effekte den Charakter eines öffentlichen Gutes auf, die eine dezentrale, über Marktmechanismen erreichbare, optimale Allokation von

---

56 Lind (1982) spricht sich dabei für die Verwendung der aus der Kapitalmarkttheorie bekannten Konzepte (Capital-Asset-Pricing-Model) zur Ermittlung der risikoadäquaten Diskontrate aus. Vgl. Lind, R. C. (1982): A Primer on the Major Issues Relating to the Discount Rate for Evaluating National Energy Options, in: Lind, R.C. (ed.): Discounting for Time and Risk in Energy Policy, Resources for the Future, Washington D.C., S. 21-94.

57 Vgl. dazu den Vorschlag in Lind, R. C. (1982), S. 67 sowie die Ausführungen in Kapitel 5 dieser Arbeit.

Umweltressourcen verhindern. Eine Korrektur dieser Ineffizienz, um ein pareto-optimales Allokationsergebnis („first-best"-Lösung) zu erreichen[58], erfordert demnach ein staatliches Eingreifen mit dem Ziel, die externen Effekte zu internalisieren bzw. die effiziente Bereitstellung des öffentlichen Gutes Umwelt zu gewährleisten. Es wurde jedoch aufgezeigt, daß ein Mechanismus zur Korrektur dieses Marktversagens aufgrund der zwischen dem staatlichen Planer und den Nutzern des öffentlichen Gutes bestehenden asymmetrischen Informationsverteilung nicht verfügbar ist[59]. Es gibt somit keinen Mechanismus, der es dem staatlichen Planer ermöglicht, die Informationen über die wahren Präferenzen der Individuen für das öffentliche Gut Umwelt zu gewinnen („Anreizverträglichkeit") und gleichzeitig ein pareto-effizientes Ergebnis hinsichtlich der Bereitstellung der Menge des Gutes („Effizienzeigenschaft") zu erreichen[60]. Aus wohlfahrtstheoretischer Sicht verbleiben dem staatlichen Planer daher lediglich Allokationen, die dem „second best"-Kriterium genügen.

So scheitert die verursachergerechte Internalisierung externer Effekte an der Ermittlung der Pigou-Steuer, die gleich dem sozialen Grenzschaden der Emission im Optimum sein müßte. Neben den erläuterten Problemen, die eine Ermittlung der aktuellen sozialen Grenzschäden der Umweltbelastung mit sich bringt, wären demnach zusätzlich die sozialen Grenzschäden in einem zukünftigen Optimum, in welchem nach erfolgter Anpassung die Grenzschäden der Vermeidung (entsprechen dem Grenznutzen von mehr Umweltqualität) gleich den Grenzkosten der Vermeidung sind, zu bestimmen[61].

Im Bewußtsein der Schwierigkeiten, insbesondere den sozialen Grenznutzen von mehr Umweltqualität zu ermitteln, haben Baumol und Oates (1971)[62] vorgeschlagen, einen Standard für eine akzeptable Umweltqualität ohne die Berücksichtigung von Nutzen- bzw. Wohlfahrtsgrößen durch eine politische Entscheidung festzulegen. Die Entscheidung für einen bestimmten Umweltqualitätsstandard $\overline{G}$ erfolgt dann ohne Beachtung marginaler Umweltschäden und orientiert sich etwa an technischen oder naturwissenschaftlichen Größen, während aus ökonomischer Sicht das Allokationsproblem auf die Suche nach der kostenminimalen Zielerreichung des geforderten Standards verengt wird. Wenngleich der Standard-Preis-Ansatz die

---

58 Der erste Hauptsatz der Wohlfahrtstheorie verliert mit dem Auftreten externer Effekte bzw. mit der Einbeziehung öffentlicher Güter seine Gültigkeit.

59 Vgl. dazu Richter, W. F. und W. Wiegard (1993): Zwanzig Jahre „Neue Finanzwissenschaft", Teil 1: Überblick und Theorie des Marktversagens, Zeitschrift für Wirtschafts- und Sozialwissenschaften, Vol. 113, S. 199 ff. oder Weimann, J. (1991): Umweltökonomik, Berlin et. al., S. 88 ff.

60 Dieses Ergebnis geht bereits auf die Arbeit von Hurwicz (1972) zurück. Vgl. dazu Hurwicz, L. (1972): On Informationally Decentralized Systems, in: Decision and Organisation, Radner, R. and C. B. McGuire (eds.), North-Holland, Amsterdam sowie Richter, W. F. und W. Wiegard (1993), S. 201ff.

61 Vgl. dazu Baumol, W. J. and W. E. Oates (1988): The Theory of Environmental Policy, 2. Auflage, S. 159.

62 Vgl. Baumol, W.J., W.E. Oates (1971): The Use of Standards and Prices for Protection of the Environment, Swedish Journal of Economics, 73, S. 42-54.

Zielsetzung, eine pareto-optimale Allokation herzustellen, aufgibt, besitzt der Ansatz die Eigenschaft, das angestrebte Umweltqualitätsziel bei unterstellter Gleichheit von Emissionen und Immissionen zu gesamtwirtschaftlich minimalen Kosten zu erreichen („second-best-Lösung"). Sofern dem staatlichen Planer die Grenzvermeidungskosten für Emissionen bekannt sind und gleiche Emissionen eines Schadstoffemittenten die gleichen Immissionen hervorrufen, ist eine Realisierung des Umweltstandards mittels der Erhebung eines bestimmten Preises (bzw. einer Steuer) oder durch die Ausgabe handelbarer Emissionszertifikate in Höhe der gesamtwirtschaftlich zulässigen Emissionsmenge zu minimalen Vermeidungskosten möglich. Ein für alle Emittenten gültiger einheitlicher Steuersatz bringt die Grenzvermeidungskosten aller Vermeidungsaktivitäten zum Ausgleich und zwar in Höhe der gewählten Steuer. Im wohlfahrtstheoretischen Kontext impliziert die Eigenschaft der kosteneffizienten Realisierung des Umweltqualitätsziels, daß die soziale Wohlfahrtsfunktion $U(X_1, X_2, \overline{G})$ für einen gegebenen Umweltstandard maximiert wird, wogegen eine pareto-optimale Allokation die soziale Wohlfahrtsfunktion $U(X_1, X_2, G)$ mit der Variablen Umweltqualität maximiert. Das aus der Anwendung des Standard-Preis-Ansatzes resultierende Allokationsergebnis kann nur zufällig mit dem pareto-optimalen Ergebnis übereinstimmen und der Umweltstandard stimmt nur zufällig mit der optimalen Umweltqualität überein. Darüber hinausgehende allokationstheoretische Aussagen sind innerhalb des vom Standard-Preis-Ansatzes vorgegebenen engen Korsetts jedoch nicht möglich.

2 Der Treibhauseffekt als besonderes Externalitätenproblem

2.1 Naturwissenschaftliche Grundlagen

Der sogenannte Treibhauseffekt dürfte zu den am häufigsten diskutierten umweltpolitischen Themen der letzten Jahre gehören[1]. Da eine Reihe kompetenter und gut verständlicher Abhandlungen über die detaillierten naturwissenschaftlichen Zusammenhänge des Problems der drohenden globalen Erwärmung existieren[2], sei im folgenden lediglich eine kurze, fragmentarische Beschreibung dieses Effektes angegegeben.

Mit dem Begriff Treibhauseffekt wird im allgemeinen ein zusätzlicher, anthropogen bedingter Erwärmungseffekt bezeichnet, nach dem insbesondere die mit der Nutzung fossiler Energie verbundene Freisetzung von Kohlendioxid zu einem Anstieg der globalen Durchschnittstemperatur führt. Demnach bedingen unterschiedliche Konzentrationen der sogenannten Treibhausgase, zu denen neben Kohlendioxid vor allem diverse Fluorchlorkohlenwasserstoffe, Methan und Stickoxide zählen, unterschiedliche Durchschnittstemperaturen auf der Erde. Eine Erhöhung der atmosphärischen Konzentration der Treibhausgase, die vorwiegend auf die Verbrennung fossiler Energieressourcen des Energie- und Verkehrssektors zurückzuführen ist, führt zu einer Störung des globalen Strahlungsgleichgewichts und somit zu einer Veränderung des Klimas. Generell ist dabei unter Klima einer Region der Mittelwert des Wettergeschehens bei längerfristiger Betrachtung zu verstehen, der neben den Luft- und Meerestemperaturen auch den Niederschlag, sowie die Häufigkeit und Stärke extremer Wettersituationen berücksichtigt[3].

Das Ausmaß der befürchteten klimatischen Veränderung wird dabei im wesentlichen von drei Faktoren bestimmt: i) der Wachstumsrate der klimarelevanten Treibhausgasemissionen, ii) den Reaktionen des Klimasystems auf die anthropogenen Emissionen, iii) der natürlichen Absorptionskapazität durch die Biosphäre und Ozeane. Während die erstgenannte Determinante im wesentlichen das Ergebnis einer umweltpolitischen Entscheidung darstellt, entzieht sich die zweite Einflußgröße dem menschlichen Einfluß. Dabei gilt es zu berücksichtigen, daß mit dem Anstieg der atmosphärischen Konzentration an Treibhausgasen natürliche Rückkopplungsmechanismen ausgelöst werden können, die den Treibhauseffekt teils dämpfen und teils vergrößern. In der Summe ist jedoch zu erwarten, daß die natürlichen Wechselwirkungen den

---

[1] Vgl. dazu etwa Perman, R. (1994): The Economics of the Greenhouse Effect, Journal of Economic Surveys, Vol. 8, S. 99-132, sowie Dornbusch, R. and J. M. Poterba (eds.) (1991): Global Warming: Economic Policy Responses, MIT-Press, Cambridge, Mass.

[2] Vgl. z.B. Deutscher Bundestag (1990): Dritter Bericht der Enquete-Kommission „Vorsorge zum Schutz der Erdatmosphäre", Bonn, S. 27 ff., zu einer sehr ausführlichen Darstellung, oder Cline, W. R. (1992): The Economics of Global Warming, Institute for International Economics, Washington D.C.

[3] Vgl. Bauer, A.(1993): Der Treibhauseffekt, Tübingen, zu einer detaillierten Beschreibung der sozio-ökonomischen Auswirkungen einer Klimaveränderung.

Treibhauseffekt weiter verstärken[4]. Von entscheidender Bedeutung ist zudem die Absorptionsrate der natürlichen Umweltmedien, da sie letztlich die in der Atmosphäre verbleibende Menge an klimarelevanten Spurengasen determiniert.

Demnach werden drei Strategien als Reaktion auf die drohende globale Erwärmung diskutiert[5]. Anknüpfend an die natürliche Kapazität von Umwelt werden Verfahren zur Steigerung der Absorptionsrate von klimarelevanten Emissionen mittels technischer („Geoengineering") oder naturgemäßer („Wiederaufforstungsprogramme") Methoden vorgeschlagen, denen gemeinsam ist, daß sie wahrscheinlich in Anbetracht des Ausmaßes dieses Problems nicht hinreichend sind. Daneben werden sogenannte adaptive Strategien, die eine Anpassung an die veränderten Umweltbedingungen eines anderen Klimas zum Gegenstand haben, diskutiert[6].

Schließlich werden auf ökonomischer Seite vorwiegend Maßnahmen zur Vermeidung oder Verringerung des Treibhauseffektes mittels einer Reduktion der energiebedingten Treibhausgasemissionen diskutiert. Darunter sind alle Möglichkeiten, die eine Steigerung der Energieeffizienz und/oder eine Verringerung der Emissionen durch Substitutionsprozesse zum Ziel haben, zusammenzufassen. Demnach ist eine Verringerung des Einsatzes fossiler Energie (und damit eine Reduzierung energiebedingter Emissionen) durch die Ausschöpfung von Energieeinsparpotentialen mit dem Ziel, Primärenergieverbrauch und Wirtschaftswachstum zu entkoppeln, durch eine Verteuerung des Energieeinsatzes zu erreichen[7]. Daneben läßt sich eine Reduktion energiebedingter Kohlendioxidemissionen durch eine Substitution innerhalb der Gruppe der fossilen Energieträger sowie durch eine Substitution fossiler Energieressourcen durch erneuerbare Energiequellen oder Kernenergie erreichen. Auf eine umfassende Beurteilung der einzelnen Maßnahmen und deren Emissionsreduktionspotentiale sei an dieser Stelle mit Hinweis auf die Fülle der zu diesem Thema zur Verfügung stehenden Litearatur verzichtet[8].

Gemeinsam ist den aufgezeigten Maßnahmen, daß das Erreichen signifikanter Emissionsreduktionsziele erhebliche Investitionsanstrengungen zum Umbau der Energiewirtschaft und anderer, im Hinblick auf den Verbrauch von Energie bedeutsamer Bereiche, erfordert. Dabei ist ferner zu beachten, daß der Energiewirtschaftssektor zu den kapitalintensivsten Wirtschaftsbe-

---

[4] In diesem Zusammenhang wird das Auftauen der Permafrostböden sowie ein klimabedingtes Waldsterben genannt. Vgl. Deutscher Bundestag (1990), Schönwiese, Ch. (1991): The Greenhouse Effect, A Necessity to React?, Institute for Meteorology and Geophysics, University of Frankfurt am Main.

[5] Vgl. Schelling, T. C. (1992): Some Economics of Global Warming, American Economic Review, Vol. 82, S. 1-14 sowie Cline, W. R. (1992), S. 32

[6] Vgl. ebenda.

[7] Dabei wird häufig auf den Rückgang der Energienachfrage im Anschluß an den ersten Ölpreisschock hingewiesen. Vgl. dazu IEA/OECD (1991): Greenhouse Gas Emissions: The Energy Dimension, Paris sowie Bartmann, H.(1996): Umweltökonomie- ökologische Ökonomie, Stuttgart et. al., S. 265 ff.

[8] Vgl. ebenda, sowie die dort angegebene Literatur.

reichen gehört[9]. Mit Blick auf die Größenordnung der für eine restriktive Emissionsreduktionspolitik erforderlichen Investitionsausgaben werden sofortige Maßnahmen mit Hinweis auf die weiterhin bestehenden Unsicherheiten des Treibhauseffektes und seine möglichen Folgen zurückgewiesen.

2.2 *Das Problem der Unsicherheit in der Treibhausproblematik*

Nur wenige Themen innerhalb der wissenschaftlichen umweltökonomischen Theorie werden ähnlich kontrovers diskutiert wie der Treibhauseffekt. Dieser Sachverhalt dürfte unter anderem durch das große Maß an Unsicherheit über die zwischen der Ökonomie und dem System Umwelt sowie insbesondere über die innerhalb des komplexen Systems Umwelt ablaufenden Vorgänge zu erklären sein. Aufgrund der Fülle der zur Verfügung stehenden Literatur, die sich mit dem Problem der Einschätzung der Wechselwirkungen zwischen Klimaveränderung und Ökonomie einschließlich der Unsicherheiten dieser Zusammenhänge auseinandersetzt[10], seien im folgenden nur einige, insbesondere aus ökonomischer Sicht wesentliche Aspekte aufgegriffen.

Während die jeweils aktuelle Emissionsmenge an klimarelevanten Treibhausgasen sich aus den Verbrauchsmengen fossiler Energieträger sowie deren jeweiligem spezifischem Kohlenstoffgehalt recht zuverlässig ermitteln läßt, ist die Frage der Verweildauer dieser Emissionen in den Umweltmedien unsicher. Von entscheidender Bedeutung für die Auswirkungen dieser Emissionen ist jedoch ihr Beitrag zum Aufbau eines Schadstoffbestandes in Form eines Anstiegs der atmosphärischen Konzentration an Treibhausgasen. Eine zuverlässige Einschätzung des Zusammenhangs zwischen Emissionen und Schadstoffbestand hängt zum einen von der Höhe der natürlichen Assimilationskapazität zum Abbau dieser Schadstoffe und zum anderen von der Pufferwirkung des Systems Umwelt ab, die eine zeitliche Verzögerung zwischen Schadstoffemission und Schadstoffakkumulation bewirken kann. Beide Größen sind jedoch mit großer Unsicherheit behaftet. Aus methodischer Sicht ist die Beurteilung des Irreversibilitätscharakters wie auch der zeitliche Pfad des Schattenpreises von einer Beantwortung dieser Fragen abhängig. Ferner werden Schwelleneffekte, die sprunghafte klimatische Veränderungen bei Überschreiten einer bestimmten Schadstoffbestandshöhe beschreiben, sowie Rückkopplungsef-

---

[9] Mit der hohen Kapitalintensität wird unter anderem die wettbewerbliche Ausnahmestellung eines Teils der leitungsgebundenen Energiewirtschaft begründet.

[10] Vgl. etwa Cline, W. R. (1992), Bauer, A. (1993), sowie die jeweils dort angegebene Literatur.

fekte diskutiert[11], die jedoch von einer einigermaßen zuverlässigen Quantifizierbarkeit noch entfernt sind.

Ein zweiter Komplex der Unsicherheit betrifft die Bewertung der sozioökonomischen Kosten der erwarteten klimatischen Veränderungen. Dieser umfaßt Fragen bezüglich der von einer Klimaveränderung betroffenen Wirtschaftssektoren und -regionen bis hin zu Fragen der monetären Bewertung der Folgen. Vor einer Unterschätzung der zu erwartenden Schäden aufgrund unzureichender Informationen warnt Morgenstern (1991): „All of which argues for more research on benefits and a plea to avoid the simple conclusion that if we cannot measure the benefits with precision, they effectively have zero or low value to society“[12].

Zusammenfassend kann festgestellt werden, daß die für eine Festlegung eines optimalen Emissionspfades unter Zugrundelegung der Kosten und des Nutzens einer Reduktionsstrategie erforderlichen Informationen unzureichend sind, und dem Aspekt der Unsicherheit im weiteren Verlauf dieser Arbeit in angemessener Weise Rechnung zu tragen ist.

2.3 *Der Treibhauseffekt als globales Umweltproblem*

Das Problem einer drohenden Klimaveränderung als Folge des Treibhauseffektes ist ein weltweites Problem, wenngleich die Staaten dem Ziel der Erhaltung des Klimagleichgewichts unterschiedliche Bedeutung bzw. Dringlichkeit zumessen. Dabei sind alle Länder, wenn auch in teilweise sehr unterschiedlichem Maße[13], unabhängig von der geographischen Verteilung der Emissionsstandorte, an der Akkumulation von Treibhausgasen in der Atmosphäre beteiligt. Dies hat zur Konsequenz, daß an der Problemlösung möglichst viele Länder (zumindest jedoch die größten Emittenten) zu beteiligen sind. Da eine Verringerung des Anstiegs der Konzentration von Treibhausgasen eine deutliche Reduktion der Nutzung fossiler Energieressourcen erfordern würde, bringt eine Klimaschutzpolitik erhebliche Opportunitätskosten der Vermeidung von Emissionen mit sich. Dennoch ist es im Fall einer globalen Externalität aus der Sicht eines einzelnen Landes rational, die Emissionen soweit zu verringern, wie dies dem Land selbst in Form verringerter Schäden zugute kommt[14]. Aufgrund der geringen Bedeutung von Vermeidungsanstrengungen eines einzelnen Landes aus globaler Sicht dürfte der damit verbundene

---

[11] Vgl. Cline, W. R. (1992), S. 34; Bauer, A. (1993), S. 38ff.; Perman, R. (1994), S. 105; Farzin, Y. H. (1996).
[12] Vgl. Morgenstern, R. D. (1991): Towards a Comprehensive Approach to Global Climate Change Mitigation, American Economic Association Papers and Proceedings, Vol. 81, S. 142.
[13] Vgl. Deutscher Bundestag (1990).
[14] Vgl. Mäler, K.G. (1991): International Environmental Problems, Oxford Review of Economic Policy, Vol. 6, S. 80-108.

Nutzen für ein Land kaum wahrzunehmen sein. Dabei partizipieren alle Länder an diesem Nutzen, da die Emissionsreduktion einem Beitrag zum öffentlichen Gut Klimaschutz gleichkommt und ein Nutzungsausschluß somit nicht möglich ist. Somit besteht aus der Sicht eines einzelnen Landes ein Anreiz, die Position des „Trittbrettfahrer" einzunehmen. Wie aus der Theorie der öffentlichen Güter bekannt ist, kommt es zu einer Unterversorgung mit diesem Gut, d.h. der Umfang der Emissionsreduktion ist in diesem Fall zu gering. Da internationale Instanzen, die die nationale Souveränität durchbrechen könnten, nicht vorhanden sind, bleibt nur die Möglichkeit einer freiwilligen Kooperation zwischen den Staaten.

Der sich aus der Nutzung der Umwelt als Aufnahmemedium für Schadstoffe ergebende Gesamtnutzen für ein Land A sei gegeben durch $B(q^A)$, wobei q^A die Emissionsmenge des Landes A bezeichne. Ferner sei für das als identisch unterstellte Land B die Nutzenfunktion mit $B(q^B)$ bezeichnet. Vernachlässigt man aus Gründen der Einfachheit zunächst den dynamischen Charakter der globalen Externalität, so ist mit der Übernutzung ein globaler Schaden verbunden, der in einem Zwei-Länder-Modell durch die von beiden Ländern emittierte Menge an Schadstoffen bestimmt ist, d.h. $D(q^A + q^B)$[15]. Dabei sei für die Nutzenfunktion ein konkaver Verlauf $(B' > 0, B'' < 0)$ und für die Schadensfunktion ein konvexer Verlauf $(D', D'' > 0)$ angenommen. Aufgrund fehlender Verfügungsrechte maximiert Land A seinen Nettonutzen $B(q^A) - D(q^A + q^B)$, wobei die Emissionen von Land B als gegeben angenommen werden. Somit berücksichtigt das einzelne Land nur seinen sich aus der gesamten Emissionsmenge ergebenden Schaden und sieht sich einem Entscheidungsspielraum gegenüber, der auf die eigene Emissionsmenge begrenzt ist. Es maximiert seinen Nettonutzen, wenn

$$\frac{dB(q^A)}{dq^A} = \frac{dD(q^A + q^B)}{dq^A} \tag{2.1}$$

sein Grenznutzen aus der Nutzung der Umwelt als Aufnahmemedium für Emissionen gerade so groß ist wie der marginale Schaden infolge einer Klimaveränderung. Analog ergibt sich für das als identisch unterstellte Land B der gleiche Kalkül zur Maximierung seines Nettonutzens (bei gegebener Emissionsmenge für Land A):

[15]Wegen des Fehlens von Reinigungs- bzw. Filtertechnologien ist mit der Verbrennung einer bestimmten Menge fossiler Energieträger eine bestimmte (je nach spezifischem Kohlenstoffgehalt des Energieträgers) Menge an Kohlendioxidemissionen verbunden. Ferner sei hier der Einfachheit halber von zwei Ländern (A,B) ausgegangen, wobei sich das Problem selbstverständlich auf beliebig viele Länder ausdehnen läßt.

(2.1)′
$$\frac{dB(q^B)}{dq^B} = \frac{dD(q^A + q^B)}{dq^B} .$$

Geht man von einer Emissionsmenge q^B (q^A) für Land B (A) aus, so kann die nutzenmaximale Emissionsmenge für Land A (B) mit $\hat{q}^A = f^A(q^B)$ $(\hat{q}^B = f^B(q^A))$ bezeichnet werden. Wenn nun $\hat{q}^A = f^A(\hat{q}^B)$ und $\hat{q}^B = f^B(\hat{q}^A)$ die jeweils gewählten Emissionsmengen beider Länder darstellen, so daß keines der beiden Länder seinen Nettonutzen durch eine Änderung der Emissionsmenge steigern kann (bei unterstellter unveränderter Emissionsmenge des jeweils anderen Landes), so liegt ein Nash-Gleichgewicht (nicht-kooperatives Nash-Cournot-Gleichgewicht) vor[16], wobei beide im Gleichgewicht die gleiche Menge emittieren. Da $\hat{q}(.)$ jedoch nur dann die aus der Sicht des einzelnen Landes nutzenmaximale Menge ist, wenn das jeweils andere Land eine bestimmte (d. h. hier in diesem Fall bei identischen Ländern die gleiche) Menge wählt, ist $\hat{q}(.)$ keine dominante Strategie[17]. Dies wäre nur dann der Fall, wenn $\hat{q}(.)$ für beliebige Emissionsmengen des jeweils anderen Landes beste Strategie wäre. Für den Fall, daß beide Länder eine dominante Strategie aufweisen und wir von der Möglichkeit, bindende Abkommen zwischen den Ländern zu schließen, absehen, gibt es ein Nash-Gleichgewicht in dominanten Strategien, für welches das Gefangenen-Dilemma als bekanntestes Beispiel genannt sei[18].

Wegen fehlender Kooperation zwischen den beteiligten Ländern, die durch eine bindende Vereinbarung (mit Sanktionsmechanismen) abgesichert werden könnte, kommt es auch in dem erläuterten Beispiel zu einem ineffizienten Gleichgewicht. Für den Fall der externen Effekte ist bereits oben kurz aufgezeigt worden, wovon das Erreichen einer pareto-effizienten Verhandlungslösung, die implizit kooperatives Verhalten (Möglichkeit bindender Verträge zwischen Schädiger und Geschädigten) unterstellt, abhängt.

So führt die fehlende Internalisierung des Schadens in dem jeweils anderen Land hier zu einem ineffizienten Ergebnis, das die Möglichkeit zur beiderseitigen Wohlfahrtssteigerung mittels verbindlicher Abkommen bietet. Dies läßt sich zeigen, indem man beide Länder (z.B. als Staatenbund) zusammenfaßt und den Nettonutzen addiert[19]

---

[16] Vgl. zum Nash-Gleichgewichtskonzept bspw. Weimann, J. (1991): Umweltökonomik, Eine theorieorientierte Einführung, 2. Auflage, S.207 f.

[17] Eine dominante Strategie ist eine Strategie, die beste Antwort auf die Strategien der anderen Spieler ist, unabhängig davon, für welche Strategien die anderen Spieler sich entscheiden. Vgl. dazu Holler, M. J. und G. Illing (1993).

[18] Vgl. z.B. Weimann (1991), S. 47 ff.

[19] Dabei sei unterstellt, daß die Wohlfahrtsfunktion additiv separabel sei.

$$[B(q^A) - D(q^A + q^B)] + [B(q^B) - D(q^A + q^B)] = 2B(q) - 2D(2q). \quad (2.2)$$

In diesem Fall bestimmen die beiden Länder die optimale Emissionsmenge q^* nach

$$B'(q^*) = 2D'(2q^*). \quad (2.3)$$

Der zusätzliche Nutzen infolge einer Ausweitung der Emissionen eines Landes ist gleich dem durch diese Emissionen hervorgerufenen zusätzlichen Schaden in beiden Ländern, d.h. der Nutzenzuwachs fällt nur dem jeweiligen Land zu, während der Zuwachs an Schaden wegen des "public-bad"-Charakters beiden Ländern zufällt. Aufgrund des konkaven Verlaufs der Nutzenfunktion ist evident, daß die Höhe der Emissionen in diesem Fall geringer ausfällt als im nicht-kooperativen Fall ($q^* < \hat{q}$).

Mit der Verringerung der Emissionen sind Vermeidungskosten $C(q_0 - q)$ verbunden (q_0 bezeichnet das uneingeschränkte Emissionsniveau ohne Vermeidungsaktivitäten), die im Fall der Klimaproblematik durch die Kosten einer Substitution fossiler Energieträger durch (zur Zeit noch) teuerere alternative Energiequellen (einschließlich der Investitionskosten für diese) sowie durch Energiesparinvestitionskosten und Verzichtskosten auf den Konsum fossiler Energieträger bestimmt sind. Sofern man von vollständiger Information über Schadens- und Vermeidungskostenfunktionen in beiden (identischen) Ländern ausgehen kann, ist durch ein Abkommen zwischen beiden Ländern ein pareto-effizientes Ergebnis wie in (2.2) zu erreichen. Das Ergebnis ist dadurch gekennzeichnet, daß die Summe aus Schadens- und Vermeidungskosten

$$C(q_0^A - q^A) + D(q^A + q^B) + C(q_0^B - q^B) + D(q^A + q^B) \quad (2.4)$$

minimiert wird, so daß in beiden Ländern

$$-C'(q_0 - q) = 2D'(2q) \quad (2.5)$$

die Grenzvermeidungskosten[20] gleich der Summe der in beiden Ländern verhinderten Grenzschäden ist. Hieraus wird ersichtlich, daß die Vermeidung bzw. Verringerung von Emissionen letztlich nach der bekannten Optimalbedingung zur Bereitstellung öffentlicher Güter erfolgen

[20]Die Formulierung ist hier so gewählt, daß die Vermeidungskosten eine Funktion der Emissionen sind. Es sollen steigende Grenzvermeidungskosten unterstellt werden. Es gilt somit $dC/dq < 0$, sowie $d^2C/dq^2 > 0$ und die Grenvermeidungskosten sind $-dC/dq$.

sollte, wonach die Grenzkosten der Bereitstellung der Summe der Grenznutzen aus dem öffentlichen Gut entsprechen sollten. Dies ergibt sich aus der öffentlichen-Gut-Eigenschaft der Umwelt bzw. Umweltqualität. Somit stellt die Emissionsvermeidung einen Beitrag zum öffentlichen Gut ("Klimagleichgewicht") dar. Ein pareto-effizientes Gleichgewicht, in dem beide (bzw. für i=1,...,n) Länder die gleiche Menge des öffentlichen Guts wünschen, wäre durch ein Lindahl-Gleichgewicht zu realisieren. Dies würde jedoch voraussetzen, daß alle beteiligten Staaten ihre Präferenzen für das öffentliche Gut wahrheitsgemäß offenbaren und ihren individuellen Lindahl-Preis in Form von Emissionsvermeidung "zahlen". Die Bereitstellung dieses öffentlichen Gutes erfolgt jedoch nicht zentral durch einen staatlichen Planer, sondern dezentral durch Emissionsvermeidungsanstrengungen in den einzelnen Ländern, d.h. es wird nur der eigene Nettonutzen infolge einer Emissionsverminderung berücksichtigt.

Bei den bisherigen Überlegungen wurde davon ausgegangen, daß die Entscheidung über die Emissionsverminderung in beiden Ländern als eine einmalige Entscheidung getroffen wird ("one shot-game"). Tatsächlich scheint es jedoch insbesondere vor dem Hintergrund eines eher langfristigen Umweltproblems angebracht, davon auszugehen, daß dieses Spiel zwischen beiden Ländern mehrfach (jede Periode) wiederholt wird. Beide Länder stehen zu Beginn einer jeden Periode vor der Entscheidung, $(q_0^i - q^{i*})$ Emissionen zu vermeiden als Ergebnis eines Umweltabkommens, oder die geringere Menge $(q_0^i - \hat{q}^i)$ zu vermeiden, was einem Vertragsbruch des Abkommens gleichkäme.

Sofern beide (bzw. für i=1,..,n) Länder das vereinbarte Emissionsziel einhalten, erzielen sie jeweils einen Nettonutzen $(B(q^i) - D(\sum_{i=1}^{n} q^i))$ in Höhe von $\pi_i(s_i^k, s_{-i}^k)$, sofern die anderen Länder sich ebenfalls an das Abkommen halten. Dabei bezeichne s_i^k die kooperative Strategie, d. h. Spieler i erfüllt die vertraglich vereinbarte Höhe der Emissionen, wobei die ihm zur Verfügung stehende Strategiemenge (aus Gründen der Einfachheit) lediglich zwei Elemente enthalte: $S_i = \{s_i^k, s_i^n\}$; s_i^n bezeichne die Nichteinhaltung des Vertrags.

Das Ziel einer effizienten Emissionsreduktion ist bei identischen Ländern durch die Einführung einer Emissionssteuer in Höhe der Grenzschäden in beiden Ländern (vgl. (2.5)) oder durch die Vergabe von Emissionszertifikaten in Höhe von $2q^*$ Emissionseinheiten erreichbar. Dabei sei zunächst von den mit einer Zertifikatslösung (Mengenlösung) verbundenen Problemen (Vergabeverfahren, Preisbildung, usw.) ebenso wie von den Schwierigkeiten einer Abgabenlösung (Preislösung) abstrahiert, und unterstellt, daß sich ein Gleichgewichtspreis für Zertifikate in Höhe der Abgabe herausbildet.

Aus der Sicht des einzelnen Landes läßt sich der Nettonutzen durch eine Überschreitung des vertraglichen Emissionszieles steigern, da die damit verbundenen Kosten aus Umweltschäden teilweise dem anderen (vertragstreuen) Land aufgebürdet werden. Der Nettonutzen des vertragsbrüchigen Landes ist somit $\pi_i(s_i^n, s_j^k)$, während das vertragstreue Land einen Nettonutzen in Höhe von $\pi_j(s_i^n, s_j^k)$ erreicht (wobei $\pi_i(s_i^n, s_j^k) > \pi_i(s_i^k, s_j^k)$. Da von souveränen Ländern auszugehen ist und es keine supranationale Institution mit entsprechenden Befugnissen gibt, ist die einzige Möglichkeit der Bestrafung des vertragsbrüchigen Landes [21], ebenfalls die Emissionen auszudehnen, d.h. das Abkommen zu verletzen. In diesem Fall stellen sich beide (bzw. alle) Länder schlechter, d.h. für den nicht-kooperativen Fall erreichen die Länder einen Nettonutzen in Höhe von $\pi_i(s_i^n, s_j^k)$ (wobei $\pi_i(s_i^n, s_j^n) < \pi_i(s_i^n, s_j^k)$).

Sofern unterstellt werden kann, daß dieses Spiel unendlich oft wiederholt wird und beide Vertragspartner vereinbart haben zu kooperieren, sofern keiner das Abkommen bricht, bei Vertragsbruch hingegen fortan immer die nicht-kooperative Strategie (als Bestrafungsmaßnahme) einzuhalten, so ist es möglich, die Kooperation beider Länder als ein Gleichgewicht zu erhalten[22]. Das soeben beschriebene Verhalten ist auch als "Trigger-Strategie" bekannt und stellt *ein* mögliches Gleichgewicht dar. Für den Fall eines unendlichen Zeithorizontes ist es möglich, ein sogenanntes teilspielperfektes Gleichgewicht zu erhalten, welches ein Gleichgewicht des gesamten Spiels ist[23].

Anhand der folgenden Auszahlungsmatrix läßt sich für den Fall, daß das Spiel nur einmalig gespielt wird, das bereits oben erläuterte Nash-Gleichgewicht mit den Nettonutzen von jeweils Π_4 für beide Länder identifizieren[24].

	Land B:	
Land A:	Vertragseinhaltung	Vertragsbruch
Vertragseinhaltung	(Π_1, Π_1)	(Π_3, Π_2)
Vertragsbruch	(Π_2, Π_3)	(Π_4, Π_4)

Abb. 2.1: *Auszahlungsmatrix für den Fall des Gefangenendilemmas*

---

[21]Daneben werden andere Maßnahmen diskutiert. Vgl. dazu Folmer, H., P. v. Mouche and S. Ragland (1993): Interconnected Games and International Environmental Problems, Environmental and Resource Economics, Vol. 3, S. 313-335.

[22] Vgl. Holler, M.J. und G. Illing (1993): Einführung in die Spieltheorie, 2. Aufl., Berlin et. al. S. 21ff.

[23]Dieser Sachverhalt ist auch als "Folk-Theorem" bekannt. Vergleiche dazu ausführlicher: Holler, M.J. und G. Illing (1993), a.a.O., S.24, 147 ff.

[24]Gewöhnlich wird angenommen, daß $\Pi_4 > \Pi_3$ gilt. Vgl. z.B. Holler, M.J. und G.Illing (1993), S. 145. Als mögliche Begründung in dem hier vorliegenden Fall ließen sich Wettbewerbsnachteile im internationalen Handel für das vetragstreue Land anführen.

Wie im bekannten Fall des Gefangenendilemmas ergibt sich ein eindeutiges Nash-Gleichgewicht, d.h. bei nur einmaliger Spieldurchführung halten sich beide Staaten nicht an das Umweltabkommen. Die Handlungsalternative „Nichtkooperation“ ist daher aus der Sicht jedes Landes die dominante Strategie, die bei gegebenem Verhalten des anderen Landes optimal ist. Hingegen würden sich beide Staaten durch eine Vertragserfüllung besserstellen ($\Pi_1 > \Pi_4$).

Wie bereits erwähnt, ist es bei unendlichem Zeithorizont möglich, das Einhalten des für beide Länder vorteilhaften Umweltabkommens durch die Ankündigung von Vergeltungsstrategien im Falle einer Vertragsverletzung zu erzwingen[25]. Versucht ein Land, durch Überschreiten der vereinbarten Emission seinen Nettonutzen in dieser Periode um $\Delta_1 = \Pi_2 - \Pi_1$ zu steigern, so wird es in allen nachfolgenden Perioden für dieses abweichende Verhalten vom anderen Land durch gleiches Verhalten bestraft ($\Delta_2 = \Pi_1 - \Pi_4$). Da von vollständiger Information ausgegangen wurde und sich somit die Emissionshöhe des jeweils anderen Landes überwachen läßt, und ferner unterstellt wurde, daß $\Pi_4 > \Pi_3$, ist die Drohung des vertragstreuen Landes glaubwürdig. Sobald ein Land aus dem Vertrag ausbricht und dadurch einen zusätzlichen Nutzen in Höhe von Δ_1 realisiert, sieht es sich zukünftigen Nutzenminderungen in Höhe von Δ_2 gegenüber. Ob nun die Einhaltung des Vertrages beim wiederholten Spiel eine mögliche Nash-Strategie ist, hängt nun von der Höhe von Δ_1, Δ_2 sowie (sofern wir zukünftige Auszahlungen abdiskontieren) von der Höhe des Diskontsatzes ab. Für $\Delta_1 < \sum_{i=1}^{\infty} \Delta_2 (1+\delta)^{-i}$ ist es rational, von der vertraglich vereinbarten Emissionshöhe nicht abzuweichen.

Die bisherigen Überlegungen bezogen sich auf den Fall, daß nur zwei Länder beteiligt sind und vollständige Information gegeben ist. Grundsätzlich sind die Überlegungen auch auf den wohl realistischeren Fall mit n Ländern zu übertragen, jedoch eröffnet sich nun in stärkerem Maße die Option des "free-rider" für die beteiligten Länder, da ein Ausschluß vom öffentlichen Gut Klimaschutz nicht möglich ist[26].

Ferner erscheint es sinnvoll, von einer unterschiedlichen Wertschätzung für das öffentliche Gut des Schutzes der natürlichen Atmosphäre auf internationaler Ebene auszugehen, da eine Veränderung des globalen Klimas ganz unterschiedliche Folgen für die jeweiligen Länder mit sich bringt. Daneben ist der sich aus der Verbrennung fossiler Energieressourcen ergebende

[25] Vgl. dazu ausführlicher: Holler, M.J. und G. Illing (1993), S. 142 ff.

[26] Für den Fall, daß nur zwei Länder beteiligt sind, ist der Anreiz für ein kooperatives zwischenstaatliches Abkommen sehr viel größer, da jedes Land ein egoistisches, an ausschließlich nationalen Interessen ausgerichtetes Emissionsniveau des jeweils anderen Landes durch das gleiche Vorgehen bestrafen kann und somit beide verlieren. Insofern kann es auch für beide Länder rational sein, sich an eine erzielte Übereinkunft bzgl. der Emissionshöhe zu halten.

Grenznutzen in den einzelnen Ländern schon allein aufgrund der großen Einkommensunterschiede zwischen den Ländern zu beachten, so daß ein Verzicht auf diese sehr unterschiedlich ausfällt. Dies hat zur Konsequenz, daß die Bereitstellung des öffentlichen Gutes Klimastabilität in den einzelnen Ländern zu unterschiedlichen Kosten erfolgt. Die Bereitstellung einer bestimmten Menge des öffentlichen Gutes bzw. einer bestimmten Gesamtvermeidungsmenge wäre somit durch eine andere Allokation der Emissionsvermeidung kosteneffizienter zu erreichen, d.h. die Produktion des öffentlichen Gutes erfolgt (bei Wahl gleicher Vermeidungsmengen) nicht in effizienter Weise.

Das in Gleichung (2.1) unterstellte Verhalten im nicht-kooperativen Nash-Cournot-Gleichgewicht ist nicht pareto-optimal. Es eröffnet somit die Möglichkeit einer Effizienzsteigerung, da zum einen durch Kooperation ein Verhandlungsgewinn möglich wird und zum anderen -sofern wir von komparativen Kostenvorteilen aufgrund von Unterschieden zwischen den Ländern ausgehen können- komparative Kostenvorteile ungenutzt bleiben in einer Situation, in der beide (alle) Länder Externalitäten verursachen[27].

Mit der Übernutzung der Umwelt als Schadstoffaufnahmemedium ist aufgrund der Verwendungskonkurrenz der Umwelt eine Beeinträchtigung dieser in ihrer Funktion als öffentliches Konsumgut (hinsichtlich Qualität oder Quantität) verbunden. Aus der Sicht der Emittenten stellen die Schadstoffemissionen ein privates Gut dar, während aus der Sicht der Nutzer bzw. Konsumenten von Umwelt die Vermeidung von Schadstoffemissionen die Eigenschaften eines öffentlichen Gutes aufweist

Somit ist das öffentliche Gut "Erhaltung des natürlichen Klimagleichgewichts" durch eine fehlende Beschränkung des Zugangs zur Nutzung der Atmosphäre als Aufnahmemedium für relevante Treibhausgase gefährdet, wogegen die Emissionsvermeidungsanstrengungen als Beiträge zu diesem öffentlichen Gut aufgefaßt werden können, über deren jeweilige Höhe unabhängig auf nationaler Ebene entschieden wird.

Im weiteren Verlauf dieser Arbeit wird die globale Dimension des erläuterten Umweltproblems zugunsten einer expliziten Analyse der Bedeutung von Unsicherheit für die Ableitung nationaler Emissionreduktionspolitiken vernachlässigt.

---

[27] Vgl. dazu Arnold, V. (1984): Umweltschutz als international öffentliches Gut: Komparative Kostenvorteile und Verhandlungsgewinne, Zeitschrift für Wirtschafts- und Sozialwissenschaften, Vol. 104, S. 111-129.

3 Die statische Optimierung von Umweltbelastung bei Unsicherheit

3.1 Einführung

Die Frage der „optimalen" Umweltbelastung schränkt das Umweltproblem zunächst auf die allokative Dimension der konkurrierenden Verwendungen des knappen Gutes Umwelt ein. So führen unterschiedliche Lösungsansätze der Umweltallokation (Optimierungsansatz mit einer sozialen Wohlfahrtsfunktion, Nutzen-Kosten-Analyse, Verhandlungslösung nach Coase) zur gleichen Optimalbedingung, daß Grenzkosten der Emissionsverringerung mit den vermiedenen Grenzschäden übereinstimmen müssen. Jedoch bringen die alternativen Lösungsansätze eine unterschiedliche Zuordnung von Nutzungsrechten mit sich, die zu unterschiedlichen Verteilungswirkungen führen. Daher sind die Instrumente zur Umsetzung der optimalen Umweltnutzung mittels der Zuweisung eines Preises für Umweltgüter, der die allokative Verwendung dieser Güter steuert, primär aus effizienztheoretischer Sicht zu beurteilen, wogegen verteilungspolitische Implikationen außen vor bleiben. Aus gesamtwirtschaftlicher Sicht sind die Bedingungen der optimalen Umweltallokation vor dem Hintergrund der Theorie der öffentlichen Güter zu sehen, die in diesem Fall eine wahrheitsgemäße Offenlegung der individuellen Präferenzen für umweltverbessernde Maßnahmen verlangt. Die Ableitung einer optimalen, d.h. wohlfahrtsmaximalen Allokation hat nicht allein zeitpunktbezogen zu erfolgen, sondern muß zudem der zeitlichen Dimension durch eine langfristige Betrachtung Rechnung tragen. In diesem Kapitel sei die Analyse einer optimalen Umweltallokation zunächst noch auf eine statische bzw. komparativ-statische Betrachtungsweise eingeschränkt.

Das Erreichen von Optimalität nach dem Pareto-Kriterium setzt im Fall eines privaten Konsumgutes die Übereinstimmung von Grenzrate der Substitution und Grenzrate der Transformation voraus. Sofern die Erstellung des Gutes mit Schadstoffemissionen verbunden ist und das öffentliche Konsumgut Umweltqualität somit beeinträchtigt wird, ist dagegen die Übereinstimmung der Summe der Grenzraten der Substitution aller betroffenen Individuen, die die Wertschätzung für das Gut Umweltqualität zum Ausdruck bringt in das Marginalkalkül einzubeziehen. Dabei sei angenommen, daß die Erstellung des Gutes Umweltqualität die Verwendung knapper Produktionsfaktoren zwecks Reduktion der Schadstoffemissionen notwendig macht. Aus einer partialanalytischen Perspektive ist zum Erreichen eines Wohlfahrtsmaximums letztlich die Übereinstimmung von sozialem Grenznutzen und den Grenzkosten der „Produktion" des Gutes Umweltqualität zu fordern. Die effiziente Erstellung des Gutes setzt die Gleichheit der individuellen Grenzvermeidungskosten aller Emittenten voraus. In diesem Fall genügen umweltverbessernde Maßnahmen dem Kriterium der Kosteneffizienz.

Ein großer Teil der Diskussion in der umweltökonomischen Literatur unterstellt, daß die Konsequenzen von Emissions- bzw. Umweltnutzungsentscheidungen vollständig bekannt und eine Bewertung der zur Verfügung stehenden Handlungsalternativen bei Sicherheit möglich ist. Dagegen ist für die weitaus meisten Umweltprobleme ein Defizit an Informationen hinsichtlich der Auswirkungen von Emissionen auf das komplexe System Umwelt, wie auch bezüglich der ökonomischen Bewertung dieser Umweltauswirkungen, kennzeichnend. Des weiteren stellt die Ermittlung der aggregierten Grenzvermeidungskostenfunktionen den umweltpolitischen Entscheidungsträger vor zusätzliche Informationsprobleme. Der von Baumol und Oates (1971)[1] in die Diskussion eingebrachte Standard-Preis-Ansatz verengt die Frage nach einer optimalen Umweltallokation auf die Zielsetzung einer kostenminimalen Zielerreichung eines politisch gesetzten Umweltstandards. Für die Festlegung dieses Standards werden alle Aspekte einer Bewertung von Nutzen und Kosten umweltpolitischer Maßnahmen ausgeklammert.

Eine weiterhin am Konzept der optimalen Allokation von Umwelt orientierte Vorgehensweise versucht die optimalen Handlungsalternativen auf der Grundlage der Entscheidungstheorie zu identifizieren. Der umweltpolitische Entscheidungsträger versucht den erwarteten Nettonutzen von Umweltschutzmaßnahmen zu maximieren[2]. Dies setzt voraus, daß der Entscheidungsträger Vorstellungen über die Wahrscheinlichkeitsverteilung der seiner Entscheidung zugrundeliegenden Parameter besitzt. Die für eine optimale Allokation von Umwelt mitentscheidenden Variablen wie beispielsweise die natürliche Assimilationsfähigkeit von Umwelt können jedoch von ihrem Erwartungswert abweichen und entziehen sich dabei dem Einfluß des staatlichen Planers. Die Auswahl einer umweltpolitischen Strategie stellt sich daher als ein Entscheidungsproblem bei Unsicherheit dar.

Die drohende globale Erwärmung oder die Zerstörung der Ozonschicht sind nur Beispiele für Umweltprobleme, für die sich die Folgen von Schadstoffemissionen auf das komplexe System Umwelt nur unzureichend angeben lassen. Sofern die Schadenskosten nicht einigermaßen zuverlässig abzuschätzen sind, wird gewöhnlich die Handlungsalternative ausgewählt, die den höchsten Nettonutzen aufweist. Dieses Vorgehen setzt implizit die Annahme eines risikoneutralen Entscheidungsverhaltens seitens des umweltpolitischen Entscheidungsträgers voraus. Angesichts erheblicher Unsicherheiten hinsichtlich der Größe der im Zusammenhang der Klimaproblematik oder der Gefährdung der Ozonschicht diskutierten Umweltschäden scheint

[1] Vgl. Baumol und Oates (1971) sowie Kapitel 1.3.
[2] Vgl. dazu etwa Siebert, H. (1992), S. 251 ff.

eine Entscheidung über das im Rahmen einer umweltpolitischen Strategie zu tolerierende Risiko geboten. Dabei ist zu beobachten, daß Unsicherheit sowohl zur Begründung umweltpolitischer Maßnahmen, die eine Verringerung der Umweltbelastung zum Ziel haben, als auch zur Unterstützung einer Strategie des Abwartens und der umweltpolitischen Enthaltsamkeit, herangezogen wird. Demnach sind signifikante Emissionsreduktionsstrategien, deren Umsetzung erhebliche volkswirtschaftliche Ressourcen in Anspruch nähmen, vor dem Hintergrund ungewisser zukünftiger Schäden nicht zu rechtfertigen. Im weiteren wird auf die umweltpolitischen Implikationen von Unsicherheit seitens des Entscheidungsträgers der Umweltpolitik eingegangen. Zur Verdeutlichung der kontroversen Schlußfolgerungen hinsichtlich der geeigneten umweltpolitischen Strategie sind die dahinterstehenden Annahmen in einem geeigneten entscheidungstheoretischen Kontext zu untersuchen. Dazu wird das aus der Portfoliotheorie bekannte (μ, σ)-Prinzip herangezogen, mit dessen Hilfe eine Abwägung zwischen der Maximierung des Erwartungswertes und der Minimierung des Risikos (Abweichungen vom Erwartungswert) illustriert werden kann[3]. Es wird aufgezeigt, daß die Grenzkosten der Risikominderung als Risikoprämie aufgefaßt werden können, die dem Grenznutzen der erreichten höheren Sicherheit entsprechen.

In Abschnitt 3.3 wird auf einen weiteren bedeutsamen Aspekt von Unsicherheit für die Ableitung optimaler Umweltnutzungsentscheidungen eingegangen, die Frage der Reversibilität. Sofern eine Entscheidung über die Nutzung von Umweltgütern die zukünftige Menge der verbleibenden Entscheidungen hinsichtlich der Umweltnutzung irreversibel einschränkt, wird zukünftigen Generationen ein Nutzenentgang aufgebürdet, für welchen diese keine Kompensation erhalten. Selbstverständlich spielt das Konzept der Irreversibilitäten, das allgemein auch als intertemporale Externalität aufgefaßt werden kann, in der rein statischen Betrachtung keine Rolle und wird daher in einem einfachen Zwei-Perioden-Modell erläutert.

Im letzten Abschnitt dieses Kapitels wird zusätzlich Unsicherheit über die Vermeidungskostenfunktion eingeführt. Dabei wird diskutiert, wie sich Unsicherheit auf die Effizienz umweltpolitischer Maßnahmen auswirkt und welche Folgerungen hinsichtlich der Vorteilhaftigkeit der einzusetzenden Instrumente (Preis- und Mengenlösung) resultieren.

---

[3] Vgl. auch Schubert, R. (1992): Das Problem der Unsicherheit in der Umwelt- und Ressourcenökonomie, in: Entwicklung und Umwelt, Schriften des Vereins für Socialpolitik, Berlin, S. 26-27.

3.2 Unsicherheit bezüglich der Schadensfunktion

Eine Reihe von Umweltrisiken betrifft nur bestimmte gesellschaftliche Gruppen oder einzelne Individuen einer Gesellschaft, da die Risiken an Wohnorte oder Arbeitsbedingungen gebunden oder vom persönlichen Gesundheitszustand abhängig sind. In diesen Fällen sind die Risiken für den Einzelnen aus der Sicht des umweltpolitischen Entscheidungsträgers unabhängig, und eine Risikostreuung ist möglich. Eine Versicherung ist in diesem Fall möglich. Sofern Risiken sich auf ein Umweltgut beziehen, das von allen gleichermaßen konsumiert wird, kann von einem gesellschaftlichen Risiko bzw. von einem Risiko, das die Eigenschaften des öffentlichen Gutes aufweist, gesprochen werden. In diesem Fall ist die Wohlfahrt aller Individuen ungewiß und die Zufallsvariable Wohlfahrt korreliert perfekt mit der Wohlfahrt aller Individuen, so daß aus analytischer Sicht das Versicherungsprinzip nicht funktionieren kann. Zudem sei das im folgenden unterstellte Risiko bezüglich der Umweltqualität endogener Natur, d.h. der Umfang des Risikos wird durch die Höhe der Schadstoffemissionen determiniert. Daher verbleiben lediglich Emissionsreduktionsstrategien zur Verringerung des Risikos.

Wegen unzureichender Informationen über die Assimilationsfähigkeit der Umweltmedien besteht häufig Unsicherheit über die Auswirkungen der Schadstoffemissionen. So ist die Klimaproblematik nur ein Beispiel für die Ungewißheit der Wirkungszusammenhänge zwischen Treibhausgasemissionen und befürchteter globaler Klimaveränderung sowie daraus folgender Umweltschäden. Im folgenden sei diese Ungewißheit durch die Einführung einer Zufallsvariablen $\tilde{\theta}$ beschrieben, wobei $1/\tilde{\theta}$ die natürliche Absorptionsfähigkeit wiedergebe. Die Zufallsvariable besitze einen Erwartungswert von $E\{\tilde{\theta}\} = \bar{\theta}$ und streue innerhalb eines endlichen Definitionsbereichs symmetrisch um den Erwartungswert. Die Standardabweichung $\sigma_{\tilde{\theta}}$ dieser Zufallsvariable kann dabei als ein Maß für die naturwissenschaftliche Unsicherheit über diese Größe gesehen werden. Im Unterschied zu den Arbeiten von Adar und Griffin (1976), Fishelson (1976) sowie Weitzman (1974)[4] sei das Risiko durch einen multiplikativen Funktionszusammenhang zwischen Schadstoffemissionen und ungewisser Assimilationskapazität eingeführt[5]. Die Schadensfunktion sei demnach abhängig von der Höhe der Emissionen q sowie der

---

[4] Vgl. Adar, Z. und J. M. Griffin (1976): Uncertainty and the Choice of Pollution Control Instriments, Journal of Environmental Economics and Management, Vol. 3, S. 178-188; Fishelson, G. (1976): Emission Control Policies under Uncertainty, Journal of Environmental Economics and Management, Vol. 3, S. 189-197; Weitzman, M. L. (1974): Prices vs. Quantities, Review of Economic Studies, Vol. 41, S. 477-491. Im Abschnitt 3.4 wird auf die Implikationen dieser Annahme für die Auswahl des geeigneten Instruments eingegangen.

[5] Vgl. dazu auch Watson, W. D. und R. G. Ridker (1984): Losses from Effluent Taxes and Quotas under Uncertainty, Journal of Environmental Economics and Management, Vol. 11, S. 310-326 sowie Siebert, H. (1992), S. 253.

Assimilationskapazität. Die deterministische Schadensfunktion weise einen konvexen Verlauf auf.

$$\tilde{D}(q,\tilde{\theta}) = \tilde{\theta}D(q) \tag{3.1}$$

Dagegen seien die Kosten einer Reduktion der Emissionen zunächst als bekannt vorausgesetzt (vgl. Kapitel 3.4 zur Bedeutung von Unsicherheit über die Vermeidungskosten). Dabei erscheint es plausibel, von steigenden Grenzkosten der Emissionsvermeidung auszugehen. Aus der Perspektive der Nutzung der natürlichen Abbaufähigkeit betrachtet, kann die Fähigkeit der Umwelt, Schadstoffe aufzunehmen, auch als knappes Gut betrachtet werden[6]. Nicht nur für den Fall der Klimaproblematik sei daher der gesellschaftliche Nutzen aus der Verwendung fossiler Energieressourcen mit $B(q)$, der einen konkaven Verlauf aufweise, bezeichnet[7]. Der soziale Nettonutzen aus der Verwendung fossiler Energieressurcen läßt sich somit wie folgt angeben:

$$NB(q,\tilde{\theta}) = B(q) - \tilde{D}(q,\tilde{\theta}) = B(q) - \tilde{\theta}D(q)\,. \tag{3.2}$$

Aufgrund der ungewissen Schäden stellt die zu maximierende Zielvariable eine Zufallsvariable dar, deren Wert von der Realisation der Zufallsvariablen $\tilde{\theta}$ abhänge.

Ein Individuum, das sich einer Entscheidung unter Unsicherheit gegenübersieht, verlangt als Entgelt für die Übernahme dieses Risikos eine Risikoprämie. Arrow und Lind (1970)[8] haben dagegen gezeigt, daß bei der sozialen Bewertung öffentlicher Investitionen zur Erstellung privater Güter bei Ungewißheit ein Risikoaufschlag entfallen kann, da die Risikokomponente sich auf eine große Zahl von Individuen verteilen läßt. An die Ableitung dieses Ergebnisses ist jedoch zum einen die Annahme geknüpft, daß die Investition sich auf die Produktion eines marktfähigen Gutes bezieht, und zum anderen die Einkommen der Individuen nicht miteinander korrelieren. Da sich die Ungewißheit im vorliegenden Fall jedoch auf ein öffentliches Umwelt-

[6] Im Fall einer dauerhaften Akkumulation von Schadstoffen kann die Schadstoffreservoirfunktion von Umweltmedien als erschöpfbare Ressource betrachtet werden. Sofern von Unsicherheit über die Folgen der Ansammlung von Schadstoffen auszugehen ist, erweitert sich der Modellrahmen auf die Ausbeutung einer erschöpfbaren Ressource, deren gesamter Bestand unbekannt ist. Vgl. zu einer Übertragung dieser Überlegungen in einem dynamischen Kontext: Heal, G. (1984): Interactions between Economy and Climate: A Framework for Policy Design under Uncertainty, in: Smith, K.V. und A. D. Witte (Hrsg.): Advances in Applied Microeconomics, Vol. 3, S. 151-168.

[7] Dabei ist zu beachten, daß die mit der Nutzung fossiler Energieressourcen verbundene Freisetzung von klimarelevanten Emissionen in einem proportionalen Verhältnis zur eingesetzten Energiemenge steht. Vgl. auch Kapitel 1. sowie Nordhaus, W. (1993): How much Should We Invest in Preserving Our Current Climate, in: Giersch, H.(Hrsg.): Economic Progress and Environmental Concerns, Berlin et. al., S. 255-299.

[8] Arrow,K.J. and R.C. Lind (1970): Uncertainty and the Evaluation of Public Investment Decisions, in: American Economic Review, Vol. 60, S. 364-378.

gut bezieht, ist die Anwendbarkeit des Arrow-Lind-Theorems nicht gegeben[9]. Das Risiko hinsichtlich der Umweltschäden betrifft alle Individuen einer Gesellschaft, und eine Risikostreuung ist daher nicht möglich.

Nach der Erwartungsnutzentheorie impliziert eine konkave Risikopräferenzfunktion eine risikoaverse Einstellung des Entscheidungsträgers, während eine risikoneutrale Einstellung mit einer linearen Risikopräferenzfunktion korrespondiert. Da der Unsicherheitsfaktor durch die Maximierung des erwarteten Nettonutzens Berücksichtigung finden soll, wird eine Risikopräferenzfunktion $\gamma(.)$ eingeführt, welche die Risikoeinstellung des umweltpolitischen Entscheidungsträgers widerspiegelt. Daher wird nach Jensens Ungleichung[10] ein risikoaverser umweltpolitischer Entscheidungsträger den Erwartungswert des Nettonutzens $\gamma(E\{NB\})$ dem erwarteten Nettonutzen $E\{\gamma(NB)\}$ vorziehen. Bei Beachtung der ungewissen natürlichen Assimilationsfähigkeit der Umwelt, die sich durch eine symmetrisch verteilte Dichtefunktion mit dem Erwartungswert $\overline{\theta}$ und der Standardabweichung σ_θ beschreiben läßt, maximiert der staatliche Planer den Erwartungsnutzen der Nettowohlfahrt nach der Variable q.

(3.3) $$E\left\{\gamma\left[B(q)-\tilde{D}(q,\tilde{\theta})\right]\right\} \rightarrow \max$$

Somit ergibt sich durch einfaches Differenzieren folgende für ein Maximum notwendige Bedingung:

(3.4) $$E\left\{\gamma'(NB)\left[B'(q)-D'(q)\tilde{\theta}\right]\right\}=0.$$

Die Frage, die sich im Zusammenhang mit der Einführung von Unsicherheit stellt, ist, inwiefern das bei vollständiger Information erzielbare Ergebnis durch Unsicherheit verändert wird. Daher werden im folgenden die Kosten des Risikos in Form einer Risikoprämie in Abhängigkeit vom Niveau der Emissionen aufgezeigt.

Dazu seien die ungewissen Schäden wie folgt definiert: $\tilde{D}(q,\tilde{\theta}) = \overline{d}(q)(1+\tilde{\varepsilon})$, wobei sich als Erwartungswert $\overline{d}(q) = D(q)\overline{\theta}$ angeben läßt und σ_ε^2 die Varianz der Zufallsvariable $\tilde{\varepsilon}$ bezeichne. Diese Zufallsvariable gebe die Abweichungen der ungewissen Assimilationsfähigkeit von ihrem Erwartungswert wieder, so daß $E(\tilde{\varepsilon}) = 0$ und $\sigma_{\tilde{\theta}}^2 = \overline{\theta}^2\sigma_{\tilde{\varepsilon}}^2$. Dann läßt sich die Risi-

[9] Vgl. Fisher, A.C. (1973): Environmental Externalities and the Arrow-Lind Public Investment Theorem, in: American Economic Review, Vol. 63, S. 722-725.

[10] Vgl. z.B. Varian ,H.(1992) :Microeconomic Analysis, 3. Aufl., New York et. al., S.182.

koprämie $\rho(\bar{d},\bar{d}\tilde{\varepsilon})$ für die mit einer Risikopräferenzfunktion $\phi(\tilde{D}(q,\tilde{\theta})$ [11] bewerteten ungewissen Umweltschäden wie folgt angeben[12]:

$$(3.5) \qquad E\phi(\tilde{D}(q,\tilde{\theta}) := E\phi(\bar{d}(1+\tilde{\varepsilon})) = E\phi(\bar{d}+\bar{d}\tilde{\varepsilon}) =: \phi(\bar{d}+\rho(\bar{d},\bar{d}\tilde{\varepsilon})).$$

Demnach ist der umweltpolitische Entscheidungsträger indifferent zwischen einem ungewissen Umweltschaden mit dem Erwartungswert $\bar{d}$ und der Varianz $(\bar{d}\tilde{\varepsilon})^2$ und einem sicheren Umweltschaden in Höhe von $\bar{d}+\rho(\bar{d},\bar{d}\tilde{\varepsilon})$.

Nach Durchführung einer Taylorreihenapproximation läßt sich für jeden Wert ε in der Umgebung von $\tilde{\varepsilon}$ schreiben:

$$\phi(\bar{d}+\bar{d}\tilde{\varepsilon}) \approx \phi(\bar{d}) + \bar{d}\tilde{\varepsilon}\phi'(\bar{d}) + 1/2(\bar{d}\tilde{\varepsilon})^2\phi''(\bar{d})$$

Nach der Bildung des Erwartungswertes erhält man:

$$E\phi(\bar{d}+\bar{d}\tilde{\varepsilon}) \approx \phi(\bar{d}) + 1/2\bar{d}^2\sigma_\varepsilon^2\phi''(\bar{d}).$$

da $E\{\bar{d}\tilde{\varepsilon}) = 0\}$.

Der Koeffizient der relativen Risikoaversion läßt sich unter Beachtung von

$$\phi(\bar{d}+\rho(\bar{d},\bar{d}\tilde{\varepsilon})) \approx \phi(\bar{d}) + \rho(\bar{d},\bar{d}\tilde{\varepsilon})\phi'(\bar{d})$$

sowie von Gleichung (3.5) wie folgt angeben:

$$(3.6) \qquad \rho(\bar{d},\bar{d}\tilde{\varepsilon}) \approx \frac{1}{2}\sigma_\varepsilon^2 \frac{\bar{d}^2\phi''(\bar{d})}{\phi'(\bar{d})}.$$

[11] Dabei ist zu beachten, daß die Risikopräferenzfunktion im Fall risikoaversen Verhaltens einen konvexen Verlauf aufweist, da Umweltschäden (d.h. negativer Nutzen) zu bewerten sind.

[12] Vgl. etwa Laffont, J.-J. (1989), The Economics of Uncertainty and Information, Cambridge, S. 19 ff.

Die relative Risikoprämie ist gleich:

$$\hat{\rho}(\bar{d},\bar{d}\tilde{\varepsilon}) \approx \frac{1}{2}\sigma_{\varepsilon}^{2}\frac{\bar{d}\phi''(\bar{d})}{\phi'(\bar{d})} = \frac{1}{2}\sigma_{\varepsilon}^{2}r_{r}(\bar{d}). \tag{3.7}$$

Wie aus (3.6) bzw. (3.7) hervorgeht, ist die Bewertung der ungewissen Umweltschäden zum einen vom Koeffizient der relativen Risikoaversion $r_r(\bar{d})$ und zum anderen von der Varianz der Abweichungen der natürlichen Assimilationsfähigkeit von ihrem Erwartungswert abhängig. Ein Anstieg der naturwissenschaftlichen Unsicherheit vergrößert demnach ceteris paribus die Risikoprämie. Es läßt sich leicht zeigen, daß für (3.4) $E\{\gamma'(NB)B'(q)\} = E\{\gamma'(NB)D'(q)\tilde{\theta}\}$ die Ungleichheit $B'(q) \geq D'(q)\bar{\theta}$ abgeleitet werden kann. Ein risikoaverser umweltpolitischer Entscheidungsträger wird in Abhängigkeit vom Koeffizienten der relativen Risikoaversion sowie vom Ausmaß der Unsicherheit die optimale Emissionsmenge so wählen, daß der mit der Umweltnutzung verbundene soziale Grenznutzen den erwarteten Grenzschaden übersteigt. Die korrespondierende Emissionsmenge fällt somit geringer aus als im Fall der vollständigen Information.

3.3 Das zwei-dimensionale Entscheidungskriterium

Wie bereits aufgezeigt wurde, geht ein Anstieg des Nettonutzens mit einer Zunahme der Varianz der Zufallsvariable Nettonutzen einher. Dieser Varianz des Nettonutzens entspricht im vorliegenden Fall das Risiko über die Höhe der Umweltschäden.

Neben dem Erwartungsnutzenmodell gibt es einen anderen Ansatz zur Analyse von Präferenzen und Entscheidungsverhalten bei Unsicherheit. Anhand des aus der Portfoliotheorie bekannten (μ,σ)-Modells lassen sich die Präferenzen eines umweltpolitischen Entscheidungsträgers über eine Risikopräferenzfunktion darstellen, die zum einen von dem Erwartungswert des Nettonutzens und zum anderen explizit von dem Risiko der Umweltschäden abhängt, d.h. $u = u(\mu,\sigma)$. Eine umweltpolitische Entscheidung kann daher bei Beachtung des Zusammenhangs zwischen erwartetem Nettonutzen und dessen Abweichung vom Erwartungswert getroffen werden. Die zur Verfügung stehenden Allokationen können wie im Standard-Modell der Portfoliotheorie bewertet werden, und die gemäß der gesellschaftlichen Präferenzen nutzenmaximale Allokation ist somit zu identifizieren.

Es wird häufig unterstellt, daß das Erwartungsnutzenmodell und das Erwartungswert-Standardabweichungs-Modell kompatibel sind, sofern zumindest eine von zwei Bedingungen erfüllt ist[13]. Die erste Bedingung verlangt, daß der Zufallsvariablen eine Normalverteilung zugrundeliegt, während die zweite Bedingung eine quadratische Nutzenfunktion voraussetzt. Wie von Sinn (1980) und Meyer (1987)[14] gezeigt, ist keine dieser Bedingungen erforderlich, und die beiden Ansätze sind kompatibel, wenn die dem Entscheidungsproblem zugrundeliegenden Zufallsvariablen eine lineare Klasse bilden[15].

Im folgenden wird aufgezeigt, daß die standardisierte Verteilung des Nettonutzens unabhängig von $D(q)$ und $B(q)$ ist, und der erwartete Nettonutzen daher durch die Risikopräferenzfunktion $u(\mu, \sigma)$ dargestellt werden kann. Aufgrund der bisherigen Ausführungen gilt:

(3.2)` $$NB = B(q) - D(q)\tilde{\theta},$$

(3.2)`` $$E\{NB\} = B(q) - D(q)E\{\tilde{\theta}\},$$

(3.8) $$\sigma(NB) = D(q)\sigma_{\tilde{\theta}}.$$

Die standardisierte Zufallsvariable NB sei mit $Z(NB)$ bezeichnet; also ist

(3.9) $$Z(NB) = \frac{NB - E\{NB\}}{\sigma(NB)}$$

bzw. ausführlicher

(3.10) $$Z(NB) = \frac{B(q) - D(q)\tilde{\theta} - \left[B(q) - D(q)E\{\tilde{\theta}\}\right]}{D(q)\sigma_{\tilde{\theta}}} = \frac{E\{\tilde{\theta}\} - \tilde{\theta}}{\sigma_{\tilde{\theta}}}.$$

Die Dichtefunktion der standardisierten Zufallsvariable, die einen Erwartungswert von null und eine Standardabweichung von eins aufweist, sei angegeben mit $f_Z(Z;0,1)$. Die Steigung der

[13] Vgl. Varian, H. (1992), S. 189 f.

[14] Vgl. Sinn, H.-W.(1980): Ökonomische Entscheidungen bei Ungewißheit, Tübingen, S. 64 ff.; Meyer, J. (1987): Two-Moment Decision Models and Expected Utility Maximization, American Economic Review, Vol. 77, S. 421-430.

[15] Die Zufallsvariablen $\tilde{x}_1, \tilde{x}_2, \ldots$ bilden eine lineare Klasse, sofern die normierten Werte $\tilde{z}_i = \dfrac{\tilde{x}_i - E(\tilde{x}_i)}{\sigma(\tilde{x}_i)}$ für alle i mit $E(\tilde{z}) = 0$ und $\sigma(\tilde{z}) = 1$ die gleiche Dichtefunktion $f_z(z;0,1)$ haben. Vgl. Sinn, H.-W. (1980), S. 64.

Indifferenzkurven im (μ, σ)-Modell sei mit $s(\mu, \sigma)$ bezeichnet; sie ist durch das Verhältnis der partiellen Ableitungen definiert[16]: $s(\mu, \sigma) = -\frac{u_\sigma(\mu, \sigma)}{u_\mu(\mu, \sigma)}$.

Der umweltpolitische Entscheidungsträger sieht sich nun einem Entscheidungsspielraum, bestehend aus dem jeweiligen erwarteten Nettonutzen μ und der Abweichung vom Erwartungswert des Nettonutzens σ, gegenüber. Unter Berücksichtigung von (3.2)`` und (3.8) kann die Steigung der möglichen Kombinationen, die den „Trade Off" zwischen Erwartungswert und Risiko beschreibt, hergeleitet werden:

$$(3.11) \qquad a(\mu, \sigma) = \frac{\partial \mu / \partial q}{\partial \sigma / \partial q} = \frac{B'(q) - D'(q)\mu(\tilde{\theta})}{\sigma_{\tilde{\theta}} D'(q)}$$

Die Kurve der zur Verfügung stehenden Kombinationen von Erwartungswert und Standardabweichung beginnt im Ursprung und erreicht ihr Maximum bei $B'(q) - D'(q)\mu(\tilde{\theta}) = 0$, was dem maximal erreichbaren Nettonutzen entspricht (vgl. Abb. 3.1). Die Kurve der durch unterschiedliche Emissionsniveaus erreichbaren (μ, σ)-Kombinationen besitzt einen konkaven Verlauf, da

$$(3.12) \qquad \frac{da(\mu, \sigma)}{dq} = \frac{(B'' - D''\mu(\tilde{\theta}))\sigma_{\tilde{\theta}} D' - (B' - D'\mu(\tilde{\theta}))\sigma_{\tilde{\theta}} D''}{(\sigma_{\tilde{\theta}} D')^2}$$

$$= \frac{B''\sigma_{\tilde{\theta}} D' - B'\sigma_{\tilde{\theta}} D''}{(\sigma_{\tilde{\theta}} D')^2} < 0$$

wobei $B''(q) < 0$ und $B'(q), D'(q), D''(q) > 0$ unterstellt wurden.

---

[16] Zur Vereinfachung der Schreibweise sei im weiteren der Erwartungswert einer Zufallsvariable mit $\mu(..)$ bezeichnet.

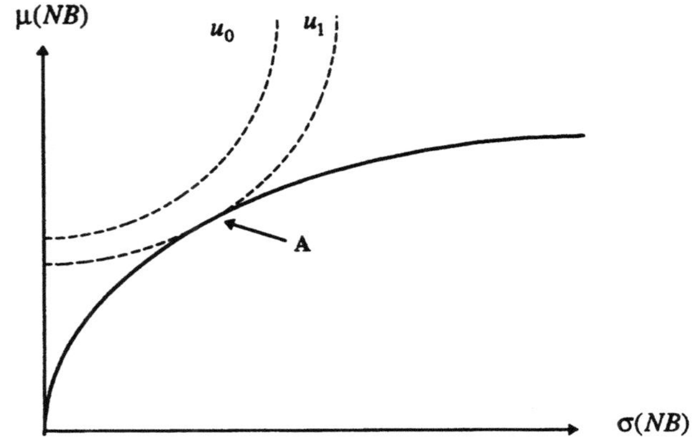

Abb.3.1: *Optimale Emissionsentscheidungen anhand des (μ, σ)-Prinzips*

Die Zielsetzung eines risikoaversen Entscheidungsträgers besteht nun in der Auswahl der optimalen Kombination zwischen Erwartungsnutzen und Risiko gemäß der Risikopräferenzfunktion. Das daraus resultierende Optimierungsproblem läßt sich wie folgt formulieren:

(3.13)
$$\max_{q} u\left[B(q) - D(q)\mu(\tilde{\theta}), D(q)\sigma(\tilde{\theta})\right].$$

Es läßt sich folgende notwendige Bedingung ableiten:

(3.14)
$$u_{\mu}(B' - D'\mu) + u_{\sigma}(D'\sigma) = 0.$$

Durch einfaches Umstellen von (3.14) erhält man somit die folgende „Grenzrate der Substitution" zwischen erwartetem Nettonutzen und Risiko, die sich aus der Risikopräferenzfunktion ergibt. Der Ausdruck bezeichnet die Steigung der in Abb. 3.1 eingezeichneten Indifferenzkurve:

(3.15)
$$-\frac{u_{\sigma}}{u_{\mu}} = \frac{B'(q) - D'(q)\mu(\tilde{\theta})}{D'(q)\sigma_{\tilde{\theta}}}.$$

Aus der Sicht eines risikoaversen umweltpolitischen Entscheidungsträgers wird somit ein Maximum an gesellschaftlicher Wohlfahrt im Punkt A erreicht.

Die Entscheidung für ein bestimmtes Umweltrisiko stellt eine normative Entscheidung dar, die im Rahmen einer sozialen Wohlfahrtsfunktion verankert ist und der Entscheidung über die Höhe der sozialen Diskontrate ähnelt. Wird die Forderung nach Ableitung einer konsistenten Risikopräferenzfunktion für zu weitgehend erachtet[17], so ist an die Vorgabe eines maximalen Risikos zu denken.

Die Implikationen einer Entscheidung für ein maximales Risiko σ^* für die Umweltnutzungsentscheidung lassen sich ohne Vorgabe einer sozialen Risikopräferenzfunktion ableiten. Dazu ist die Restriktion $\sigma(NB) \leq \sigma^*$ in das Maximierungsproblem aufzunehmen. Man erhält somit den folgenden Ansatz:

$$\text{(3.16)} \qquad \mathrm{L} = \mathrm{E}\left\{\mathrm{B(q)} - \mathrm{D(q)}\overline{\theta}\right\} + \lambda\left[\sigma^* - \sigma(\mathrm{NB(q)})\right].$$

Berücksichtigt man die Beschränkung des Risikos so erhält man die folgenden Kuhn-Tucker-Bedingungen[18]:

$$\frac{\partial L}{\partial q} = B'(q) - D'(q)\overline{\theta} - \lambda\frac{\partial\sigma}{\partial q_2} \leq 0 \ , \ q \geq 0, \quad q\frac{\partial L}{\partial q} = 0,$$

sowie
$$\frac{\partial L}{\partial\lambda} \geq 0, \quad \lambda \geq 0, \quad \lambda\frac{\partial L}{\partial\lambda} = 0.$$

Die Optimalitätsbedingung ist daher um den Einfluß des Risikos zu erweitern, und λ bezeichnet dann den Schattenpreis der Risikobeschränkung:

$$\text{(3.17)} \qquad B'(q) = D'(q)\overline{\theta} + \lambda\frac{\partial\sigma}{\partial q} \quad (\text{für } q > 0)$$

Der aufgezeigte Ansatz ermöglicht somit, die Opportunitätskosten in Form eines Verzichts auf erwarteten Nettonutzen, infolge einer vorgegebenen Beschränkung des gesellschaftlichen Risikos, für ein öffentliches Umweltgut abzuleiten. Bei Vorliegen von Risikoaversion ist es somit rational, nicht diversifizierbare Risken so weit zu reduzieren, daß die Grenzkosten bzw. Opportunitätskosten der Risikoreduktion gleich dem gesellschaftlichen Grenznutzen der damit

---

17 Vgl. zu einer empirischen Abschätzung des Nutzens von Umweltrisiken vermindernder Maßnahmen anhand eines kontingenten Bewertungsansatzes: Römer, A. (1993): Was ist den Bürgern die Verminderung eines Risikos wert?, Frankfurt a.M. et. al.

18 Vgl. z. B. Chiang, A.C. (1984), S. 726.

erreichten höheren Sicherheit sind. Vor diesem Hintergrund ist der Wert von Maßnahmen, die eine Verringerung der ökologischen Unsicherheiten durch entsprechende Forschungsprogramme zum Ziel haben, zu sehen. Es ist davon auszugehen, daß aufgrund neuer Erkenntnisse bisherige Erwartungen über zukünftige Umweltschäden angepaßt werden müssen. Um den Umstand einer verbesserten Informationslage, der zu einer Neueinschätzung der Folgen aktueller Emissionsentscheidungen führt, zu berücksichtigen, wäre eine Betrachtung des Entscheidungsproblems innerhalb eines mehrperiodigen oder dynamischen Modellrahmens erforderlich (vgl. dazu die nachfolgenden Kapitel). Dabei wird zu zeigen sein, daß - im Unterschied zu den bisherigen Ergebnissen der statischen Betrachtung - unterschiedliche umweltpolitische Instrumente zur Implementierung der angestrebten Allokation voneinander abweichende Möglichkeiten der Risikodiversifizierung erlauben (vgl. dazu Kapitel 6). Innerhalb eines dynamischen Modellrahmens werden sich die Erkenntnisse der modernen Portfoliotheorie als hilfreich erweisen.

3.4 Die Bedeutung von Irreversibilitäten

Die im vorangehenden Abschnitt abgeleiteten Schlußfolgerungen bezüglich einer durch Unsicherheit bedingten präventiven Emissionsentscheidung setzen ein risikoaverses Verhalten des umweltpolitischen Entscheidungsträgers voraus. Arrow und Fisher (1974)[19] haben dagegen nachgewiesen, daß selbst bei Annahme von Risikoneutralität eine gegenüber dem Erwartungswertkonzept vorsichtigere Umweltnutzungsentscheidung angezeigt sein kann. Demnach ist bei einer irreversiblen Entscheidung über die Nutzung eines Umweltgutes dem Aspekt der Unsicherheit durch die Berücksichtigung eines sogenannten Quasi-Optionswertes[20] Rechnung zu tragen. „Essentially, the point is that the expected benefits of an irreversible decision should be adjusted to reflect the loss of options it entails."[21] Entscheidend ist dabei, daß mit dem Aufschieben einer Entscheidung zusätzliche Informationen verfügbar werden, und die Unsicherheit hinsichtlich der Nutzungsentscheidung somit verringert wird. Innerhalb eines Zwei-Perioden-Modells wird gezeigt, daß ein zu Beginn der zweiten Periode verfügbarer Informationsgewinn im Hinblick auf die dann anstehende Entscheidung genutzt werden kann. Dies setzt allerdings ein vorsichtiges Entscheidungsverhalten in der ersten Periode voraus, da ansonsten der Ent-

[19] Vgl. Arrow, K. J. und A. C. Fisher (1974): Environmental Preservation, Uncertainty and Irreversibility, Quarterly Journal of Economics, Vol. 88, 312-319.
[20] Vgl. dazu ausführlich Kapitel 5.5.
[21] Ebenda, S. 319.

scheidungsspielraum für die zweite Periode eingeschränkt sein kann. Arrow und Fisher (1974) betrachten dieses Entscheidungsproblem anhand der irreversiblen Entwicklung eines Landschaftsabschnittes von vorgegebener Größe zu industriellen Zwecken.

Es stellt sich die Frage, unter welchen Bedingungen ein Quasi-Optionswert für die Ableitung einer optimalen Emissionsentscheidung bei Ungewißheit Berücksichtigung finden sollte. Dazu ist zu hinterfragen, welche Voraussetzungen zu einer irreversiblen Nutzung von Umweltgütern führen. Sofern Schadstoffemissionen zum Aufbau eines Schadstoffbestandes beitragen, ist eine Reduktion dieser Bestandsgröße oftmals nicht möglich. Neben der Akkumulation von klimarelevanten Treibhausgasen in der Atmosphäre lassen sich andere Beispiele, wie etwa die Gefährdung der Ozonschicht oder die Anreicherung von Schwermetallen, DDT usw., anführen. Ist ein Abbau der akkumulierten Schadstoffe innerhalb eines nach menschlichen Maßstäben überschaubaren Zeitraumes nicht möglich, so kann die weitere Emission von Schadstoffen als irreversibel betrachtet werden. Die Eigenschaft der Irreversibilität führt jedoch zunächst noch nicht zu einer Beschränkung der Emissionsentscheidung. Vielmehr ist aus ökonomischer Sicht zu fragen, ob die Höhe der Emissionen in der ersten Periode zu einer Beschränkung des Entscheidungsrahmens für die zweite Periode führt, so daß der zu Beginn der zweiten Periode verfügbare Informationszugewinn nicht in vollem Umfang genutzt werden kann.

Anhand der folgenden Ausführungen soll die Bedeutung von Irreversibilität für eine optimale Emissionsentscheidung bei Ungewißheit erläutert werden[22]. Dazu wird angenommen, daß ein Entscheidungsträger die Maximierung des Nettonutzens in einem Zwei-Perioden-Modell zum Ziel hat. Jeweils zu Beginn der beiden Perioden muß er die Höhe der zulässigen Emissionsmenge festlegen, die somit den Nutzen abzüglich der Schadenskosten determiniert. Aufgrund von Unsicherheit über die Assimilationsfähigkeit von Umwelt bestehe Ungewißheit hinsichtlich der Höhe der Umweltschadenskosten. Daher bildet der staatliche Planer Erwartungen über den wahren Umweltzustand und über die Auswirkungen einer Emission von Schadstoffen. Der Nettonutzen sei in Abhängigkeit vom Umweltzustand ω sowie den jeweiligen Emissionsmengen q_1, q_2 mit $v_1(q_1,\omega)$ bzw. $v_2(q_2,\omega)$ bezeichnet. Es sei unterstellt, daß ω ein Element der Menge der denkbaren Umweltzustände Ω angebe, d.h. $\omega \in \Omega$, und der umweltpolitische Entscheidungsträger Informationen über die Eintrittswahrscheinlichkeiten der möglichen Umweltzustände, die mit π bezeichnet seien, besitze. Weiterhin sei angenommen, daß zu Beginn der zweiten Periode zusätzliche Informationen über den Umweltzustand verfügbar werden, die hinsichtlich der erneut anstehenden Emissionsentscheidung relevant sind. Formal gesprochen wird ein Signal ψ mit einer Wahrscheinlichkeit p_ψ empfangen, das ein Element der Menge Ψ

[22] Vgl. zu den Grundlagen der Modellierung von Informationsstrukturen Laffont, J.-J. (1989), S. 55 ff.

darstelle, d.h. $\psi \in \Psi$[23]. Die Menge Ψ kann dabei wiederum als eine Teilmenge der möglichen Umweltzustände Ω gesehen werden. Dieser Vorgang ist im bisherigen Kontext als eine Verbesserung der Informationslage hinsichtlich des Umweltzustandes aufgrund neuer Erkenntnisse zu sehen, die eine zuverlässigere Abschätzung der Umweltschäden erlauben. Dies drückt sich darin aus, daß dem staatlichen Planer zu Beginn der zweiten Periode eine bedingte Wahrscheinlichkeitsinformation $\pi(\omega|\psi)$ über die Verteilung der möglichen Umweltzustände zur Verfügung steht. Diese zusätzlichen Informationen beeinflussen die Emissionsentscheidung in der zweiten Periode und wegen der Annahme $q_2 \in F(q_1)$[24] auch in indirekter Weise die Höhe der in der ersten Periode zulässigen Emissionen. Diese Annahme läßt sich in dem vorgegebenen Kontext durch die Akkumulation von Schadstoffen begründen und kann speziell auch mit $q_2 \geq q_1$ angegeben werden, falls in der ersten Periode keine Schadstoffe abgebaut werden.

Die Informationsstruktur sei durch unvollständige Information in der ersten Periode gekennzeichnet, d.h.. in dem vorliegenden Fall weiß der Entscheidungsträger lediglich, daß ω ein Element der Menge der möglichen Umweltzustände Ω ist, d.h. $\omega \in \Omega$. Zu Beginn der zweiten Periode werden zusätzliche Informationen verfügbar, die eine Einschränkung des nach wie vor ungewissen Umweltzustandes ω auf eine Teilmenge Ψ zulassen. Bei Vernachlässigung der zu Beginn der zweiten Periode zusätzlich verfügbaren Informationen wird der umweltpolitische Entscheidungsträger den erwarteten Nettonutzen beider Perioden maximieren

$$(3.18) \qquad E\left[v_1(q_1,\omega)+v_2(q_2,\omega)\right]=\sum_{\omega\in\Omega}\pi(\omega)\left[v_1(q_1,\omega)+v_2(q_2,\omega)\right].$$

Die Umweltnutzungsentscheidung erfolgt also nach dem konventionellen Nutzen-Kosten-Kalkül. Wie von Arrow und Fisher (1974) sowie von Henry (1974) gezeigt[25], führt die Vernachlässigung des Lerneffektes bei irreversiblen Entscheidungen zu einer Verzerrung zugunsten der nicht reversiblen Entscheidung in der ersten Periode[26]. Wird der verbesserten Informationslage zu Beginn der zweiten Periode Rechnung getragen, so wirkt sich dies auch auf die Emissionsentscheidung der ersten Periode aus. Um dies zu verdeutlichen, muß das Entscheidungspro-

---

[23] Vgl. Laffont, J.-J. (1989) S. 57 f.

[24] Die Annahme gibt den Sachverhalt wider, daß die Entscheidung in der ersten Periode einen beschränkenden Einfluß auf die in der zweiten Periode zu treffende Entscheidung besitzt, d.h. z.B. $q_2 \leq q_1$.

[25] Vgl. Arrow, K. J. und A. C. Fisher (1974); Henry, C. (1974): Investment Decisions under Uncertainty: The „Irreversibility Effect", American Economic Review, Vol. 64, S. 1006-1012.

[26] Vgl. auch A. C. Fisher und J. V. Krutilla (1985): Economics of Nature Preservation, in: Kneese, A. V. und J. L. Sweeney (Hrsg.): Handbook of Natural Resource and Energy Economics, Vol. 1, S. 180 ff.

blem rückwärts, d. h. in der zweiten Periode beginnend, aufgelöst werden[27]. Zu Beginn der zweiten Periode stellt sich bei Beachtung der in der ersten Periode bereits getroffenen Emissionsentscheidung q_1 (somit $q_2 \in F(q_1)$) sowie der bedingten Wahrscheinlichkeitsinformation über den Umweltzustand in der zweiten Periode $\pi(\omega|\psi)$ folgendes Maximierungsproblem:

$$\sum_{\omega \in \Omega} \pi(\omega|\psi)\, v_2(q_2, \omega). \tag{3.19}$$

Die Höhe der in der ersten Periode zulässigen Emissionsmenge wird bei Beachtung der Eintrittswahrscheinlichkeiten der möglichen Umweltzustände durch Maximieren des erwarteten Nettonutzens

$$\sum_{\omega \in \Omega} \pi(\omega)\, v_1(q_1, \omega) \tag{3.20}$$

ermittelt und sei mit $q_1{}^*$ bezeichnet. Im Unterschied zu $q_1{}^*$ bezeichne nun $\hat{q}_1$ die optimale Emissionsentscheidung, die vorausschauend Rücksicht nimmt auf die zu Beginn der zweiten Periode mögliche Verbesserung der Informationslage. Demnach ist die für beide Perioden wohlfahrtsmaximale Emissionsentscheidung in der ersten Periode bestimmt durch:

$$\hat{q}_1 := \arg\max \left\{ \sum_{\omega \in \Omega} \pi(\omega) v_1(q_1, \omega) + \sum_{\psi \in \Psi} p_\psi \max_{q_2 \in F(q_1)} \left\{ \sum_{\omega \in \Omega} \pi(\omega|\psi) v_2(q_2, \omega) \right\} \right\}. \tag{3.21}$$

Zu beachten ist dabei, daß die Maximierungsentscheidung in der zweiten Periode durch die Emissionsentscheidung in der ersten Periode beschränkt sein kann. Der formale Beweis für die Bedeutung des Lerneffektes bei irreversiblen Investitionsentscheidungen wurde von Henry (1974)[28] erbracht. Zur Illustration des Effektes sei auf das im Anhang der erwähnten Arbeit angeführte Zahlenbeispiel hingewiesen.

---

[27] Zu einer anschaulichen Auflösung anhand eines einfachen Beispiels vgl. Henry, C. (1974), S. 1011 f.
[28] Vgl. Henry, C. (1974), S. 1006-1012.

3.5 Unsicherheit bezüglich der Vermeidungskostenfunktion

Bislang wurde unterstellt, daß die Ungewißheit sich lediglich auf die Umweltschadenskurve bezieht, während die Grenzvorteilskurve als bekannt vorausgesetzt wurde. Unter diesen Voraussetzungen ist die Umsetzung des umweltpolitischen Emissionsziels sowohl über eine Politik der Emissionsauflagen als auch mittels einer Emissionsabgabe oder einer Politik der handelbaren Emissionsrechte gewährleistet. Die beiden letztgenannten Instrumente zeichnen sich zudem durch die angenehme Eigenschaft der gesamtwirtschaftlichen Kosteneffizienz aus, da sie die Grenzvermeidungskosten der einzelnen Emissionsquellen bzw. der Emittenten, die unterschiedliche Kostenverläufe aufweisen können, zum Ausgleich bringen. Die Emissionen werden soweit reduziert, bis die Grenzvermeidungskosten mit der Emissionsabgabe oder dem Preis für eine Verschmutzungseinheit auf dem Zertifikatsmarkt übereinstimmen. Eine Auflagenpolitik erreicht das umweltpolitische Ziel nicht zu minimalen Kosten, da sie die unterschiedlichen Kosten der Reduktion von Emissionen bei einzelnen Schadstoffemittenten nicht berücksichtigt.

Unter den bisher getroffenen Annahmen ist aus effizienztheoretischer Sicht eine Äquivalenz zwischen dem umweltpolitischen Instrument der Emissionsabgabe (Preislösung) und dem alternativen Instrument einer Politik der handelbaren Emissionsrechte (Mengenlösung) festzustellen. Eine Beurteilung der beiden Instrumente bei Unsicherheit über die Grenzschadenskostenfunktion wie auch die Grenzvorteilskurve führt dagegen zu anderen Ergebnissen und hebt die Äquivalenz auf. Die wohlfahrtstheoretischen Kosten einer Abweichung vom allokativen Optimum aufgrund von Unsicherheit über die Grenzvorteilskurve werden von Weitzman (1974)[29] untersucht. Für den Fall der Ungewißheit über die Umweltschadensfunktion führen Preis- und Mengenlösung zu den gleichen Wohlfahrtseinbußen, da die für die Emissionsvermeidung relevante Grenzvorteilskurve (bzw. bei Anwendung des Opportunitätskostenkonzepts die aggregierte Grenzvermeidungskostenfunktion) dem staatlichen Planer bekannt ist. Ganz anders stellt sich die Situation hingegegen dar, wenn Unsicherheit über die Vermeidungskosten besteht. Entscheidende Voraussetzung für die Ableitung eindeutiger Aussagen über die jeweilige Vorteilhaftigkeit der beiden Instrumente ist zum einen die Annahme linearer Funktionsverläufe für Grenzschadens- und Grenzvorteilskurve. Zum anderen wird Unsicherheit durch einen additiven Fehlerterm abgebildet. Damit gelangt Weitzman (1974) zu dem Ergebnis[30], daß Preis- wie Mengenlösung bei unbekannter Grenzvermeidungskostenkurve zu einem Wohlfahrtsverlust in gleicher Höhe führen können, wenn die absoluten Steigungsmaße von Grenz-

---

[29] Vgl. Weitzman, M. L. (1974): Prices vs. Quantities, in: Review of Economic Studies, Vol. 41, S. 477-491.

[30] Vgl. Weitzman, M. L. (1974), S. 484 f., sowie Adar, Z. und J. M. Griffin (1976): Uncertainty and the Choice of Pollution Control Instruments, Journal of Environmental Economics and Management, Vol. 3, S. 178-188.

schadens- und Grenzvermeidungskostenfunktion übereinstimmen. Dagegen ist die Zertifikatslösung der Preislösung überlegen (unterlegen), wenn die Grenzschadenskurve steiler (flacher) verläuft als die Grenzvermeidungskostenfunktion. Anhand von Abbildung 3.2 läßt sich dieses Ergebnis graphisch erläutern. Dabei wird davon ausgegangen, daß der umweltpolitische Entscheidungsträger die Grenzkosten der Vermeidung von Emissionen (GVK) unterschätzt. Auf der Grundlage von GVK (erwartet) setzt er ex ante im Fall der Preislösung eine Emissionsabgabe von τ (erw.) fest, während bei einer Mengenlösung der Umfang der handelbaren Emissionsrechte auf die mit diesem Preis korrespondierende Emissionsmenge q (erw.) beschränkt wird. Ex post stellt sich die Fehleinschätzung der Grenzvermeidungskosten bei der Preislösung in Form einer im Vergleich zur wohlfahrtsmaximalen Lösung (q*, τ*) zu hohen Emissionsmenge heraus, wogegen bei der Mengenlösung der Preis für eine Verschmutzungseinheit über dem optimalen Preis liegt. Im dargestellten Fall fällt der Wohlfahrtsverlust der Mengenlösung (entspricht dem Dreieck ABC) geringer aus als der für die Preislösung resultierende Verlust (entspricht der Fläche CDE), da die Grenzumweltschadenskurve (GUS) eine größere Steigung aufweist.

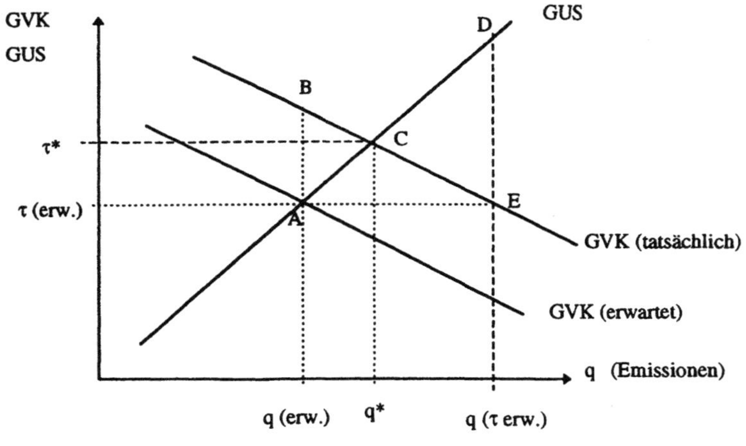

Abb. 3.2: *Preis- versus Mengenlösung bei Unsicherheit über die Vermeidungskosten*

Sofern eine exakte Ermittlung der aggregierten Grenzvermeidungskostenfunktion nicht möglich ist, geht die bislang unterstellte effizienztheoretische Äquivalenz zwischen Preis- und Mengenlösung verloren. Mittels einer Politik der handelbaren Emissionsrechte wird das Emissionsziel zuverlässig erreicht, und das Risiko hinsichtlich der Höhe der Umweltschäden bei Ungewißheit über die Auswirkungen der Emissionen ist zumindest in dieser Hinsicht beschränkt. Dagegen führt die mengenmäßige Beschränkung der Emissionsmenge zu Unsicherheit hinsichtlich der zur Umsetzung des Emissionsziels erforderlichen Vermeidungskosten. Die Reduktion der ökologischen Unsicherheit wird durch Ungewißheit über die ökonomischen Kosten der Umweltpolitik erkauft.

Setzt der staatliche Planer auf der Preisseite an, so wird damit die Höhe der Grenzvermeidungskosten festgelegt, aber es besteht Ungewißheit, ob das angestrebte Emissionsniveau erreicht wird. Der Lenkungseffekt der Emissionsabgabe ist ungewiß. Im Hinblick auf die im vorangehenden Abschnitt unterstellte Ungewißheit über die Auswirkungen von Emissionen auf das öffentliche Gut Umwelt wird diese Ungewißheit aufgrund des unsicheren Lenkungseffektes erweitert. Bonus (1990)[31] weist darauf hin, daß Schattenpreise der Nutzung von Umweltressourcen ökologischen und institutionellen Restriktionen unterliegen, was zum einen eine fortwährende Anpassung der Emissionsabgabe und zum anderen eine regelmäßige Verfehlung ökologischer Restriktionen zur Folge hat. Insbesondere vor dem Hintergrund von Schwellen- und Irreversibilitätseffekten, die eine mengenmäßige Einhaltung des gesetzten Emissionsziels erfordern, erscheint die Anwendung der Mengenlösung als der überlegene Ansatz. So stellt auch Weitzman (1974)[32] fest „ It is difficult to restrain from noticing that although there are plenty of instances where the price mode has a good solid comparative adavantage (...), in some sense it looks as if prices can be a *disastrous* choice of instrument far more often than quantities can."

Die Beurteilung der Instrumente bei Ungewißheit über Schadens- und Vermeidungskosten anhand von Wohlfahrtsverlusten, die durch das Auseinanderfallen der vom umweltpolitischen Entscheidungsträger angestrebten Allokation und der optimalen Allokation zustandekommen, erfolgte bislang in einem statischen bzw. komparativ-statischen Modellrahmen. Ex ante wird ein bestimmtes Allokationsergebnis angestrebt, welches aus der ex post-Perspektive als suboptimal erscheinen kann. Für einen umfassenden Effizienzvergleich der Instrumente ist der Tatsache Rechnung zu tragen, daß zum einen zusätzliche entscheidungsrelevante Informationen öfter verfügbar werden, die in einem sequentiellen Entscheidungsprozeß genutzt werden können (vgl. dazu den vorangehenden Abschnitt). Zum anderen sind Maßnahmen zur Verringerung von Emissionen häufig an Investitionsentscheidungen geknüpft. Daher erscheint eine

---

[31] Vgl. Bonus, H. (1990): Preis- und Mengenlösungen in der Umweltpolitik, Jahrbuch für Sozialwissenschaft, Vol. 41, S. 346 f.

[32] Weitzman, M. L. (1974), S. 485 f.

Analyse der wohlfahrtstheoretischen Implikationen in einem dynamischen Modellrahmen, der den Aspekt der Unsicherheit berücksichtigt, geboten.

Im Hinblick auf den erstgenannten Einwand ist zu untersuchen, inwiefern und zu welchen wohlfahrtstheoretischen Kosten eine fortwährende Anpassung der vom staatlichen Planer angestrebten Allokation an die optimale Allokation möglich ist. Dies wird Gegenstand des fünften Kapitels sein.

Aus der Sicht der Emittenten sind umweltpolitische Maßnahmen zur Verringerung von Emissionen mit Investitionen in Vermeidungskapital verknüpft. Ebenso sind die umweltpolitischen Kosten von Erweiterungsinvestitionen in das Entscheidungskalkül einzubeziehen. Aus der Sicht des umweltpolitischen Entscheidungsträgers stellt die optimale Umweltpolitik sich als sequentieller Entscheidungsprozeß dar, der nach einer ständigen Anpassung der umweltpolitischen Vorgaben verlangt. Dies hat zur Konsequenz, daß sich für den Emittenten umweltpolitische Maßnahmen zur Verringerung von Emissionen als Investitionsentscheidung bei Unsicherheit darstellen. Eine Analyse der damit einhergehenden Implikationen für die Durchführung von Vermeidungsinvestitionen sowie für die Vorteilhaftigkeit der umweltpolitischen Instrumente erfolgt im sechsten Kapitel.

4 Optimale Emissionsvermeidungsstrategien bei vollständiger Information

4.1 Einführung

Das Problem einer drohenden globalen Klimaveränderung als Folge der Freisetzung sogenannter Treibhausgase in die Atmosphäre hat in den letzten Jahren sehr viel Aufmerksamkeit erfahren, was sich in einer großen Zahl wissenschaftlicher Publikationen (auch) im Bereich der Umweltökonomie niederschlägt[1]. Dagegen scheint die geringe Zahl bisher auf den Weg gebrachter Maßnahmen zur Verringerung von Emissionen die Dringlichkeit dieses Umweltproblems zu relativieren[2].

Gründe für diese Diskrepanz liegen zum Teil in der besonderen Natur des Treibhauseffektes als Umweltproblem (nicht nur) aus ökonomischer Sicht, was zugleich die intensive wissenschaftliche Auseinandersetzung rechtfertigt. Die Größenordnung der zu erwartenden Schäden überschreitet die meisten bisher diskutierten Umweltprobleme. Entscheidend für das Defizit an politischen Maßnahmen zur Bekämpfung des Treibhauseffektes dürfte insbesondere das große Maß an Unsicherheit hinsichtlich der Auswirkungen einer erhöhten Konzentration an Treibhausgasen in der Atmosphäre sein. Wenngleich weitgehende Einigkeit unter den Klimaforschern besteht, daß bereits im nächsten Jahrhundert ein verhältnismäßig dramatischer Anstieg der Durchschnittstemperatur auf der Erde bei unveränderter Fortführung der derzeitigen wirtschaftlich-technischen Entwicklung zu erwarten ist, gehen die Schätzungen über einen genaueren Zeitpunkt der Klimaveränderung ebenso auseinander, wie über die Höhe der damit verbundenen Schäden. Zum anderen erscheinen in der Gegenwart und näheren Zukunft liegende Vermeidungsanstrengungen vor dem Hintergrund von zumindest aus ökonomischer Perspektive weit in der Zukunft liegenden unsicheren Schadenskosten wenig attraktiv.

---

[1] Vgl. dazu den Überblicksartikel von Perman, R. (1994): The Economics of the Greenhouse Effect, Journal of Economic Surveys, Vol. 8, S. 99-132.

[2] So endete die erste Konferenz zur Klimarahmenkonvention im Frühjahr 1995 in Berlin mit einem eher enttäuschenden Ergebnis, da es den beteiligten Staaten nicht gelang, sich auf konkrete Ziele für eine Verminderung der klimarelevanten Treibhausgase innerhalb eines bestimmten Zeitraums zu einigen. Es wurde allerdings vereinbart, diese Entscheidung in den nächsten zwei Jahren nachzuholen. Mit dem Ziel, die CO_2-Emissionen bis zum Jahre 2005 um 25% des Niveaus von 1990 zu reduzieren, übernahm die Bundesregierung jedoch eine gewisse Vorreiterrolle in der internationalen Klimaschutzpolitik. Ob dieses Emissionsvermeidungsziel als Zielgröße für eine globale Reduktion von CO_2-Emissionen gewählt werden sollte, ist jedoch sehr umstritten. Dies ist vor allem darauf zurückzuführen, daß der Zusammenhang zwischen anthropogenen Treibhausgasemissionen und einer dadurch hervorgerufenen Bedrohung des Klimagleichgewichts unterschiedlich eingeschätzt wird. Daneben spielen Unterschiede in der wirtschaftlichen Entwicklung und der spezifischen Energieangebots- und Energienachfragestruktur, welche die Kosten einer Emissionsvermeidung beeinflussen, sicherlich eine nicht zu vernachlässigende Rolle.

Der Aspekt der Unsicherheit spielt in anderen umweltökonomischen Fragestellungen ebenfalls eine gewisse Rolle, jedoch im Fall des Treibhauseffektes nimmt er durch die große Bandbreite der von unterschiedlichen Modellen entwickelten Szenarien bezüglich der drohenden Schäden und damit verbundenen Kosten eine besondere Stellung ein[3]. Da eine spürbare Verringerung von Treibhausgasemissionen vor allem eine deutliche Reduktion des fossilen Energieverbrauchs voraussetzt, ist davon auszugehen, daß die Emissionsvermeidungskosten eine nicht zu vernachlässigende Größenordnung annehmen.

All diese Überlegungen scheinen eine Strategie des Abwartens nahezulegen, in der Hoffnung, weitere und genauere Informationen in der Zukunft zu erhalten. Dagegen spricht jedoch, daß aufgrund der langen Verweildauer der Spurengase in der Atmosphäre Emissionsvermeidungsanstrengungen erst mit einer gewissen Verzögerung wirksam werden, und möglicherweise bereits eingetretene Schäden irreversiblen Charakter haben. Die mit einer Klimaveränderung verbundenen Schäden (Abschmelzen der Polkappen, Überflutung von Küstenregionen usw.) lassen sich nicht mehr umkehren. Die Unumkehrbarkeit einer globalen Klimaveränderung mit ihren kaum überschaubaren ökologischen und ökonomischen Konsequenzen spricht dagegen, mit dem Beginn einer Emissionsvermeidung zu warten, bis Schäden bereits eingetreten sind.

Das übliche Vorgehen zur Ermittlung einer optimalen Emissionsreduktionspolitik bestünde in der Ermittlung einer Vermeidungskostenfunktion sowie einer Funktion, die den sozialen Nutzen einer Schadensvermeidung angibt. Der staatliche Planer entscheidet sich für die Durchführung von Emissionsvermeidungsanstrengungen, wenn der Gegenwartswert aller verhinderten zukünftigen Schäden den Gegenwartswert der damit verbundenen Vermeidungskosten übersteigt.

Der Unsicherheitsaspekt bezüglich der zukünftigen Nutzenströme wird bei diesem Vorgehen ebenso vernachlässigt wie Unsicherheit im Hinblick auf die Höhe zukünftiger Vermeidungskosten, wenngleich letztere als weniger unsicher eingeschätzt werden. Ganz im Einklang mit dieser Einschätzung wird von den Verweigerern eines verbindlichen Klimaschutzabkommens auf die erheblichen Kosten einer signifikanten Verminderung von CO_2-Emissionen verwiesen, denen ein unsicherer Nutzen in Form von Vermeidung zukünftiger klimabedingter Schäden gegenübersteht. Daher wird vielfach gefordert, mit der Einführung einer CO_2-Abgabe oder ähnlichen Politikmaßnahmen zu warten, bis der ursächliche Zusammenhang zwischen Treibhausgasen und einer globalen Klimaveränderung wissenschaftlich (noch) stärker abgesichert ist. Wie bereits angedeutet, wird dabei jedoch das Zusammenspiel von Irreversibilität der Um-

[3] Vgl. dazu Perman, R. (1994), sowie die dort angegebene Literatur.

weltschäden und einer Aufschiebung der Emissionsvermeidung zur Erlangung zusätzlicher Informationen nicht beachtet.

Daher soll im weiteren (vgl. dazu Kapitel 5) unter Zuhilfenahme eines modifizierten kontrolltheoretischen Ansatzes dem Aspekt der Unsicherheit bei der Bewertung der Kosten-Nutzen-Ströme Rechnung getragen werden. Die Entscheidung hinsichtlich einer bestimmten Emissionsvermeidungspolitik kann mit einigen Modifikationen als Investitionsentscheidung eines Unternehmens aufgefaßt werden, welches sich einer Investitionsmöglichkeit mit unsicheren zukünftigen Erträgen gegenübersieht. Sofern mit der Investitionsentscheidung die Anschaffung von firmenspezifischen Kapitalgütern verbunden ist, kommt der Entscheidung ein irreversibler Charakter im Sinne von "sunk costs" zu. Aus der Sicht des Unternehmens kann es daher interessant sein, die irreversible Investitionsentscheidung mit unsicheren Erträgen aufzuschieben, um möglicherweise weitere und genauere Informationen in der Zukunft zu erhalten. Mit anderen Worten: Durch die Strategie des Abwartens hält sich das Unternehmen die Option zum Investieren offen, während die Durchführung der Investition einer Ausübung der Option und somit einem Verlust des Optionswertes gleichkommt[4].

Im folgenden werden jedoch zunächst die optimalen Pfade des Schattenpreises, der Emissionsreduktionsanstrengungen und des Schadstoffbestandes in einem die Summe von Schadens- und Vermeidungskosten minimierenden Kontrollmodell bei vollständiger Information erläutert.

4.2 Eine effiziente Strategie zur Kontrolle von Bestandsexternalitäten

Mit dem Verbrauch an fossiler Energie F(t) (dabei bezeichnet t die Variable Zeit) ist ein unmittelbarer gesellschaftlicher Nutzen durch die Produktion und Herstellung von Gütern und Dienstleistungen verbunden, d.h. B(F(t)), wobei $B' > 0, B'' < 0$. Gleichzeitig werden jedoch klimarelevante CO_2-Emissionen in einem zur Verbrauchsmenge F(t) direkt proportionalen Verhältnis (a: Emissionskoeffizient) freigesetzt, die zum Aufbau eines Schadstoffstocks S(t) in Form einer erhöhten Konzentration dieses Gases in der Atmosphäre beitragen. Aufgrund der natürlichen Abbaukapazität findet eine Verringerung der akkumulierten Emissionen mit der konstanten, exponentiellen Rate κ statt.

[4] Vgl. dazu Pindyck, R. (1991): Irreversibility, Uncertainty and Investment, Journal of Economic Literature, Vol. 29, pp. 1110-1148.

$$\dot{S} = \frac{dS(t)}{dt} = aF(t) - \kappa\, S(t) \tag{4.1}$$

$$\text{mit } S(0) = S_0$$

Es wird nun vermutet, daß mit diesem Schadstoffstock wirtschaftliche Schäden verbunden sind, da eine erhöhte Konzentration an Treibhausgasen in der Atmosphäre zu einer globalen Erwärmung mit gravierenden, unumkehrbaren ökologischen Folgen führe. Die Annahme einer konstanten, zum Schadstoffstock proportionalen Assimilationskapazität stellt dabei eine plausible Vereinfachung dar, die durch die Verweildauer der Treibhausgase in der Atmosphäre bestimmt ist. Daneben wird durch die Größe dieses Parameters der Grad der ökologischen Irreversibilität festgelegt. Ist der Parameter sehr klein und die natürliche Assimilationskapazität demnach sehr gering, so verbleibt der Schadstoffstock für eine längere Zeit in der Nähe des erreichten Niveaus selbst bei Einstellung aller Emissionsaktivitäten.

Wie kommt es nun zur Festlegung von Emissionsobergrenzen bzw. Vermeidungsmengen? Eine eher pragmatische Möglichkeit der Bestimmung eines bestimmten Niveaus an Umweltqualität ist in der Nutzen-Kosten-Analyse zu sehen. Hier werden die Kosten einer bestimmten Umweltpolitik dem Nutzen in Form einer verbesserten oder höheren Umweltqualität gegenübergestellt. Allerdings setzt die Bewertung der höheren Umweltqualität implizit eine soziale Wohlfahrtsfunktion voraus. Wenngleich in der angewandten Wohlfahrtsökonomie die Optimalbedingungen einer effizienten Allokation der Ressourcen nach dem Pareto-Kriterium als theoretische Basis für die Bestimmung des Nettonutzens einer bestimmten Handlung dienen, bedeutet ein positiver Nettonutzen zunächst noch nicht das Erreichen einer effizienten Allokation im Sinne dieses Kriteriums. Anhand einer Nutzen-Kosten-Analyse läßt sich lediglich sagen, daß, einen positiven Nettonutzen vorausgesetzt, eine effizientere Ressourcenallokation realisierbar und damit eine Wohlfahrtssteigerung möglich ist[5].

Da die Annahme einer sozialen Wohlfahrtsfunktion mit erheblichen Schwierigkeiten verbunden ist, wird der eher pragmatische Weg der Nutzen-Kosten-Analyse zur Bestimmung der optimalen Umweltqualität häufig eingeschlagen. Sofern es gelingt, den zusätzlichen Nutzen als die aggregierte, individuelle Zahlungsbereitschaft für eine Zunahme der Umweltqualität, sowie die damit verbundenen Kosten durch eine Umwidmung von Ressourcen in Vermeidungs- oder Reinigungstechnologie (bzw. Verzichtskosten in Form eines geringeren Outputs) als Opportunitätskosten für eine höhere Umweltqualität zu ermitteln, erhält man das gleiche Ergebnis wie bei Annahme einer speziellen sozialen Wohlfahrtsfunktion. Das durch einen staatlichen

[5] Vgl. dazu z.B. Bradford, D.F. (1970): Benefit-Cost-Analysis and Demand Curves for Public Goods, Kyklos, 23, S. 1145-1159.

Planer anzustrebende Niveau an Umweltqualität läßt sich somit grundsätzlich durch die Maximierung einer sozialen Wohlfahrtsfunktion oder durch die Maximierung der Differenz zwischen Kosten und Nutzen von Umweltpolitik bestimmen.

Durch die in Gleichung (4.1) beschriebene Entwicklung eines Schadstoffbestands im Zeitablauf unter Berücksichtigung der natürlichen Assimilationskapazität wird die umweltökonomische Analyse um den Aspekt der intertemporalen Ressourcennutzung erweitert. Im Zusammenhang einer Nutzen-Kosten-Analyse wird dem durch die Ermittlung der jeweiligen Summen von Kosten und Nutzen in Gegenwartswerten Rechnung getragen.

Die mit einem Schadstoffbestand $S(t)$ verbundenen sozialen Schäden in einer Periode t seien bestimmt durch die Schadensfunktion $D(S(t))$, wobei die Schäden in Geldeinheiten gemessen werden und $D', D'' > 0$, d.h. mit steigendem Schadstoffbestand steigen die Grenzschäden. Die mit einer Verringerung der Emissionen verbundenen Kosten seien bestimmt durch $C(F)$.

Sofern von technischem Fortschritt und Filtertechnologien abgesehen wird, stellen diese Kosten die Opportunitätskosten für einen (teilweisen) Verzicht der Nutzung fossiler Energieträger dar. Allgemein stellen sie die mit einer Reduktion des Emissionsniveaus vom unkontrollierten Niveau F_0 zu einem kontrollierten Niveau F_t verbundenen Ausgaben dar und sind von den Vermeidungsanstrengungen abhängig, $C(F_0 - F)$. Insofern ist es plausibel, anzunehmen, daß $dC/dF<0$ und $d^2C/dF^2 > 0$, wenn wir unterstellen, daß mit der Nutzung fossiler Energie ein positiver, abnehmender Grenznutzen verbunden ist. Die positiven, ansteigenden Grenzkosten einer Emissionsvermeidung ergeben sich dabei aufgrund des konkaven Verlaufs der Nutzenkurve $B(F(t))$.

Dem staatlichen Planer stellt sich somit die Aufgabe, den Gegenwartswert aus Schadens- und Vermeidungskosten unter Berücksichtigung von Gleichung (4.1) zu minimieren[6]

(4.2)
$$\min W = \int_0^\infty e^{-\delta t} \left[C(F_t) + D(S_t)\right] dt$$
$$= \max_F - \int_0^\infty e^{-\delta t} \left[C(F_t) + D(S_t)\right] dt ;$$

bzw. den Nettonutzen zu maximieren

---

[6]Durch Hinzufügen eines negativen Vorzeichens läßt sich das Minimierungsproblem auch als Maximierungsproblem auffassen.

(4.2a) $$\max_F \int_0^\infty e^{-\delta t} \left[B(F_t) - D(S_t)\right] dt.$$

Es bezeichnet δ die soziale Diskontrate, die als gegeben und bekannt vorausgesetzt wird[7]. Zur Lösung dieses dynamischen Optimierungsproblems über einen unendlichen Zeithorizont sei die Hamilton-Funktion in laufenden Werten zunächst wie folgt definiert:

(4.3) $$H = \left[B(F_t) - D(S_t)\right] + \mu(t) \left[aF_t - \kappa S_t\right]$$

Dabei stellen die Variablen F(t), S(t) und μ(t) jeweils die Kontrollvariable, die Zustandsvariable und die Kozustandsvariable dar. Die Kozustandsvariable μ(t) ist als ein Schattenpreis aufzufassen, der den marginalen Wert -in Einheiten der Zielfunktion- einer zusätzlichen Einheit der Zustandsvariable wiedergibt. In dem hier vorliegenden Fall handelt es sich um die marginalen Schadenskosten einer zusätzlichen Einheit des Schadstoffstocks. Die notwendigen Bedingungen zur Erreichung des Optimums sind dabei:

(4.4) $$\frac{\partial H(t)}{\partial F(t)} = \frac{dB(t)}{dF(t)} + a\mu(t) = 0,$$

(4.5) $$\dot{S}(t) = \frac{\partial H(t)}{\partial \mu(t)} = aF(t) - \kappa S(t),$$

(4.6) $$\dot{\mu}(t) - \delta\mu(t) = -\frac{\partial H(t)}{\partial S(t)} = \frac{dD(t)}{dS(t)} + \mu(t)\kappa,$$

$$\text{bzw.} \quad \dot{\mu}(t) = (\delta + \kappa)\mu(t) + \frac{dD(t)}{dS(t)},$$

(4.7) $$\lim_{t\to\infty} e^{-\delta t}\mu(t)D(S(t)) = 0.$$

Die in Gleichung (4.4) beschriebene notwendige Bedingung fordert, den Schattenpreis so zu setzen, daß er dem Grenznutzen aus der Nutzung fossiler Energie entspricht. Der mit einer

[7] Vgl. Kapitel 1.2 zur Problematik der Bestimmung der sozialen Diskontrate.

Vergrößerung des Schadstoffstocks verbundene Wert ist wie zu erwarten negativ, da der Aufbau des Schadstoffstocks infolge der Nutzung einer weiteren Einheit fossiler Energie die soziale Wohlfahrt verringert. Der Schattenpreis des vergrößerten Schadstoffstocks gibt somit den marginalen Gesamtperiodenschaden bzw. die Opportunitätskosten der Nutzung der Umwelt heute als Aufnahmemedium für Schadstoffe, die den zukünftigen Generationen angelastet werden, an. Insofern wäre die Festsetzung einer Emissionssteuer an diesen Kosten zu orientieren. Der Schattenpreis hat demnach die Aufgabe, die Verwendung des knappen Gutes Umwelt in ihrer Funktion als Schadstoffaufnahmemedium durch die Ausweisung von Knappheitspreisen zu lenken. Die Ableitung einer langfristig optimalen Nutzung der Umweltkapazität über die Minimierung der gesamten Schadens- und Vermeidungskosten (vgl. (4.2)) liefert einen Schattenpreis, welcher die Grenzvermeidungskosten der Emission von Schadstoffen widerspiegelt[8], d.h.

(4.4a)
$$\frac{\partial H}{\partial F} = -\frac{dC(t)}{dF(t)} + a\mu(t) = 0\,,$$

bzw.
$$\mu(t) = \frac{dC(t)}{dF(t)}\frac{1}{a}\,.$$

Eine allokationseffiziente Nutzung der Umwelt über die Zeit setzt somit voraus, daß die Grenzkosten der Schadstoffvermeidung den durch den Schattenpreis ausgewiesenen Knappheitsverhältnissen von Umwelt als Aufnahmemedium für Emissionen entsprechen.

Zur verständlicheren Darstellung seien daher die mit einer Ausweitung des Schadstoffstocks verbundenen Kosten nun als $p(t) = -\mu(t)$ definiert. Somit läßt sich für Gleichung (4.4) und (4.6) schreiben:

(4.8)
$$p(t) = \frac{B'(F(t))}{a}$$

(4.9)
$$\dot{p}(t) = (\delta + \kappa)p(t) - D'(S(t))\,.$$

[8] Vgl. Elliott, D. and G. Yarrow (1977): Cost-Benefit Analysis and Environmental Policy: A Comment, Kyklos, Vol. 30, S. 300-309.

Gleichung (4.6) bzw. (4.9) gibt die Entwicklung des Schattenpreises über die Zeit an, die von der sozialen Diskontrate und der natürlichen Assimilationskapazität sowie dem Grenzschaden in der Periode t abhängig ist. In (4.7) wird die Transversalitätsbedingung für das Optimierungsproblem über einen unendlichen Zeithorizont wiedergegeben.

Da zunächst von technischem Fortschritt und Substitutionsmöglichkeiten durch Kapital oder nicht-fossile Energie abstrahiert wurde, führt ein Ansteigen des Schattenpreises p(t) zu einer Verringerung des fossilen Energieverbrauchs. Der optimale Zeitpfad des Schattenpreises beschreibt die Entwicklung der marginalen Umweltschäden der Emissionen bei unterschiedlichen Schadstoffbeständen. Aufgrund des eher langfristigen Charakters des vorliegenden Problems ist die Betrachtung von Gleichgewichtslösungen interessant, d. h. $\dot{S}(t) = \dot{p}(t) = 0$.

Für den fossilen Energieverbrauch läßt sich unter Beachtung der Umkehrfunktion (wobei $(\ )^{-1}$ die Umkehrfunktion bezeichne) auch folgender Zusammenhang angeben: $F(t) = B'^{\,-1}(a\,p(t))$. Daher kann man für (4.5) auch schreiben: $\dot{S}(t) = aB'^{\,-1}(ap(t)) - \kappa\, S(t)$. Für die $\dot{S} = 0$-Kurve ergibt sich eine negative Steigung :

$$\text{(4.10)} \qquad \left.\frac{dS}{dp}\right|_{\dot{S}=0} = \frac{a}{\kappa}\left(B'^{\,-1}(ap(t))\right)' = \frac{a}{\kappa\; B''(F(t))} < 0$$

Dabei gilt für den Schattenpreis bzw. die Emissionssteuer $\dot{p} = 0\ :\ p(t) = \dfrac{D'(S(t))}{\delta + \kappa}$. Somit erhält man für die Steigung der $\dot{p} = 0$-Kurve

$$\text{(4.11)} \qquad \left.\frac{dp}{dS}\right|_{\dot{p}=0} = \frac{D''(S)}{\delta + \kappa} > 0,$$

da ein konvexer Verlauf der Schadensfunktion unterstellt wurde.

Die Steady State-Bedingungen $\dot{S}(t) = \dot{p}(t) = 0$ sind durch einen gleichbleibenden Schadstoffstock bei unveränderten „user costs" der Umwelt gekennzeichnet und charakterisieren einen langfristig optimalen Zustand, in welchem die Verwendungskonkurrenz von Umwelt als Schadstoffaufnahmemedium einerseits und öffentlichem Konsumgut andererseits so gelöst ist, daß ein langfristiges Wohlfahrtsoptimum erreicht wird.

Aufgrund der gewählten Formulierung in laufenden Werten (vgl. Gleichung (4.3)), ist p(t) als laufender Wert zu interpretieren und es läßt sich statt

$$\dot{p} \;\begin{matrix} > \\ = \\ < \end{matrix}\; 0 \;:\; p(t) \;\begin{matrix} > \\ = \\ < \end{matrix}\; \frac{D'(S(t))}{\delta + \kappa}, \tag{4.9a}$$

auch schreiben:

$$\dot{p} \;\begin{matrix} > \\ = \\ < \end{matrix}\; 0 \;:\; p^0(t) = p(t)\, e^{-\delta t} \;\begin{matrix} > \\ = \\ < \end{matrix}\; \frac{D'(S(t))}{\delta + \kappa}\, e^{-\delta t}. \tag{4.9b}$$

Der auf den Zeitpunkt Null abdiskontierte Wert von p(t) wird mit $p^0(t) = p(t)\, e^{-\delta t}$ bezeichnet und gibt die marginale Veränderung des Zielfunktionals im Zeitpunkt 0 infolge der Vergrößerung des Schadstoffbestandes S in t, d. h. den auf die Periode Null abdiskontierten marginalen Gesamtperiodenschaden, wieder. Dieser Wert entspricht nach Gleichung (4.9b) für $\dot{p} = 0$ dem ebenfalls auf die Periode Null abdiskontierten und kapitalisierten Grenzschaden einer Emissionseinheit in der Periode t. Insofern sind marginaler Gesamtperiodenschaden ($p^0(t)$), welcher auch die Schäden zukünftiger Perioden berücksichtigt, und periodenbezogener Kapitalwert des Grenzschadens einer Periode t auf der $\dot{p} = 0$-Kurve gleich (vgl. Abb. 4.1). Liegt dagegen eine Situation vor, in der mit hohen Schäden in der Zukunft gerechnet werden muß, und somit der Schattenpreis der Emissionen den kapitalisierten Periodenschaden in t übersteigt, d.h. $p(t) > \frac{D'(S(t))}{\delta + \kappa}$ $(\Rightarrow \dot{p} > 0)$, dann ist nach (4.9a) bzw. (4.9b) eine Zunahme des Schattenpreises erforderlich. Befinden man sich also oberhalb der $\dot{p} = 0$-Kurve, so muß der Schattenpreis steigen. Situationen, die unterhalb der $\dot{p} = 0$-Kurve liegen, bezeichnen den Fall, in welchem der marginale Gesamtperiodenschaden den auf die Periode t bezogenen Kapitalwert einer Emissionseinheit unterschreitet. Somit folgt dann aus (4.9a): $p(t) < \frac{D'(S(t))}{\delta + \kappa}$ $\Rightarrow \dot{p} < 0$, d.h. der Schattenpreis muß sinken.

Die Höhe des Schattenpreises p(t) steuert die Höhe der Emissionen und determiniert somit unter Beachtung der als bekannt vorausgesetzten Assimilationskapazität die Entwicklung des Schadstoffbestandes:

$$\dot{S} = aB'^{-1}(a\, p(t)) - \kappa\, S \;. \tag{4.10a}$$

Ein Schattenpreis $p^*(t)$ wird demnach einen konstanten Schadstoffbestand gewährleisten, wobei ferner gilt:

$$\text{(4.10b)} \qquad \dot{S} \underset{<}{\overset{>}{=}} 0 \;:\; aB'^{-1}(a\,p(t)) \underset{<}{\overset{>}{=}} \kappa\, S \;\Leftrightarrow\; p(t) \underset{>}{\overset{<}{=}} p^*(t)$$

Wie aus (4.10b) ersichtlich, wird ein unter $p^*(t)$ liegender Schattenpreis den Schadstoffbestand weiter steigen lassen, während für einen oberhalb von $p^*(t)$ liegenden Schattenpreis eine Verringerung des Schadstoffbestandes eintritt.

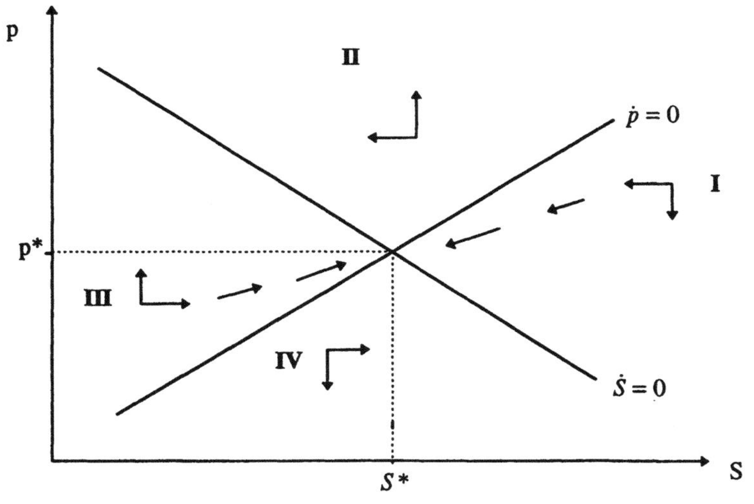

Abb. 4.1: Gleichgewichtslösung bei vollständiger Information

Die in den Feldern I und III eingezeichneten Pfeile stellen mögliche stabile Pfade zum Steady State (S*, p*) dar. Der in Feld I gewählte Schattenpreis führt zu Emissionen, die die natürliche Assimilationskapazität unterschreiten, d.h. $\dot{S} < 0$ und der marginale Gesamtperiodenschaden liegt unter dem kapitalisierten Grenzschaden, d.h. $\dot{p} < 0$. Durch einen sinkenden Schattenpreis wird der Schadstoffbestand „von rechts" (S>S*) an das Ziel S* herangeführt. Dagegen bezeichnen die in Feld III eingezeichneten Pontryagin-Pfade das Hineinwachsen in die Steady

State- Norm „von links“, d.h. die langfristig angestrebte Emissionsnorm ist noch nicht erreicht, da der mit $\dot{S} = 0$ zu vereinbarende Schattenpreis bei gegebenem Schadstoffbestand (S<S*) zu niedrig ist. Die verbleibenden Felder II und IV enthalten keinen stabilen Pfad zum langfristigen Gleichgewicht (vgl. (4.9a), (4.9b)).

Der Einfluß der sozialen Diskontrate auf die Festlegung des Steady State (S*, p*) läßt sich leicht anhand von Gleichung (4.11) bestimmen. Sollen beispielsweise die Interessen zukünftiger Generationen stärker gewichtet werden, so würde dies eine Senkung der Diskontrate erfordern. Dies hätte eine Zunahme der Steigung und Verschiebung der $\dot{p} = 0$-Kurve zur Folge, so daß im Ergebnis ein Steady State mit einem geringeren Schadstoffbestand und einem höheren Schattenpreis zustande käme. Eine Parametervariation der natürlichen Assimilationskapazität führt hingegen nur im Hinblick auf den Schadstoffbestand zu einem eindeutigen Ergebnis. Eine Verringerung dieser Kapazität bedeutet eine Zunahme des Grades der Irreversibilität. Beide Kurven weisen ein höheres Steigungsmaß (sowie eine Verschiebung) aus, was eine Verringerung des langfristig optimalen Schadstoffbestandes zur Konsequenz hat.

4.3 Zur Berücksichtigung der zeitlichen Komponente

Der Schattenpreis für Emissionen sollte den langfristigen Umweltschäden in der Zukunft Rechnung tragen. Aus der Sicht einer intertemporalen Nutzen-Kosten-Analyse ist er so zu setzen, daß die aktuellen Grenzvermeidungskosten den aktuellen und zukünftigen Grenzschadenskosten einer Emissionseinheit entsprechen. Über eine Emissionssteuer werden die zur Erreichung eines langfristigen Gleichgewichts erforderlichen Optimalitätsbedingungen im Hinblick auf den optimalen Schadstoffstock sowie den Schattenpreis (bzw. die Emissionssteuer) erfüllt.

Aufgrund der komplexen Dynamik des Systems Umwelt ist es häufig nicht vorhersehbar, in welcher Weise eine Akkumulation von Emissionen stattfindet und zum Aufbau eines Schadstoffstocks beiträgt. So ist die Ausbreitung eines Schadstoffes in den verschiedenen Umweltmedien (Atmosphäre, Gewässer, Boden) häufig durch eine gewisse zeitliche Verzögerung gekennzeichnet, welcher bei der aktuellen Emissionsentscheidung Rechnung getragen werden muß. Des weiteren erscheint eine langfristige Gleichgewichtslösung vor dem Hintergrund von in der Zukunft wahrscheinlich verfügbaren zusätzlichen Informationen über die Schadenskosten und Vermeidungskosten (etwa durch neue Technologien) ebenso wie über die Akkumulationsdynamik des Schadstoffstocks allenfalls als Referenzlösung Bedeutung zu haben.

4.3.1 Verzögerte Schadstoffakkumulation

Ähnlich wie im vorangegangenen Abschnitt wird in nahezu allen modelltheoretischen Analysen zur Beschreibung von dynamischen Externalitäten unterstellt, daß Emissionsreduktionsmaßnahmen sofort in der laufenden Periode wirksam werden. Dagegen ist nicht nur die Treibhausproblematik, sondern auch z.B. die Zerstörung der Ozonschicht durch eine Systemdynamik gekennzeichnet, die aktuelle Emissionsreduktionen erst mit einer Verzögerung von mehreren Jahrzehnten wirksam werden läßt. So ist das Problem eines drohenden Abbaus der schützenden, stratosphärischen Ozonschicht auf Emissionen von Fluorchlorkohlenwasserstoffen und Halonen zurückzuführen, die in den vergangenen Jahrzehnten erfolgten. Das sogenannte Ozonzerstörungspotential hängt daher zum einen davon ab, wie schnell die Treibhausgase in die Stratosphäre (Region der Ozonzerstörung) transportiert werden, und zum anderen von der Verweildauer dieser Gase[9]. Daher wird der Erfolg der internationalen Vereinbarungen über die Reduzierung von Produktion und Verbrauch (Montrealer Protokoll von 1987) bzw. sogar über ein Verbot der Herstellung von FCKW und Halonen (innerhalb der EU ab 1.7.1997) erst mit einer gewissen zeitlichen Verzögerung sichtbar werden. Dabei läßt sich nicht ausschließen, daß der bereits akkumulierte Schadstoffstock aufgrund des langsamen Transports von Spurengasen in die Stratosphäre weiter zunehmen und zu möglicherweise unumkehrbaren Schäden führen wird.

Insofern muß man sich vor Augen halten, daß eine Strategie des Abwartens bis zur signifikanten Feststellung einer Erhöhung der Temperatur im Trend eine weitere Erwärmung, selbst bei sofortigen Reduktionsmaßnahmen, in Kauf nimmt. So geht man davon aus, daß die Ozeane eine Pufferwirkung besitzen, die die tatsächliche Erwärmung um etwa 30 bis 40 Jahre verzögert. Weitaus länger würde es dauern, bis ein Rückgang der Erwärmung aufgrund einer Verringerung von Treibhausgasemissionen zu erwarten wäre.

Im folgenden Modell sei daher unterstellt, daß die Emissionen mit einem "time lag" von τ Perioden zum Aufbau eines Schadstoffstocks beitragen:

$$(4.2)' \qquad \max_F - \int_{t_0}^{\infty} e^{-\delta t} \, [D(S(t)) + C(F(t))] \, dt \, ,$$

[9]Mit dem Begriff der "mittleren Verweildauer" wird die Zeit bezeichnet, in der eine bestimmte Menge eines Treibhausgases in der Atmosphäre um ein Drittel abgebaut wird. Vgl. dazu ausführlicher Enquete-Kommission "Vorsorge zum Schutz der Erdatmosphäre" 1990, Schutz der Erde, Dritter Bericht, in: Bundestagsdrucksache 11/8030 vom 24. Mai; Enquete-Kommission "Vorsorge zum Schutz der Erdatmosphäre", 1992, Klimaänderung gefährdet globale Entwicklung, Erster Bericht, in: Bundestagsdrucksache 12/2400 vom 30. März.

$$\text{s.t.} \quad \frac{dS}{dt} = aF(t-\tau) - \kappa S(t) \qquad t \geq t_0 + \tau \ ,$$

$$S(t) = S_0 \quad \text{für} \quad t_0 - \tau \leq t \leq t_0 + \tau \ ,$$

$$F(t) = F_0 \quad \text{für} \quad t_0 - \tau \leq t \leq t_0 \quad ,$$

Daneben sei zusätzlich angenommen, daß die Emissionen bis zum Zeitpunkt t_0 auf einem Niveau verharrten, welches einen gleichbleibenden Schadstoffbestand ohne Emissionsreduktionsmaßnahmen ermöglichte, d.h. $dS/dt = 0$ bzw. $aF = \kappa S$. Dieser Zustand wird häufig auch als ökologisches Gleichgewicht bezeichnet. Im Zusammenhang mit dem Treibhauseffekt ist der "natürliche Schadstoffstock" S_0 als die natürliche gleichgewichtige Konzentration der Treibhausgase in der Atmosphäre zu verstehen, die erst eine gleichgewichtige Temperatur auf der Erde ermöglicht (vgl. Kap.2.1). Das mit der wirtschaftlichen Entwicklung in den letzten Jahrzehnten verbundene starke Wachstum der Nachfrage nach fossiler Energie führt jedoch zu einer Störung dieses Gleichgewichtes. Wenngleich Kohlendioxid nur ein Treibhausgas unter vielen ist, so sind die anthropogenen Kohlendioxidemissionen in erster Linie für eine globale Erwärmung verantwortlich.

Für die Hamilton-Funktion in laufenden Werten ergibt sich nun:

(4.3)`
$$H = -[D(S(t) + C(F(t))] + \mu(t)[aF(t-\tau) - \kappa\ S(t)].$$

Da die Auswirkungen von Emissionen in der Vergangenheit erst mit einer gewissen zeitlichen Verzögerung von τ Perioden wirksam werden, fallen die marginalen Schadenskosten einer zusätzlichen Einheit des Schadstoffbestands, gemessen als Schattenpreis $\mu(t)$, ebenfalls erst mit einer zeitlichen Verzögerung an. Man erhält somit die folgenden notwendigen Bedingungen:

(4.12)
$$\frac{\partial H}{\partial F} = -\frac{dC}{dF} + a\mu(t+\tau) = 0 \ ,$$

(4.13)
$$\dot{S}(t) = \frac{\partial H}{\partial \mu} = aF(t-\tau) - \kappa\, S(t) \ ,$$

(4.6) $$\dot{\mu}(t) - \delta\mu(t) = -\frac{\partial H}{\partial S} = \frac{dD}{dS} + \mu(t)\kappa\,.$$

Das Ziel einer Minimierung von Vermeidungs- und Schadenskosten über einen unendlichen Zeithorizont erfordert demnach im Fall der zeitlich verzögerten Schadstoffakkumulation, die aktuellen Vermeidungsanstrengungen an dem zukünftigen, zum Zeitpunkt τ erreichten Schattenpreis auszurichten. Demzufolge sollen die aktuellen Grenzvermeidungskosten den zukünftigen Schadenskosten entsprechen, d.h.

(4.12a) $$-\mu(t+\tau) = p(t+\tau) = -\frac{1}{a}\frac{dC}{dF}\Big|_t$$

Zusätzlich gilt es nun neben der bereits bekannten dynamischen "Stock-Flow"-Beziehung (zwischen Emissionen und Schadstoffstock), welche durch die zeitliche Veränderung des Schattenpreises p(t) berücksichtigt wird (vgl. Gleichung (4.6)), der zeitlichen Verzögerung bei der Schadstoffakkumulation Rechnung zu tragen. Wie zuvor gibt der negative Wert der Kozustandsvariablen $-\mu(t)$ (bzw. p(t)) den Schattenpreis an, der eine Minimierung der gesamten intertemporalen Umweltkosten, bestehend aus Vermeidungs- und Schadenskosten, vornimmt. Die Vermeidungsanstrengungen sind nun jedoch so auszurichten, daß die aktuellen Grenzvermeidungskosten zum Zeitpunkt t dem zukünftigen, ab dem Zeitpunkt $t+\tau$ anfallenden, abdiskontierten marginalen Gesamtperiodenschaden entsprechen. Dieser ergibt sich durch Integrieren von Gleichung (4.6) und bei Berücksichtigung von (4.12a):

(4.13) $$-\frac{1}{a}\frac{dC}{dF}\Big|_t = p(t+\tau) = \int_{t+\tau}^{\infty} e^{-(\delta+\kappa)(t+\tau-s)} D'(S(s))\, ds$$

Insofern ist die aktuelle Umweltpolitik an den mit einer Verzögerung von τ Perioden auftretenden, zukünftigen abdiskontierten Umweltschäden zu orientieren.

4.3.2 Eine effiziente Strategie bei endlichem Zeithorizont

In einer Reihe von umweltökonomischen Problemstellungen ist die Analyse von langfristigen Gleichgewichtslösungen, wie dies im vorangegangenen Abschnitt erfolgte, angemessen. Unabhängig von dem Ausgangsniveau der Schadstoffkonzentration S_0 ist zu erwarten, daß das Modell langfristig in Richtung eines Steady State-Zustandes tendiert und dieser, zumindest als Referenzlösung, eine gewisse Bedeutung besitzt. Aufgrund des in der Klimaproblematik unterstellten langen Zeithorizontes erscheint diese Vorgehensweise auch gerechtfertigt.

In Anbetracht der beträchtlichen Unsicherheiten bzgl. der zu erwartenden Umweltschäden und auch der Kosten einer Vermeidung bzw. Verringerung der Schäden, deren Einschätzungen sich durch neue Erkenntnisse verändern, ist dieses Vorgehen jedoch zu hinterfragen. Vielmehr ist davon auszugehen, daß ein bislang angestrebter Steady State durch das Auftreten neuer Informationen fortwährend revidiert werden muß und die bisherige Gleichgewichtslösung ihre Bedeutung verliert. Von daher gewinnt die Analyse des dynamischen Pfads innerhalb eines endlichen Zeithorizontes an Bedeutung[10].

Eine vorausschauende Umweltpolitik muß ferner zur Kenntnis nehmen, daß die Kosten einer Verringerung der Emissionen einer eigenen Dynamik unterliegen. Die aktuelle Emissionsentscheidung hat die Veränderung der Grenzvermeidungskosten im zeitlichen Ablauf zu berücksichtigen. Dazu sei im folgenden davon ausgegangen, daß die Variable F(t) (der Verbrauch an fossiler Energie) eine stationäre Größe darstellt. Die mit einer Reduktion der Emissionen verbundenen Kosten seien mit C(R_t) bezeichnet, wobei $C'(R_t), C''(R_t) > 0$. Somit gilt nun für die Höhe der Nettoemissionen: $E^{netto}(t) = aF(t) - R(t)$. Die Durchführung von Emissionsreduktionsmaßnahmen verringert den Zuwachs des Schadstoffstocks gemäß

$$\dot{S}(t) = aF(t) - R(t) - \kappa\, S(t)\,. \tag{4.14}$$

Dem staatlichen Planer stellt sich somit unter Berücksichtigung dieses Zusammenhangs folgendes Optimierungsproblem:

$$\min_R \int_0^T [C(R(t)) + D(S(t))]\, e^{-\delta t} dt\ . \tag{4.15}$$

[10] Vgl. Falk, I. und R. Mendelsohn (1993): The Economics of Controlling Stock Pollutants: An Efficient Strategy for Greenhouse Gases, Journal of Environmental Economics and Management, Vol. 25, S. 76-88.

Die entsprechende Hamilton-Funktion in laufenden Werten lautet nun:

(4.16) $$H = [C(R(t)) + D(S(t))] + \mu(t)[aF(t) - R(t) - \kappa\, S(t)].$$

Die notwendigen Optimalitätsbedingungen lassen sich wie folgt angeben:

(4.17) $$\frac{\partial H}{\partial R} = C'(R(t)) - \mu(t) = 0,$$

(4.18) $$\dot{S}(t) = \frac{\partial H}{\partial \mu} = aF(t) - R(t) - \kappa\, S(t),$$

(4.19) $$\dot{\mu}(t) - \delta\, \mu(t) = -\frac{\partial H}{\partial S} = -D'(S(t)) + \kappa\, \mu(t),$$

(4.20) $$\mu(T) = 0.$$

Gleichung (4.20) gibt die Transversalitätsbedingung bei freiem Planungsendzeitpunkt und bei freiem Wert der Zustandsvariablen (Schadstoffstock) an. Durch Einsetzen von (4.17) in (4.19) erhält man folgende Bedingung für die Verringerung von Emissionen:

(4.21) $$C'(R(t)) = \frac{C''(R(t))\dfrac{dR}{dt} + D'(S(t))}{\kappa + \delta}.$$

Demnach sind die Emissionen soweit zu verringern, daß die aktuellen Grenzvermeidungskosten gleich dem Gegenwartswert des Grenzschadens der nicht vermiedenen Emissionen sind[11]. Die optimale Emissionssteuer, welche den negativen „Kapitalstock" optimal steuert, muß dem Schattenpreis $\mu(t)$ entsprechen, d.h. $p(t)=-\mu(t)$. Wie aus Gleichung (4.19) ersichtlich, gilt in Analogie zu einem positiven Kapitalstock, daß die „Ertragsrate" des Schadstoffstocks gleich dem Grenzschaden abzüglich einer Art Abschreibungsrate infolge der natürlichen Assimilationskapazität entsprechen muß, wobei die Veränderung des Wertes des Kapitalstocks

---

[11] Vgl. Falk und Mendelsohn (1993), S. 78.

(ausgedrückt durch die Veränderung des Schattenpreises in der Zeit) zusätzlich berücksichtigt werden muß. Mit anderen Worten, bei der aktuellen Emissionsvermeidungsentscheidung muß die Veränderung der Grenzvermeidungskosten beachtet werden.

„We do not have the luxury of waiting for conclusive proof, as some have suggested in the past. The proof, we fear, will kill us."[1]

5 Optimale Emissionsvermeidungsstrategien bei unvollständiger Information

5.1 Einführung

Sehr häufig ist es nicht möglich, zukünftige Umweltschäden und möglicherweise unumkehrbare Veränderungen der Umweltqualität abzuschätzen. Dies ist auf die erhebliche Komplexität von Umweltsystemen zurückzuführen, die es oftmals nicht erlaubt, die Auswirkungen einer bestimmten Schadstoffmenge auf die Umwelt in Form einer Schadensfunktion zu beschreiben. Daneben sind die mit einer Akkumulation von Schadstoffen in den verschiedenen Umweltmedien verbundenen Risiken ebenso unsicher wie das Auftreten von „Schwellen"- bzw. „Umkippeffekten". Schließlich ist es möglich, daß damit ein irreversibler Schaden für die Umwelt einhergeht.

Dies hat zur Konsequenz, daß den Kosten einer Umweltpolitik ein unsicherer Nutzenstrom in Form von vermiedenen Schäden gegenübersteht. Im Falle einer privaten Investitionsentscheidung bei Unsicherheit würde sich das Risiko bezüglich zukünftiger Nutzen (bzw. Gewinne) in einer höheren Diskontrate niederschlagen. Hinsichtlich der Frage, wie Unsicherheit bei öffentlichen Investitionsentscheidungen berücksichtigt werden sollte, bestehen jedoch unterschiedliche Auffassungen. So argumentieren Hirshleifer (1965) und Baumol (1968)[2], daß auch bei öffentlichen Investitionsentscheidungen dem Aspekt der Unsicherheit durch einen Risikoaufschlag in Form einer höheren Diskontrate Rechnung getragen werden sollte. Die soziale Diskontrate wäre um einen dem Grad der Unsicherheit entsprechenden Satz zu erhöhen. Demgegenüber haben Arrow und Lind (1970) gezeigt, daß bei öffentlichen Investitionsprojekten ein Risikoaufschlag vernachlässigt werden kann und somit risikobehaftete Investitionsentscheidungen im Unterschied zu privaten Projekten mit einer risikolosen Diskontrate bewertet werden sollten[3]. Da sich die Erträge einer öffentlichen Investition auf alle Individuen einer Ökonomie verteilen,

---

[1] R. van Lierup, Sprecher der gefärdeten kleinen Inselstaaten. Zitiert nach UNEP Regional Bulletin for Europe 1991, S. 16.

[2] Vgl. Hirshleifer, J. (1965): Investment Decision under Uncertainty: Choice-Theoretic Approaches, Quarterly Journal of Economics, Vol. 79, S. 509-536; Baumol, W.J. (1968): On the Social Rate of Discount, American Economic Review, Vol.68, S. 788-802.

[3] Dieses Ergebnis ist auch als Arrow-Lind-Theorem bekannt. Vgl. Arrow K. J. und R. C. Lind (1970): Uncertainty and the Evaluation of Public Investment Decisions, American Economic Review, Vol. 60, S. 364-378.

werden ebenso die mit dem Projekt verbundenen Risikokosten auf alle betroffenen Individuen verteilt, und jeder Einzelne trägt nur einen verschwindend geringen Anteil des Gesamtrisikos. Die Gesamtvarianz der erwarteten Nutzen eines öffentlichen Investitionsprojektes (als Ausdruck des Risikos) wird dann wie der erwartete Nutzen auf die Individuen aufgeteilt und ergibt sich somit durch Addition der individuellen Varianzen bezüglich des erwarteten Nutzens.

Wie bereits oben erläutert, schränken die bei der Herleitung dieses Ergebnisses getroffenen Annahmen die Gültigkeit des Theorems ein. So unterstellen Arrow und Lind, daß die öffentliche Investitionsentscheidung nicht mit anderen privaten Investitionsentscheidungen korreliert ist[4]. Diese Annahme scheint bei vielen umweltökonomischen Nutzen-Kosten-Analysen nicht gerechtfertigt. So dürften die von einer restriktiven Treibhausgasminderungspolitik auf private Investitionsentscheidungen ausgehenden Einflüsse (insbesondere Energieeinsparinvestitionen, sowie Investitionen in alternative Energieträger) nicht unerheblich sein.

In Analogie zur Beurteilung risikobehafteter Wertpapiere anhand ihres erwarteten zukünftigen Ertrages sowie dessen Volatilität durch das bekannte "Capital Asset Pricing Model"[5], fordert Lind (1982) ein gleiches Vorgehen für öffentliche Investitionen bei Unsicherheit[6]. Demnach hängt das Risiko einer Investition in erster Linie davon ab, wie die Erträge dieser einen Investition mit den Erträgen aller anderen risikobehafteten Investitionsobjekte, dem sogenannten Marktportfolio, kovariieren. Entscheidend für die Beurteilung des Risikos einer öffentlichen Investition ist daher, inwiefern die Durchführung dieser Investition die Volatilität des "gesellschaftlichen Portfolios", d.h. des Volkseinkommens[7], beeinflußt. Insofern wären Investitionen, die die Volatilität bzw. Streuung des Volkseinkommens erhöhen, mit Risikokosten verbunden, denen durch eine erhöhte Diskontrate Rechnung zu tragen wäre. Dagegen wären die erwarteten Nutzen einer Klimaschutzpolitik mit einem geringeren Satz abzudiskontieren, da eine Politik der Verringerung von Treibhausgasemissionen zu einer Verringerung des gesamtwirtschaftlichen Risikos beiträgt und somit zusätzlich den Charakter einer Risikoprämie besitzt.

Insbesondere in der Treibhausproblematik ist jedoch zu bedenken, daß die mit einer entschlossenen Klimaschutzpolitik verbundenen (unsicheren) Vermeidungskosten die Volatilität

---

[4] Vgl. Sandmo, A. (1972): Discount Rates for Public Investment under Uncertainty, International Economic Review, Vol. 13, S. 287-302.

[5] Vgl. z.B. Varian, H.: Microeconomic Analysis, 3rd. ed. (1992), New York et. al., S. 371.

[6] Vgl. Lind, R. (1982): A Primer on the Major Issues Relating to the Discount Rate for Evaluating National Energy Options, in: R. Lind, et.al., Discounting for Time and Risk in Energy Policy, Washington, D.C., S.21.

[7] Eine Reihe von Studien beschäftigt sich mit der Abschätzung der Vermeidungskosten einer Klimaschutzpolitik mittels unterschiedlicher makroökonomischer Modelle. So ermitteln bspw. Manne und Richels (1990) anhand ihres häufig zitierten Modells für den Gegenwartswert der zukünftigen Vermeidungskosten einer mäßigen Emissionsreduktionsstrategie für die USA einen Wert von 3.6 Billionen $, vgl. Manne, A. S. und R.G. Richels (1990): CO_2 Emission Limits: An Economic Cost Analysis for the USA, The Energy Journal, Vol. 11, S. 51-74. Andere Studien versuchen die Vermeidungskosten durch Wachstumseinbußen des Sozialprodukts zu quantifizieren. Zu einem Überblick vgl. Bauer, A. (1993): Der Treibhauseffekt.

des Volkseinkommens vergrößern können und insofern den risikomindernden Effekt einer Emissionsvermeidung zumindest teilweise ausgleichen könnten[8].

Ein ähnliches Vorgehen scheint für den Fall einer mehrperiodigen Investitionsentscheidung bei Unsicherheit angebracht. Eine einmalige Anpassung der Diskontrate zur Berücksichtigung der Unsicherheit zukünftiger Nutzenströme setzt jedoch voraus, daß Erwartungsnutzen und sicherheitsäquivalenter Nutzen sich in einem bestimmten Verhältnis entwickeln[9]. Diese Voraussetzung dürfte allerdings selten gegeben sein.

Dagegen ist es oftmals möglich, eine Investitionsentscheidung aufzuschieben, um zusätzliche, die Investition betreffende, Informationen zu gewinnen. Insbesondere vor dem Hintergrund, daß viele Investitionsentscheidungen als irreversibel anzusehen sind, da sie investitions-spezifisches Kapital mit "sunk cost"-Charakter voraussetzen, ist die Strategie des Abwartens in das Entscheidungskalkül miteinzubeziehen. Bei der Ermittlung der Nutzen- und Kostenströme einer mehrperiodigen Investitionsentscheidung sind somit zusätzlich die mit der Durchführung der Investition verbundenen Opportunitätskosten infolge des Verlustes des Optionswertes zu berücksichtigen[10]. Dieser Wert stellt die mit einer irreversiblen Investitionsentscheidung verlorengegangene Möglichkeit der Nutzung weiterer Informationen im Hinblick auf diese Investition, welche durch ein Aufschieben der Entscheidung verfügbar gewesen wäre, dar. Insofern dürfte die Berücksichtigung dieses Wertes eine Investitionsentscheidung tendenziell verzögern. So haben z.B. McDonald and Siegel (1986)[11] gezeigt, wie die Entscheidung eines risiko-aversen Investors, der sich unsicheren Erträgen und Investitionskosten gegenübersieht, durch die Berücksichtigung dieser Opportunitätskosten beeinflußt werden kann.

Sofern die aufgrund einer Klimaschutzpolitik erforderlichen Investitionskosten (bzw. Verzichtskosten) nicht reversibel sind, kann dieser Umstand für eine Aufschiebung der Investitionsentscheidung sprechen.

Wie bereits mehrfach aufgezeigt, spielt jedoch ein zweiter Irreversibilitätseffekt eine Rolle. Mit dem Aufschieben einer restriktiven Emissionsvermeidungspolitik steigt die Konzentration von Treibhausgasen in der Atmosphäre und damit auch das Niveau der erwarteten nicht reversiblen Schäden im Vergleich zu einer Politik, die sofort mit einer Reduktion der Emissionen beginnt. Die mit einer Strategie des Abwartens einhergehende irreversible Umweltbelastung läßt sofortiges Handeln attraktiv erscheinen.

---

[8] Dabei wird von der sicherlich plausiblen Annahme ausgegangen, daß die Unsicherheit und somit das Risiko zukünftiger Schäden einer Klimaveränderung größer als die Unsicherheit bezüglich der Vermeidungskosten ist.
[9] Vgl. Lind, R. C. (1982), S. 64 ff.
[10] Vgl. Pindyck, R. S. (1991): Irreversibility, Uncertainty and Investment, Journal of Economic Literature, Vol. 29, S. 1110-1148.
[11] Vgl. McDonald, R. und D. Siegel (1986): The Value of Waiting to Invest, Quarterly Journal of Economics, Vol. 101, S. 707-727.

5.2 Unsicherheit bezüglich der Assimilationskapazität

Hinsichtlich der Funktion der Umwelt als Schadstoffaufnahmemedium ergibt sich das Problem der Schadstoffakkumulation, sofern die jeweils emittierten Schadstoffe die Kapazität der Natur zum Abbau dieser Schadstoffe übersteigen und somit ein Schadstoffstock aufgebaut wird[12]. Durch den weiteren Aufbau von Schadstoffbeständen wird nicht nur die Aufnahmekapazität der Umwelt knapper, sondern es findet in vielen Fällen eine Beeinträchtigung in der Qualität des öffentlichen Konsumgutes Umwelt statt. Übersteigen die Emissionen die Abbaufähigkeit der Natur dauerhaft, so ist die Akkumulation von Schadstoffen (sowie damit einhergehende Schäden) zumindest auf absehbare Zeit als irreversibel zu betrachten. Eine vorausschauende dynamische Umweltpolitik muß diese Zusammenhänge, insbesondere im Fall der verzögerten Schadstoffakkumulation, in ihren aktuellen Emissionsentscheidungen berücksichtigen. Daher werden aus Vorsorgegründen zum Schutz der irdischen Atmosphäre und zur Erhaltung eines Klimagleichgewichts deutliche Reduktionen der Treibhausgase von vielen Umweltpolitikern befürwortet.

Andererseits ist die Annahme einer konstanten Assimilationskapazität ebenso wie die Annahme einer konstanten und in der Länge bekannten Verzögerungswirkung bei der Akkumulation des Schadstoffstocks sicherlich als heroisch anzusehen. Vielmehr besteht aufgrund der komplexen Dynamik, die für klimatische Veränderungen verantwortlich ist, Unsicherheit darüber, welche Emissionsmengen in die Atmosphäre diffundieren und wie lange sie dort verweilen, um ihre klimabeeinflussende Wirkung zu entwickeln. Daneben besteht Unsicherheit darüber, welchen Einfluß die Biosphäre bei der Entwicklung des Schadstoffstocks hat und ob es möglicherweise zu Rückkopplungseffekten kommt.

Im folgenden soll daher die Entwicklung des Schadstoffbestands anhand einer stochastischen Differentialgleichung beschrieben werden:

$$dS_t = (aF_t - \kappa S_t)dt + \sigma(S)dz \quad \text{mit } S(0) = S_0 \,. \tag{5.1}$$

Dabei gibt (5.1) einen speziellen Fall der allgemeinen stochastischen bzw. Itoschen Differentialgleichung an[13]. Das Akkumulationsrisiko wird durch den stochastischen Term $\sigma(S)dz$ abgebildet (mit $\sigma'(S) > 0$), wobei z(t) einen sogenannten Standard-Wienerprozeß

[12] Vgl. dazu Faber, M., H. Niemes und G. Stephan (1983): Entropy, Environmental Protection and Raw Material Consumption, Lecture Notes in Economics and Mathematical Systems, Berlin et. al., S. 1ff.

[13] Zur stochastischen Kontrolltheorie vgl. Feichtinger, G. und R. Hartl (1986): Optimale Kontrolle ökonomischer Prozesse, Berlin, New York, S. 555ff.

(auch "Brownsche Bewegung" genannt) darstellt. Die Veränderung des Schadstoffbestands ΔS über ein kleines Zeitintervall Δt betrachtet ist normalverteilt mit dem Erwartungswert $E[\Delta S] = (aF - \kappa S)\Delta t$ und der Varianz $Var(\Delta S) = \sigma^2(S)\Delta t$. Läßt man Δt sehr klein werden, so kann für die Veränderung des Wiener Prozesses z(t) in stetiger Zeit geschrieben werden: $dz = \varepsilon_t \sqrt{dt}$, wobei ε_t eine normalverteilte Zufallsvariable mit dem Erwartungswert von null und der Standardabweichung von eins bezeichnet. Die Realisationen des Prozesses in unterschiedlichen Zeitpunkten sind voneinander unabhängig, d.h. der Prozeß besitzt die Markov-Eigenschaft[14]. Zu beachten ist, daß die Ableitung des Wiener Prozesses nach der Zeit nicht existiert, da der Ausdruck $\Delta z / \Delta t = \varepsilon_t / \sqrt{\Delta t}$ für $\Delta t \to 0$ unendlich groß wird. Die erwartete Änderungsrate des Schadstoffbestands sei die gleiche wie im deterministischen Fall, d.h. $1/dt\, E[dS] = aF - \kappa S$. Es wird eine konstante proportionale Abbaurate unterstellt, die abgebaute Menge wächst also linear mit dem Schadstoffbestand.

Die Zielsetzung des sozialen Planers bestehe nun darin, die Summe aus Schadens- und Vermeidungskosten bei stochastischer Entwicklung des Schadstoffstocks zu minimieren. Zur Vereinfachung des weiteren Vorgehens wird im folgenden davon ausgegangen, daß die sich in einem proportionalen Verhältnis zum fossilen Energieverbrauch entwickelnden Emissionen F_t eine stationäre Größe darstellen, d.h. ohne Vermeidungsanstrengungen (oder bspw. Energieeinsparinvestitionen) bleibt der Energieverbrauch unverändert. Die mit einer Reduktion der Emissionen verbundenen Ausgaben seien mit C(R) bezeichnet, wobei sich somit für die Nettoemissionen $aF_t^{netto} = aF_t - R_t$ ergibt. Die Durchführung von Emissionsreduktionsmaßnahmen schlägt sich daher bei der Entwicklung des Schadstoffstocks wie folgt nieder:

$$dS_t = (aF_t - R_t - \kappa\, S_t)dt + \sigma(S)\, dz. \tag{5.1a}$$

Für die Vermeidungskosten sei ein konvexer Verlauf unterstellt, d.h. $C'(R), C''(R) > 0$. Das Ziel der Minimierung der langfristigen Schadens- und Vermeidungskosten erfolgt nun anhand der Methode der dynamischen Programmierung, die sich im Bereich der dynamischen Optimierung bei Unsicherheit als geeignet erwiesen hat. Der grundlegende Gedanke dieser Methode besteht darin, den gesamten Entscheidungshorizont in eine aktuelle Entscheidung sowie eine Funktion, die alle nachfolgenden Entscheidungen zusammenfaßt, aufzuteilen. Diese Aufteilung

---

[14] Im Zusammenhang von stochastischen Prozessen bezeichnet die Markov-Eigenschaft den Sachverhalt, „daß die gesamte für die Zukunft (= Prognose) relevante Information jeweils in der Gegenwart enthalten ist. Wie es zu dem in der Gegenwart erreichten Zustand kam, ist also nicht wesentlich." Schlittgen, R. und B.H.J. Streitberg (1994): Zeitreihenanalyse, 5. Auflage, München, S. 144.

ergibt sich aus dem für die dynamische Optimierung fundamentalen Bellmanschen Optimalitätsprinzip[15]. Demnach ist für jede Teilentscheidung einer optimalen Politik zu fordern, daß sie unabhängig von der Anfangsentscheidung die Optimalität der nachfolgenden Entscheidungen gewährleistet.

So ist z.B. aus der Sicht eines Unternehmens eine Investitionsentscheidung so zu treffen, daß die Summe aus unmittelbaren (gegenwärtigen) Auszahlungen und erwartetem Gegenwartswert der sich aus dem vergrößerten Kapitalstock ergebenden Auszahlungen maximal wird.

Für den Fall eines endlichen Zeithorizontes beginnt man am Ende des Entscheidungszeitraumes, bzw. bei diskreter Betrachtung in der letzten Periode, und ermittelt sukzessive die näher in der Gegenwart liegenden optimalen Entscheidungen. Bei einem unendlichen Zeithorizont ergibt sich eine rekursive, von der Variable Zeit unabhängige Struktur. Es gibt keinen letzten Wert, von dem aus das Problem retrospektiv aufgelöst werden könnte.

Da es sich in dem hier vorliegenden Problem der Minimierung der langfristigen Schadens- und Vermeidungskosten über einen unendlichen Zeithorizont um ein stochastisches Kontrollproblem handelt, läßt sich für den Wert (bedingter Erwartungswert) der gesamten Umweltkosten unter Berücksichtigung von Gleichung (5.1a) und $S(t_0) = S_0$ schreiben:

(5.2) $$J(S_0, t_0) = \min_{R_t} E_t \int_{t_0}^{\infty} e^{-\delta t} \left[D(S_t) + C(R_t) \right] dt \ .$$

Dabei bezeichnet $J(S_0, t_0)$ die Wertfunktion[16], die den optimalen Wert des Zielfunktionals bei gegebenem Schadstoffstock $S(t_0)$ und fortan optimaler Kontrolle der Emissionen im Sinne einer Minimierung der abdiskontierten Schadens- und Vermeidungskosten wiedergibt. Das Bellmansche Optimalitätsprinzip fordert hier, die aktuelle Emissionsentscheidung bzw. die Entscheidung über die Reduktion von Emissionen so zu wählen, daß

(5.3) $$J(S_0, t_0) = \min_{R} \left[(D(S_{t_0}) + C(R_{t_0}))(dt)\, e^{-\delta t_0} + E_{t_0} \left[J(S(t_0) + dS, t_0 + dt) \right] \right]$$

minimal wird[17].

---

[15] Vgl. z.B. Feichtinger, G. R. und F. Hartl (1986): Optimale Kontrolle ökonomischer Prozesse, Berlin, New York , S. 25ff.

[16] Vgl. Feichtinger, Hartl (1986), S. 25.

[17] In (5.3) kommt das grundlegende Bellmansche Optimalitätsprinzip zum Ausdruck, nach welchem jede Teilpolitik einer optimalen Politik optimal sein sollte. Der optimale Wert des Zielfunktionals läßt sich daher in

Geht man davon aus, daß die Wertfunktion zweimal stetig differenzierbar ist, so wird man versuchen, den dritten Term auf der rechten Seite durch eine Taylorreihenentwicklung zu approximieren. Dabei stellt sich jedoch das Problem, daß der Schadstoffstock S hier einen stochastischen Prozeß S darstellt und somit die gewöhnlichen Regeln des Differenzierens nicht anzuwenden sind. Ein als Ito's Lemma bekanntes Theorem gibt jedoch die Vorgehensweise des Differenzierens von stochastischen Prozessen an die Hand[18].

Unter Beachtung von Gleichung (5.1a) läßt sich schreiben:

(5.4)
$$\begin{aligned} J(S+dS,t+dt) &= J(S,t)+J_S\,dS+J_t\,dt+1/2\,J_{SS}\,(dS)^2+1/2\,J_{tt}\,(dt)^2 \\ &\quad +J_{St}\,(dS)(dt)+h.o.t \\ &= J(S,t)+J_S\,[(aF-R-\kappa\,S)dt+\sigma\,(S)\,dz]+J_t\,dt \\ &\quad +1/2\,J_{SS}\,[(aF-R-\kappa\,S)^2(dt)^2+\sigma(S)^2(dz)^2+2\,[(aF-R-\kappa\,S)(dt)\sigma(S)(dz)]] \\ &\quad +1/2\,J_{tt}\,(dt)^2+J_{St}\,(dt)(dS)+h.o.t.\,. \end{aligned}$$

Dabei bezeichnet h.o.t. Terme der Ordnung größer zwei. Die rechte Seite von Gleichung (5.4) läßt sich bei Beachtung der sich aus dem Ito-Theorem ergebenden Regeln der Multiplikation

$$(\mathrm{dt})^2=0,\ (\mathrm{dt})(\mathrm{dz})=0,\ \text{sowie}\ (\mathrm{dz})^2=\mathrm{dt}$$

wie folgt vereinfachen:

(5.5)
$$\begin{aligned} J(S+dS,t+dt) &= J(S,t)+J_S\,[(aF-R-\kappa\,S)dt+\sigma(S)\,dz]+J_t\,dt \\ &\quad +1/2\,J_{SS}\,\{(aF-R-\kappa S)^2(dt)^2+\sigma(S)^2(dz)^2+2(aF-R-\kappa S)(dt)\sigma(S)(dz)\} \\ &\quad +J_{St}\,\{[(aF-R-\kappa S)dt+\sigma(S)dz](dt)\}+h.o.t. \\ &= J(S,t)+J_S\,[(aF-R-\kappa S)dt+\sigma(S)dz]+1/2\,\sigma(S)^2(dt)J_{SS}+J_t\,dt+h.o.t. \end{aligned}$$

Zu beachten ist dabei, daß die Varianz der Veränderung des stochastischen Prozesses linear in t ist (vgl. oben). Durch Erwartungswertbildung vereinfacht sich (5.5) zu folgendem Ausdruck:

---

die unmittelbaren, im Zeitintervall (dt) auftretenden, Schadens- und Vermeidungskosten sowie in die Wertfunktion des Restprozesses mit dem Schadstoffbestand (S+dS) aufteilen.

[18] Vgl. Malliaris, A. G. and W.A. Brock (1982): Stochastic Methods in Economics and Finance, North-Holland, Amsterdam, S. 80.

(5.6) $E_t\ [J(S+dS,t+dt)] = J(S,t) + J_S\ (aF - R - \kappa\ S)dt + 1/2\, J_{SS}\ \sigma(S)^2\, dt + J_t\ dt + E_t[h.o.t.]$

Durch Einsetzen der rechten Seite von (5.6) in (5.3) erhält man nun den folgenden Ausdruck

$$J(S,t) = \min_R \left\{ [D(S) + C(R)](dt)e^{-\delta t} + J(S,t) + J_S(aF - R - \kappa S)dt + 1/2\, J_{SS}\sigma(S)^2\, dt + J_t\, dt \right\}$$

der sich durch Subtraktion von $J(S_0, t_0)$ und Division von dt wie folgt vereinfacht:

(5.7) $$-J_t = \min_R \left\{ [D(S) + C(R)]e^{-\delta t} + J_S(aF - R - \kappa S) + 1/2\, J_{SS}\, \sigma(S)^2 \right\}.$$

Für den Fall eines autonomen, diskontierten stochastischen Kontrollproblems mit unendlichem Zeithorizont hängt das Optimierungsproblem nicht explizit von der Zeit t ab, bzw. (5.2) ist nur über den Diskontfaktor von der Zeit abhängig. Durch eine einfache Erweiterung läßt sich daher für $J(S_0, t_0)$ auch schreiben (vgl. (5.2)):

$J(S_0, t_0) = e^{-\delta t_0} E \left\{ \min \int_{t_0}^{\infty} e^{-\delta(t-t_0)} [(D(S) + C(R)] dt \right\}$. Dabei hängt die Summe der Schadens- und Vermeidungskosten lediglich von dem Anfangsbestand des Schadstoffbestands ab, nicht jedoch von der Anfangszeit. Sofern man nun für $V(S_0) = \int_{t_0}^{\infty} [D(S) + C(R)]e^{-\delta(t-t_0)} dt$ bzw. $J(S,t) = e^{-\delta t}\, V(S)$ setzt, erhält man für $J_t = -\delta\, e^{-\delta t} V(S)$ und $J_S = e^{-\delta t} V_S$.

Bei konstanter sozialer Diskontrate[19] ergibt sich dann durch Einsetzen dieser Ausdrücke in (5.7) sowie durch anschließende Multiplikation mit $e^{\delta t}$ für das vorliegende autonome stochastische Kontrollproblem die sogenannte Hamilton-Jacobi-Bellman-Gleichung:

(5.8) $$\delta\, V(S) = \min_R \left\{ D(S) + C(R) + V_S(aF - R - \kappa S) + 1/2\, \sigma(S)^2\, V_{SS} \right\}$$

Gleichung (5.8) besitzt zentrale Bedeutung zur Lösung sowohl stochastischer als auch deterministischer dynamischer Optimierungsprobleme.

---

19 Vgl. dazu auch die Ausführungen und Kritik in Kap. 1.2.

Berücksichtigt man, daß V_S letztlich die marginalen zukünftigen Grenzschadenskosten eines vergrößerten Schadstoffbestands reflektiert, welche bisher durch den Schattenpreis p(t) angegeben wurden, so wird die Äquivalenz zu (4.3) bei deterministischer Entwicklung des Schadstoffbestands offenkundig. Mit Ausnahme des aufgrund der stochastischen Formulierung zustandekommenden dritten Terms ähnelt die Formulierung in (5.8) der Hamilton-Funktion in (4.3).

Somit liefert die Minimierung der Summe aus Vermeidungs- und Schadenskosten durch Differenzieren der rechten Seite von (5.29) nach der Entscheidungsvariablen R folgende Bedingung erster Ordnung

(5.9)
$$C'(R^*) - V_S = 0,$$
$$\text{bzw. } C'(R^*) = V_S \, .$$

Demnach sind die Emissionen so zu reduzieren, daß die Grenzvermeidungskosten der marginalen Bewertung einer weiteren Schadstoffeinheit, d.h. den marginalen Schadenskosten entsprechen. Durch die optimale Emissionsreduktionsentscheidung $R^*(t)$ wird (5.8) maximiert und $\mu(t) = V_S$, d.h. der aus der Kontrolltheorie im deterministischen Fall bekannte Schattenpreis $\mu(t)$ gibt an, wie sich der optimale Wert des Zielfunktionals bei einer infinitesimalen Erhöhung des Schadstoffbestandes ändert. Dabei unterscheidet sich das stochastische optimale Kontrollproblem von einer deterministischen Formulierung lediglich durch den Term $1/2\sigma(S)^2 \, V_{SS}$ (vgl. (5.8)). Die deterministische Version der HJB-Gleichung führt auf die gleichen Bedingungen erster Ordnung, wie das Maximumprinzip der Kontrolltheorie durch die Maximierung der Hamilton-Funktion[20]. Im weiteren erfolgt die Ableitung dieses Schattenpreises aus dem vorliegenden Ansatz.

Zunächst läßt sich für die erwartete Veränderung des Schattenpreises (V_S), d.h. die zu erwartende marginale Veränderung der Schadenskosten aufgrund einer Zunahme der akkumulierten Emissionen schreiben:

$$dV_S = V_{SS}\,(dS) + 1/2\, V_{SSS}\,(dS)^2 + h.o.t. \, ,$$

[20] Vgl. Feichtinger, G. F. und R. Hartl (1986), S. 25 ff., S. 140 ff., sowie Kamien, M. I. und N. L. Schwartz (1991), S. 259 ff.

bzw. unter Berücksichtigung von (5.1a) sowie der sich aus dem Ito-Theorem ergebenden Multiplikationsregeln

(5.10) $$dV_S = V_{SS}\left[(aF - R - \kappa S)dt + \sigma(S)dz\right]$$

$$+1/2\,V_{SSS}\left[(aF - R - \kappa S)^2(dt)^2 + 2(aF - R - \kappa S)(dt)\sigma(S)(dz) + \sigma(S)^2(dz)^2\right] + h.o.t.$$

$$= V_{SS}\left[(aF - R - \kappa S)dt + \sigma(S)dz\right] + 1/2\,V_{SSS}\,\sigma(S)^2\,dt + h.o.t..$$

Durch die Bildung des Erwartungswertes von (5.10) und anschließende Division durch dt ergibt sich für die Dynamik des Schattenpreises, der die erwarteten marginalen intertemporalen externen Kosten einer Zunahme des Schadstoffbestandes mit Hilfe der Wertfunktion $V(S)$ beschreibt:

(5.11) $$1/dt\,E\left(dV_S\right) = V_{SS}\left[aF - R - \kappa S\right] + 1/2\,V_{SSS}\sigma(S)^2 .$$

Durch Differenzieren der Hamilton-Jacobi-Bellman-Gleichung (5.8) nach der Zustandsvariablen S und anschließendes Einsetzen der die Wertfunktion maximierenden Kontrollvariablen R^* (vergleiche dazu auch die Ableitung der Entwicklung des Schattenpreises nach dem Pontryagin`schen Maximumprinzip in (4.2) ergibt sich für die Gleichung:

(5.12) $$\delta\,V_S = D'(S) + C'(R^*)\frac{\partial R^*}{\partial S} - V_S\frac{\partial R^*}{\partial S} - V_S\kappa + V_{SS}\left[aF - R^* - \kappa S\right]$$

$$+1/2\sigma(S)^2\,V_{SSS} + \sigma'(S)\sigma(S)V_{SS}\ .$$

Der fünfte und sechste Term auf der rechten Seite von (5.12) lassen sich offenbar durch die linke Seite von (5.11), die erwartete Veränderung des Schattenpreises ($1/dt\,E\left(dV_S\right) \equiv E(\dot{p})$, vgl. auch (4.9) in Kap. 4.2), ersetzen. Berücksichtigt man ferner die Bedingung erster Ordnung (5.9), so läßt sich durch weiteres Umordnen für (5.12) auch schreiben:

$$\delta V_S = D'(S) + 1/dt\,E\left(dV_S\right) - V_S\,\kappa + \sigma'(S)\sigma(S)V_{SS}\ ,$$

bzw.

$$p = V_S = \frac{D'(S) + 1/dt\, E(dV_S) + \sigma'(S)\sigma(S)V_{SS}}{\delta + \kappa}. \tag{5.13}$$

Somit ist die aktuelle Reduktion von Emissionen ceteris paribus (gegenüber dem deterministischen Fall) zu erhöhen, sofern die marginalen Vermeidungskosten ($V_S = C'(R) \equiv p$) steigen ($V_{SS} > 0$). Die Einführung von Unsicherheit in Form einer unbekannten Höhe der natürlichen Assimilationskapazität, welche durch die Varianz der Assimilationskapazität pro Zeiteinheit $\sigma(S)^2$ bezogen auf den gesamten Schadstoffbestand abgebildet wird, wirkt sich somit auf die Höhe der Emissionssteuer und damit auf die Höhe des angestrebten Schadstoffbestandes aus (vgl. Abb. 4.1 Aus Vereinfachungsgründen wird in der Abbildung von linearen Kurvenverläufen ausgegangen.). Im Unterschied zum deterministischen Fall (vgl. (4.9)) ist der Schattenpreis einer weiteren Schadstoffeinheit wegen $\sigma'(S) > 0$ um den Term $\sigma'(S)\sigma(S)V_{SS}$ zu vergrößern, welcher das mit dem Schadstoffbestand steigende Akkumulationsrisiko reflektiert. Zudem übersteigt die erwartete Veränderung des Schattenpreises für den Schadstoffbestand die Änderung desselben in einer Situation der vollständigen Information. Aufgrund des stochastischen Einflusses ist der erstgenannte Term größer als der letztgenannte Ausdruck, d.h. $1/dt\, E(dV_S) > \dot{p}$. Eine Erhöhung des Schadstoffbestandes erhöht demnach nicht allein die zukünftigen Grenzschadenskosten bzw. die zukünftigen Schattenpreise der Umweltnutzung (intertemporale externe Kosten), sondern führt zusätzlich zu einem Anstieg des zukünftigen Risikos bzgl. der Höhe der Schäden. Diese „intertemporalen externen Risikokosten" sind insofern der aktuellen Periode anzulasten und in der Schattenpreisdynamik zu berücksichtigen, welche die mit der Nutzung von Umwelt als Aufnahmemedium von Schadstoffen verbundenen Kosten durch ein geeignetes Zeitprofil des Schattenpreises ausweist.

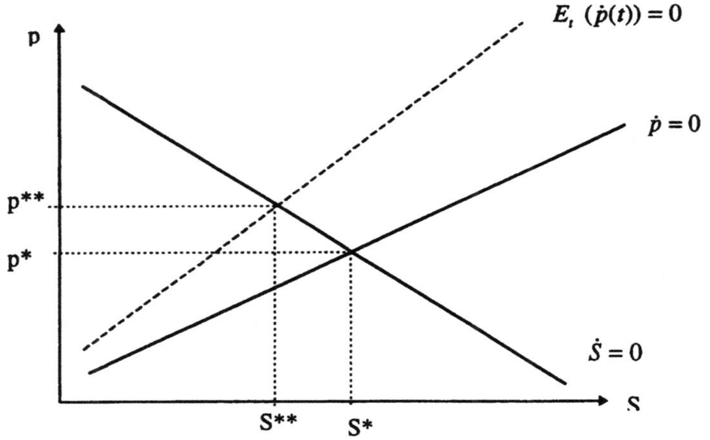

Abbildung 5.1: Gleichgewichtslösung bei unvollständiger Information
(Aus Vereinfachungsgründen sei ein linearer Verlauf unterstellt.)

Die mit der Akkumulation des Schadstoffbestandes verbundenen Unsicherheiten führen zu einer Zunahme der erwarteten Schadenskosten, da ein konvexer Verlauf der Schadensfunktion unterstellt wurde. Insofern kommt es zum einen aufgrund von Jensens Ungleichung[21] zu einem höheren Schattenpreis der Umweltnutzung[22]. Zum anderen erfordert ein schwankender Schadstoffbestand eine ständige Anpassung der Reduktionsanstrengungen. Von daher erscheint eine gegenüber der Situation der vollständigen Information hinausgehende Reduktionsanstrengung sinnvoll, da für die Vermeidungskosten ebenfalls ein konvexer Verlauf unterstellt wurde. Es wirken also beide Effekte in die gleiche Richtung.

Sofern eine weitere Reduktion von Emissionen die Vermeidungskosten stärker steigen läßt als eine Verringerung der Reduktionsanstrengungen diese sinken läßt, ist eine gegenüber dem Fall von vollständiger Information bezüglich der natürlichen Abbaukapazität restriktivere Emissionsentscheidung angezeigt. Steigende Unsicherheit führt somit im Mittel zu einem niedrigeren Verschmutzungsniveau. Dieser Sachverhalt ist darauf zurückzuführen, daß eine Zunahme der Unsicherheit sich in einem erhöhten erwarteten Schaden durch den Schadstoffbestand niederschlägt. Aus der Sicht des staatlichen Planers besteht ein Anreiz, dieses Risiko durch einen geringeren angestrebten Schadstoffbestand zu reduzieren.

---

[21] Vgl. z.B. Varian, H.(1992), S. 182.

[22] Im Unterschied zu den üblichen Betrachtungen etwa bei Siebert, H. (1992) bezieht sich die Unsicherheit in dem vorliegenden Fall nicht auf eine Schadstoffmenge, sondern auf die Bewegungsgleichung (Dynamik) der akkumulierten Schadstoffmengen. Insofern ist der Effekt der Unsicherheit auf den sogenannnten Jensen-Ito-Effekt zurückzuführen.

In Anbetracht der Unsicherheit sowie der immensen Risiken positiver und negativer Rückkopplungen in der Klimaproblematik, erscheint diese Modellierung angemessen. Wird der Begriff der Vermeidungskosten etwas weiter gefaßt und subsumiert man auch zukünftige Anpassungskosten an ein verändertes Klima darunter, so erscheint es gerechtfertigt, von steigenden Grenzvermeidungskosten auszugehen.

Die Weitergabe eines Schadstoffbestandes an zukünftige Generationen kann gewissermaßen als eine Art „Kapitalstock" aufgefaßt werden, welcher allerdings keinen positiven Ertrag, sondern Schäden hervorruft. Ähnlich wie ein gewöhnlicher Kapitalstock folgt die „effektive Nutzung" des Schadstoffbestandes der Diskontrate, bzw. in dem hier vorliegenden Fall der sozialen Diskontrate, da der Schadstoffbestand den Charakter eines „öffentlichen Gutes" besitzt. Da eine proportionale Assimilationskapazität unterstellt wurde, sind die Grenzschäden bei vollständiger Information im Steady-State mit der Nettodiskontrate ($\delta + \kappa$) abzudiskontieren. Mit anderen Worten: Der kapitalisierte Wert der Grenzschäden („marginaler Gesamtperiodenschaden") ist in diesem Fall $\frac{D'(S)}{\delta + \kappa}$ (vgl. (4.9)). Aufgrund der Effekte von Unsicherheit im Hinblick auf die Akkumulationsdynamik ergibt sich durch einfaches Umstellen von Gleichung (5.13) dagegen:

$$(\delta + \kappa) - \frac{\sigma'(S)\sigma(S)V_{SS}}{V_S} = \frac{D'(S) + 1/dt\, E(dV_S)}{V_S}. \tag{5.14}$$

Wie aus Gleichung (5.14) hervorgeht, sind demnach die Grenzschäden mit einer geringeren Nettodiskontrate abzudiskontieren, welche dem sich aus der unsicheren Entwicklung des Schadstoffbestandes ergebenden intertemporalen Risiko Rechnung trägt. Der zweite Term auf der linken Seite kann als Maß der absoluten Risikoaversion (nach Arrow-Pratt) aufgefaßt werden[23], da $r(S) = -\frac{V_{SS}}{V_S}$. Somit bezeichnet der Ausdruck eine Art intertemporale Risikoprämie, die zu dem bekannten, die intertemporalen externen Kosten einer Schadstoffeinheit reflektierenden, Schattenpreis hinzukommt.

Aufgrund der mit der Nutzung von Umwelt als Schadstoffaufnahmemedium verbundenen Risiken wird das Allokationsproblem des öffentlichen Gutes Umwelt durch risikoanalytische Aspekte überlagert. Die allokationspolitische Relevanz dieser Risiken ist auf die „öffentliche-

---

[23] Vgl. Pindyck, R.S. (1984): Uncertainty in the Theory of Renewable Resource Markets, Review of Economic Studies, Vol. 51, S. 294. In dem vorliegenden Fall ist aber r(S)< 0, da $V_{SS} > 0$.

Gut-Eigenschaft" von Umweltqualität zurückzuführen, und das Risiko ist im Unterschied zu einzelwirtschaftlichen Risken demnach volkswirtschaftlicher bzw. gesellschaftlicher Natur. Im Hinblick auf die Frage, inwiefern die Existenz dieser Umweltrisiken (bzw. das bisher betrachtete Akkumulationsrisiko) die Nutzung von Umwelt und damit das anzustrebende Umweltqualitätsziel beeinflußt, ist zu beachten, daß Umweltrisiken im Unterschied zu vielen anderen Risiken endogener Natur sind, d.h. auf die Emissionsentscheidungen der wirtschaftlichen Akteure zurückzuführen sind. Daher sind die erwarteten zukünftigen Umweltschäden bei der Ausweisung aktueller Knappheitspreise zu berücksichtigen.

Eine am Vorsorgeprinzip orientierte präventive Umweltpolitik ist in erster Linie auf das Umweltqualitätsziel bezogen und fordert, daß bei erwarteten Umweltrisiken ein höheres Maß an Umweltqualität vorzuhalten ist[24]. Die Differenz kann dabei als eine Risikoprämie aufgefaßt werden, da das Erreichen eines bestimmten Umweltqualitätszieles unwahrscheinlicher wird[25]. Dabei wird zum einen ein durch Risikoaversion geprägtes Verhalten des staatlichen Planers vorausgesetzt, und zum anderen ist bei der Ableitung der Ergebnisse zu beachten, daß „...this analysis is highly speculative"[26]. Wie zu erwarten, ist in dem Modellrahmen von Siebert (1992) oder Simonis (1984) das Umweltqualitätsziel abhängig von dem Grad der unterstellten Risikoaversion. Ein größeres Maß an Risikoaversion des staatlichen Planers führt demnach im Ergebnis zu einem höheren Umweltqualitätsziel. Die Ermittlung der gesellschaftlichen Risikoeinstellung wirft jedoch ähnliche Probleme wie die Wahl einer sozialen Diskontrate auf[27].

Für die Ableitung der obigen Ergebnisse wurde dagegen ein risikoneutrales Verhalten des staatlichen Planers unterstellt. Durch die Berücksichtigung des Zusammenhangs, daß sich Schadstoffe meist in nicht vorherzusehender Weise in den verschiedenen Umweltmedien akkumulieren, wird Risiko in einem dynamischen Kontext (Akkumulationsrisiko) eingeführt. Eine vorsorgende Umweltpolitik ist aus dieser Sicht interessant, sofern die später anfallenden „Korrekturkosten" die heutigen Vermeidungskosten übersteigen. Von entscheidender Bedeutung (vor allem aus empirischer Sicht) ist in diesem Zusammenhang selbstverständlich die Höhe der sozialen Diskontrate, mit der die intertemporale Gewichtung von Vermeidungs- und Schadenskostenströmen vorgenommen wird, und Kosten somit in die Zukunft verschoben werden können. Mit der Höhe der Assimilationskapazität wird jedoch auch der Grad der Irreversibilität des Schadstoffbestands und daher auch der der zukünftigen Umweltschäden determi-

---

[24] Vergleiche dazu die Ausführungen in Siebert, H. (1992), die sich jedoch auf einen statischen bzw. komparativ-statischen Modellrahmen beschränken.

[25] Vgl. dazu die Ausführungen in Siebert, H. (1992), S. 255 ff. zur präventiven Umweltpolitik und zur Frage der Berücksichtigung von Unsicherheit in einem intertemporalen Modellkontext.

[26] Siebert, H. (1992), S. 255.

[27] vgl. ebenda, S. 251.

niert. Wie aus Gleichung (5.13) ersichtlich, verändern sich der Schattenpreis und somit auch die Grenzvermeidungskosten mit der natürlichen Abbaukapazität κ. Ferner wird in der einschlägigen Literatur diskutiert, ob die Methode der Diskontierung im Zusammenhang mit vollständigen Irreversibilitäten (κ=0) überhaupt zulässig ist[28]. Dies hätte in dem vorliegenden Fall mit (δ=0) zur Folge, daß die Grenzvermeidungskosten für $\kappa \rightarrow 0$ unendlich groß würden und damit S=0 zu wählen wäre[29].

Durch die Einführung von Unsicherheit bezüglich der Akkumulationsdynamik des Schadstoffbestandes gemäß (5.1a) erhöht sich der Schattenpreis einer weiteren Schadstoffeinheit um die intertemporalen Risikokosten (vgl. (5.13)), und demzufolge sind die Reduktionsanstrengungen ceteris paribus höher als im Fall der vollständigen Information. Aufgrund des bislang unterstellten Zusammenhangs bedeutet die Verringerung von Emissionen nicht nur die Verringerung der erwarteten Veränderung des Schadstoffbestandes, sondern auch die Verringerung der Varianz von S (sofern $\sigma'(S) > 0$). Neben dem direkten Effekt der Emissionsreduktion findet daher eine Verringerung von Unsicherheit im Hinblick auf die tatsächliche Höhe des Schadstoffbestandes statt. Insofern ist das gegenüber dem deterministischen Fall strengere Emissionsreduktionsziel durch den zusätzlichen Informationsgewinn von Vermeidungsmaßnahmen zu begründen. Dies trifft natürlich nur für den Fall zu, daß die Nettoemissionen (abzüglich der vermiedenen Emissionen) die natürliche Assimilationskapazität übersteigen, d.h. $1/dt\, E(dS) > 0$[30].

Es ist jedoch grundsätzlich möglich, daß mit der Zunahme des Schadstoffbestandes Informationen über dessen Entwicklung in der Zeit offengelegt werden und somit die Unsicherheit bezüglich der zukünftigen Entwicklung, die sich anhand der Standardabweichung $\sigma(S,t)$ quantifizieren läßt, verringern, d. h. $\partial\sigma/\partial S < 0$. Die aktuellen Emissionen sollten dann das sicherheitsäquivalente Ergebnis übersteigen, da mit dem gesellschaftlichen Konsum von fossiler Energie in der Gegenwart ein zusätzlicher Nutzen in Form von Informationsgewinn verbunden ist. Vermeidungsanstrengungen werden dagegen aufgeschoben, um die zukünftigen Informationen für eine zuverlässigere Entscheidung nutzen zu können.

---

[28] Vgl. Siebert, H. (1992), S. 257.

[29] Dieser Sachverhalt der unendlich hohen Kosten der Wiederherstellung bzw. Beseitigung von Umweltschäden wird häufig zur Definition von reinen Irreversibilitäten verwendet. Vgl. Siebert, H. (1992), S. 257, und bereits Weisbrod, B. (1964): Collective-Consumption Services of Individual-Consumption Goods, Quarterly Journal of Economics, 78, S. 471-477. Die Problematik irrevesibler ökonomischer Entscheidungen ist selbstverständlich nicht auf Umweltschäden beschränkt.

[30] Dies entspricht wohl der aktuellen Situation in der Treibhausproblematik. Das bislang erreichte Konzentrationsniveau an Treibhausgasen wird häufig noch nicht als kritisch betrachtet, vielmehr entsteht das Problem, sofern wir aktuelle Emissionstrends in die Zukunft verlängern.

Diese Schlußfolgerung scheint zunächst nicht im Einklang mit den von Arrow und Fisher (1974)[31] gewonnnenen Ergebnissen zu stehen. Arrow und Fisher (1974) zeigen anhand eines Zwei-Perioden-Modells, daß eine irreversible Entscheidung bezüglich eines Umweltgutes in einer Situation, in der „Lernen" stattfindet, um einen sogenannten Quasi-Optionswert zu ergänzen ist, welcher zu einer präventiven Entscheidung führt. „Essentially, the point is that the expected benefits of an irreversible decision should be adjusted to reflect the loss of options it entails."[32] Demnach wäre eine irreversible Emissionsentscheidung hinsichtlich der zulässigen Emissionshöhe nach unten zu korrigieren. Dagegen argumentieren Miller und Lad (1984)[33], daß eine Analyse der Informationsstruktur im Hinblick auf sequentielle Entscheidungen selbst bei Vorhandensein von Irreversibilitäten nicht notwendig zu den von Arrow und Fisher (1974) getroffenen Schlußfolgerungen führen muß. Vielmehr kann in Abhängigkeit von der sogenannten „Informationsproduktionsfunktion" der erwartete Nutzen um den mit der schrittweisen Durchführung einer Investitionsentscheidung (bzw. dem Aufbau eines Schadstoffbestandes in dem vorliegenden Fall) verbundenen Nutzen in Form von Informationsgewinn gesteigert werden. Diese Informationsstruktur läßt sich auch als „active learning" bezeichnen. In dem hier vorliegenden Entscheidungsproblem besäße der Aufbau eines Schadstoffbestandes Experimentcharakter im Hinblick auf die Stabilität oder Veränderung des Klimagleichgewichts mit ungewissem Ausgang. Im Unterschied zu Arrow und Fisher (1974), die den Fall der vollständigen Irreversibilität in einem Zwei-Perioden-Modell betrachten, ist das hier skizzierte Modell „nur" nach Maßgabe der natürlichen, ungewissen Assimilationskapazität κ partiell irreversibel. Aus empirischer Sicht dürfte dieser Fall jedoch von größerer Bedeutung sein, da nahezu alle Entscheidungen bei hinreichend langem Betrachtungszeitraum als reversibel angesehen werden können. Selbst wenn in einigen Jahrzehnten eine drastische Reduktion klimarelevanter Treibhausgasemissionen vorgenomen werden sollte, kann es mehrere Jahrzehnte dauern, bis diese Maßnahmen sich in einer Verminderung des Schadstoffbestandes niederschlagen. Zudem erkennt Viscusi, W. K. (1988): „In the case of carbon dioxide buildup in the atmosphere, the exact nature of the relationship among the burning of fossil fuels, carbon dioxide buildup, the impact on the climate, and the economic implications of climatic changes are not fully understood. ... An additional uncertainty is whether or not these changes are irreversible. ... Perhaps the greatest practical implication of these results is that the extreme assumption of certain irre-

[31] Vgl. Arrow, K. J. und A. C. Fisher (1974).
[32] Arrow, K. J. und A. C. Fisher (1974), S. 319.
[33] Miller, J. R. and F.Lad (1984): Flexibility, Learning, and Irrversibility in Environmental Decisions: A Bayesian Approach, Journal of Environmental Economics and Management, Vol. 11, S. 162 ff.

versibility is not required for any of the qualitative insights of the irreversibility literature to be applicable. "[34]

Für den oben erläuterten Fall findet zwar ein nach Maßgabe der Höhe der natürlichen Assimilationskapazität (partiell) irreversibler Aufbau eines Schadstoffbestandes statt, jedoch kommt der Effekt der Irreversibilität nur dann zustande, wenn der erwartete Schadstoffbestand S bereits „zu hoch" ist und daher $(aF - R^*) < \kappa S$ bzw. $1/dt\, E[dS] < 0$, während für $1/dt\, E[dS] > 0$ ein Irreversibilitätseffekt nicht gegeben ist. Der letztgenannte Fall dürfte wohl die gegenwärtige Situation in der Treibhausproblematik beschreiben. Sofern man jedoch $1/dt\, E[dS] < 0$ unterstellt, dreht sich das Vorzeichen von $\partial\sigma/\partial S < 0$ um, und der Term in (5.13) spiegelt den Effekt des Quasi-Optionswertes in einer Situation des „active learning" wider (vgl. dazu auch Kapitel 5.5.1).

5.3 Unsicherheit bezüglich der Bewertung der zu erwartenden Schäden

Die Abschätzung der natürlichen Assimilationskapazität ist in vielen Umweltproblemen mit erheblicher Unsicherheit behaftet. Sie ist jedoch für die Ermittlung der zukünftigen Entwicklung des Schadstoffbestandes von entscheidender Bedeutung, da zum einen die optimale Allokation der Umweltnutzung über die Zeit an der Dynamik der Schadstoffakkumulation zu orientieren ist, und zum anderen durch sie der Grad der Irreversibiltität von Umweltverschmutzung bestimmt wird. Eine parametrische Veränderung der natürlichen Assimilationskapazität verschiebt die $\dot{S} = 0$-Kurve und erfordert ein verändertes Zeitprofil des Schattenpreises.

Weitaus schwieriger als die Prognose von akkumulierten Schadstoffbeständen in Abhängigkeit von Emissionen und assimilierten Schadstoffmengen ist jedoch die Bestimmung und Erfassung der mit einem bestimmten Schadstoffbestand verbundenen monetären Umweltkosten[35].

Um den mit einer Akkumulation eines Schadstoffbestandes einhergehenden Unsicherheiten bezüglich der zu erwartenden Umweltkosten infolge von ökologischen Komplexitäten als auch nicht zu klärender Fragen der monetären Bewertung dieser Umweltschäden Rechnung zu tra-

---

[34] Viscusi, W. K. (1985): Environmental Policy Choice with an Uncertain Chance of Irreversibility, Journal of Environmental Economics and Management, Vol. 12, S. 29, S. 43.

[35] Eine ganze Reihe von teilweise sehr komplexen Klimamodellen zur Abschätzung der Folgen einer erhöhten Konzentration von Treibhausgasen spiegeln das große Maß an Unsicherheit aus der naturwissenschaftlichen Perpektive wider. Die mit der monetären Bewertung der zu erwartenden Schäden beschäftigte volkswirtschaftliche Analyse von Klimaänderungen, welche sich ebenfalls mit erheblichen Problemen konfrontiert sieht, wird durch diese Vorgaben nicht gerade erleichtert. Vgl. MacDonald, G.J. (1988): Scientific Basis for the Greenhouse Effect., Journal of Policy Analysis and Management, Vol. 7, S. 425-444, und Deutscher Bundestag (1990) : Dritter Bericht der Enquete-Kommission: „Vorsorge zum Schutz der Erdatmosphäre", Bonn, für eine Übersicht über einige dieser Modelle.

gen, wird im folgenden das intertemporale Risiko mittels eines stochastischen Prozesses (Wiener Prozeß) in die Schadensfunktion eingeführt. Die bewerteten Umweltschäden sind somit abhängig von dem erreichten Niveau des Schadstoffbestandes S_t, sowie von der Realisation des stochastischen Prozesses θ_t , d.h. $\tilde{D}(S_t, \theta_t)$.

Um die weitere Analyse möglichst einfach zu halten und die Implikationen der Unsicherheit der natürlichen Assimilationskapazität von der nun folgenden Fragestellung zu trennen, sei unterstellt, daß die Dynamik des Schadstoffbestandes bekannt ist, d.h.

(4.5) $$\dot{S}(t) = aF(t) - \kappa\, S(t).$$

Insbesondere um den Einfluß möglicher Rückkopplungsmechanismen zu berücksichtigen und der damit verbundenen Bewertung von zukünftigen Umweltschäden Rechnung zu tragen[36], sei der folgende stochastische Prozeß unterstellt:

(5.15) $$\omega_t = \theta_t^{\lambda} ,$$

wobei für θ_t gelte:

(5.16) $$d\theta_t = \sigma\theta_t\, dz .$$

Dabei bezeichnet z eine standardisierte Brown´sche Bewegung (Wiener-Prozeß), dessen Veränderung in der Zeit sich wie folgt angeben läßt: $dz = \varepsilon_t \sqrt{dt}$. Die Variable ε_t bezeichnet in diesem Zusammenhang eine Zufallsvariable mit einem Erwartungswert von null und einer Varianz von eins. Für den Erwartungswert von θ_v (für v>t) erhält man somit θ_t , während das anhand der Varianz gemessene Risiko linear mit der Länge der Zeitperiode steigt, $(v-t)\sigma^2$, d.h. der Grad an Ungewißheit im Entscheidungsprozeß wächst, je länger der betrachtete Zeithorizont ist. Mit Hilfe des Parameters λ sollen mögliche Rückkopplungseffekte erfaßt werden, die einen verstärkenden Einfluß (für λ>1) bezüglich der Höhe der Schäden, bzw. einen dämpfenden Effekt (für λ<1) ausüben. Die bewerteten Umweltschäden seien daher gleich

---

[36] Vgl. die Ausführungen in Bauer, A. (1993): Der Treibhauseffekt, Tübingen, S. 36 ff., zu einem Überblick über die im Zusammenhang mit dem Treibhauseffekt diskutierten Rückkopplungsmechanismen, die sowohl verstärkende als auch dämpfende Wirkungen entfalten können.

(5.17) $$\tilde{D}(S_t, \theta_t) = \theta_t^{\lambda} S_t \quad .$$

Für eine gegebene Höhe des akkumulierten Schadstoffbestandes bezeichnet $V(S_t, \theta_t)$ die Wertfunktion, welche die Differenz aus den abdiskontierten Nutzenbeiträgen und den aus dem Schadstoffbestand resultierenden Strom an Umweltkosten maximiert. Der risikoneutrale staatliche Planer maximiert somit den erwarteten Nettonutzen unter Berücksichtigung der Veränderung der akkumulierten Schadstoffmengen (Gleichung (4.5)) sowie der stochastischen Natur der Schäden (Gleichungen (5.16), (5.17)). Dabei sei wieder ein unendlicher Planungshorizont unterstellt, um den Interessen zukünftiger Generationen Rechnung zu tragen[37].

(5.18) $$V(S_t, \theta_t, t) = \max_{F_v} E_t \int_t^{\infty} \left\{ B(F_v) - \tilde{D}(S_v, \theta_v) \right\} e^{-\delta v} \, dv .$$

$$= \left[\max E_t \int_t^{\infty} \left\{ B(F_v) - \tilde{D}(S_v, \theta_v) e^{-\delta (v-t)} \right\} dv \right] e^{-\delta t}$$

Zur Lösung dieses stochastischen Kontrollproblems wird im folgenden die Hamilton-Jacobi-Bellman-Gleichung abgeleitet[38]. Dahinter steht die Frage, welche zusätzlichen Umweltkosten zukünftigen Generationen durch die Vergrößerung des Schadstoffbestandes auferlegt werden. Diese sind dem zusätzlichen (aktuellen) Nettonutzen aus der Nutzung fossiler Energie gegenüberzustellen. Wie bereits oben erläutert, erfordert jede Teilpolitik einer über den gesamten Betrachtungszeitraum optimalen Politik die Optimalität bezüglich der folgenden Entscheidungen. Dies bedeutet nichts anderes, als daß die aktuelle Emissionsentscheidung so zu treffen ist, daß sie im Hinblick auf die zu erwartenden (zukünftigen) Umweltschäden optimal ist, d.h. den erwarteten Gegenwartswert der Nutzen- und Kostenströme maximiert. Dies läßt sich formal durch folgende Bedingung kennzeichnen[39]:

(5.19) $$-V_t(S, \theta, t) = \max_F \left\{ B(F, t) - \tilde{D}(S, \theta, t) + 1/dt \, E_t \, (dV) \right\} ,$$

bzw. $$\delta \, V(S, \theta) = \max_F \left\{ B(F) - \tilde{D}(S, \theta) + 1/dt \, E_t \, (dV) \right\},$$

---

[37] Vgl. Kapitel 1.2 zur Diskontierung und den Fragen einer intertemporalen Gerechtigkeit.

[38] Vgl. Feichtinger, G. und Hartl, R.F. (1986), S. 26 f. und S. 555 ff. oder Malliaris, A.G. and W.A. Brock (1982): Stochastic Methods in Economics and Finance, New York, S. 108 ff.

[39] Vgl. ebenda zur Ableitung der Hamilton-Jacobi-Bellman-Gleichung für stochastische Kontrollprobleme.

da der betrachtete Zeithorizont unendlich ist und ein autonomes Optimierungsproblem vorliegt. Hier wird der „Stock-" oder Kapitalgut-Charakter der akkumulierten Emissionen deutlich, von welchem ein Strom von sozialen Umweltkosten ausgeht, die mit der sozialen Diskontrate δ abdiskontiert werden. Entscheidend dabei ist jedoch, daß die Höhe dieser Schäden unsicher ist. Sie wird zum einen beeinflußt durch die Höhe der bereits akkumulierten Emissionen plus die Veränderung der akkumulierten Schadstoffmengen aus den (zukünftigen) Emissionen und den durch die Umwelt assimilierten Schadstoffmengen (S_t), zum anderen durch den stochastischen Prozeß θ_t. Die erwartete Veränderung des Barwertes der monetarisierten Umweltschäden ist abhängig von einem deterministischen Teil, der durch die Emissionsentscheidung des staatlichen Planers bestimmt wird, sowie einer durch die Natur bestimmten stochastischen Komponente. Dies erklärt die Form von (5.40).

(5.20) $$dV = V_S\, dS + V_\theta\, d\theta + 1/2\, V_{SS}\, (dS)^2 + 1/2\, V_{\theta\theta}(d\theta)^2 + V_{\theta S}\, (dS)(d\theta) + h.o.t.\,.$$

Durch Einsetzen der Bewegungsgleichung des Schadstoffbestandes (4.5) sowie von (5.16) erhält man folgende Taylorreihenapproximation 2. Ordnung für dV:

(5.21) $$dV = V_S\,[aF - \kappa S]\,dt + V_\theta \sigma\theta\, dz + 1/2\, V_{SS}\,[aF - \kappa S]^2 (dt)^2 + 1/2\, V_{\theta\theta}\, \sigma^2\theta^2 (dz)^2$$

$$+ V_{\theta S}\, \{\sigma\theta\, dz[aF - \kappa S]dt\} + h.o.t..$$

Unter Berücksichtigung der sich aus dem Ito-Theorem ergebenden Differentiationsregeln (vgl. oben), ergibt sich für den Erwartungswert von (5.21):

(5.22) $$E_t(dV) = V_S\,[aF - \kappa S]dt + 1/2\, V_{\theta\theta}\, \sigma^2\theta^2 dt\,.$$

Nach Einsetzen der rechten Seite von (5.22) in (5.19), kann man folgende HJB-Gleichung für das vorliegende stochastische Kontrollproblem (4.5), (5.15)-(5.18) erhalten:

(5.23) $$\delta\, V(S,\theta) = \max_F\left\{\left[B(F) - \tilde{D}(S,\theta)\right] + V_S(aF - \kappa S) + 1/2\, V_{\theta\theta}\, \sigma^2\theta^2\right\}.$$

Dabei unterscheidet sich die Gleichung nur durch den Term $1/2\, V_{\theta\theta}\sigma^2\theta^2$ von einer deterministischen Formulierung, welche auch auf die notwendigen Bedingungen der optimalen Kontrolle führt. Die partielle Ableitung der Wertfunktion nach der Zustandsvariablen (V_S) entspricht damit der Kozustandsvariablen bei der Formulierung der Hamilton-Funktion des deterministischen Problems. Die Kozustandsvariable ist als Schattenpreis zu interpretieren, welcher die Auswirkungen der aktuellen Emissionsentscheidung auf den Schadstoffbestand widerspiegelt. Der Schattenpreis gibt hier die erwarteten, bewerteten Umweltschäden einer zusätzlichen Einheit des Schadstoffbestandes wieder. Der unmittelbare Effekt der Emissionsentscheidung auf die Wertfunktion bezeichnet dagegen den gesellschaftlichen Nettonutzen aus der Verwendung fossiler Energieressourcen. Aus der Maximierung der rechten Seite von (5.23) erhält man folgende Optimalitätsbedingung:

(5.24) $$B'(F) = -aV_S \quad .$$

Demnach ist die Verwendung fossiler Energie so zu wählen, daß der Grenznutzen aus der Nutzung gleich der marginalen Bewertung des mit der Vergrößerung des Schadstoffbestandes um eine weitere Einheit verbundenen, gesellschaftlichen Umweltschadens ist. Die partielle Ableitung der Wertfunktion nach dem Schadstoffbestand mißt somit den Verlust an gesellschaftlicher Wohlfahrt einer weiteren Schadstoffeinheit multipliziert mit dem Emissionskoeffizienten und ist somit negativ. Sie gibt die sozialen Grenzkosten der Nutzung der Umwelt als Aufnahmemedium für Schadstoffe und damit den Schattenpreis bzw. die optimale Emissionssteuer an. Bislang ist jedoch nicht erkennbar, inwiefern der Aspekt der Unsicherheit die Entscheidung über die Höhe der Emissionen beeinflußt.

Sofern man für den sozialen Nutzen der Verwendung fossiler Energie (letztlich können wir die Nutzung der Umwelt als Aufnahmemedium für Schadstoffe als einen solchen auffassen) einen konkaven Verlauf, bzw. explizit $B(F) = F^\beta$ (mit $\beta \in (0,1)$) unterstellt, was einen abnehmenden Grenznutzen bzw. steigende Grenzvermeidungskosten impliziert, läßt sich für (5.23) schreiben:

(5.25) $$\delta\, V(S,\theta) = (1-\beta)F^\beta - \omega\, S - \kappa\, S\, V_S + 1/2\sigma^2\theta^2\, V_{\theta\theta} \quad .$$

Um eine Aussage bezüglich der mit dem Unsicherheitsaspekt verbundenen Implikationen der weiteren Nutzung fossiler Energie zu erlangen, sei zur Ableitung einer expliziten Lösung dieser

Differentialgleichung zunächst der erwartete Gegenwartswert des Grenzschadens einer weiteren Schadstoffeinheit ab dem Zeitpunkt t bestimmt.

Unter Berücksichtigung der natürlichen Assimilationskapazität und der sozialen Diskontrate sowie der in (5.15)-(5.17) beschriebenen Zusammenhänge ergibt sich für den erwarteten Gegenwartswert[40] einer zusätzlichen Einheit des Schadstoffstocks s_t :

$$(5.26) \quad s_t = -E_t \int_t^{\infty} \omega_t \, e^{-(\delta+\kappa)(v-t)} \, dv = -E_t \int_t^{\infty} \theta_t^{\;\lambda} \, e^{-(\delta+\kappa)(v-t)} \, dv = -\frac{\theta_t^{\;\lambda}}{\delta + \kappa - 1/2\sigma^2(\lambda-1)\lambda} .$$

Wie zu erwarten, wirken sowohl die soziale Diskontrate als auch die Rate der Abbaukapazität in die gleiche Richtung. Während erstere die Bewertung zukünftiger Schäden determiniert, bestimmt letztere die zukünftige Entwicklung des Schadstoffbestands mit. Entscheidend für den Unsicherheitsaspekt scheint offenbar die Größe von λ , die den dämpfenden oder sich verstärkenden Einfluß von Rückkopplungsmechanismen erfaßt. Für $\lambda>1$ bedeutet eine Zunahme der Unsicherheit (gemessen an der Varianz des Wiener-Prozesses) eine Zunahme des erwarteten Gegenwartswertes des Grenzschadens, während für $\lambda<1$ das Umgekehrte gilt. Lediglich für den Fall $\lambda = 1$ ist der Effekt der Unsicherheit zu vernachlässigen[41].

Zusammen mit (5.26) können wir eine Lösung für die in (5.25) gegebene Differentialgleichung (unter Berücksichtigung von (5.24)) angeben

$$(5.27) \qquad V(S_t, \theta_t) = s_t \, S + \frac{(1-\beta)\left(a s_t / \beta\right)^{\frac{\beta}{\beta-1}}}{\delta - 1/2\,\sigma^2 \dfrac{\beta\lambda(1+\beta\lambda-\beta)}{(\beta-1)^2}} .$$

Aufgrund der für die Schadensfunktion gewählten Spezifikation besteht ein linearer Zusammenhang zwischen der Wertfunktion und der akkumulierten Schadstoffmenge.

Im Hinblick auf die Nutzung fossiler Energie ergibt sich somit für die in (5.24) formulierte Optimalitätsbedingung

---

[40] Vgl. zur Ableitung des Gegenwartswertes einer geometrischen Brownschen Bewegung: Dixit, A. (1993): The Art of Smooth Pasting, Vol. 55, Fundamentals of Pure and Applied Economics, Chur, Switzerland, S. 10.

[41] Dies ist letztlich darauf zurückzuführen, daß wir für $\lambda>1$ eine konvexe und für $\lambda<1$ eine konkave Funktion haben und die Auswirkungen der Unsicherheit sind somit Ausdruck des sogenannten Jensen-Ito-Effektes. Vgl. dazu Dixit, A. (1993), S. 4 .

$$F_t = \left(\frac{a\theta_t^{\ \lambda}}{\beta\,(\delta + \kappa - 1/2\sigma^2\lambda(\lambda - 1))} \right)^{\frac{1}{\beta-1}} . \qquad (5.28)$$

Im Einklang mit den bisherigen Ergebnissen ist für den Fall, daß von sich verstärkenden Rückkopplungsmechanismen ausgegangen werden kann, bei einer Zunahme der Unsicherheit (gemessen anhand der Varianz σ^2) eine Verringerung des fossilen Energieverbrauchs, und damit einhergehend geringere Emissionsraten, angezeigt. Diese Schlußfolgerung kann gezogen werden, obwohl ein linearer zwischen der Entwicklung des Schadstoffbestandes und den Schäden unterstellt wurde. Sofern sich verstärkende Rückkopplungsmechanismen unterstellt werden können, ist selbst bei Annahme von Risikoneutralität ceteris paribus eine im Vergleich zur Situation der vollständigen Information präventivere Emissionsentscheidung optimal.

5.4 Interaktion zwischen Akkumulations- und Inzidenzrisiko

Nicht nur in der Treibhausproblematik, sondern auch in vielen anderen umweltökomomischen Fragestellungen überlagern sich die aus einer ungewissen Akkumulation von Schadstoffen ergebenden Risiken mit jenen, welche aus der Ungewißheit bezüglich der Höhe der auftretenden Schäden für einen gegebenen Schadstoffbestand resultieren[42]. Neben der bereits im vorangehenden Abschnitt betrachteten Möglichkeit des Auftretens von Rückkopplungsmechanismen[43] sind unter dem Begriff des Schadensrisikos die unsicheren Folgen für Mensch und Umwelt sowie die zur Internalisierung der Kosten erforderliche unsichere monetäre Bewertung dieser Folgen zu subsumieren. Insbesondere vor dem Hintergrund eines langen Betrachtungszeitraumes gewinnen die Umweltrisiken durch die Bewertungsunsicherheit an Bedeutung. Mit der Verschiebung von Präferenzen für das Gut Umwelt über die Zeit geht eine veränderte Bewertung von Umweltschäden einher.

Zur Abbildung dieses Schadenrisikos sei daher folgender stochastischer Prozeß unterstellt:

$$d\theta_t = \sigma_1 (S,\theta)\, dz_1 \quad . \tag{5.29}$$

Im Unterschied zu dem in Gleichung (5.17) angenommenen proportionalen Zusammenhang zwischen der Höhe der Umweltschäden und dem akkumulierten Schadstoffbestand bezeichne $\tilde{\tilde{D}}(S_t,\theta_t)$ die Schadensfunktion, wobei die Funktion einen konvexen Verlauf bezüglich des Schadstoffbestandes S_t als auch bezüglich θ_t aufweise. Die Volatilität des Schadenrisikos sei eine Funktion des akkumulierten Bestandes an Emissionen sowie der Realisation des stochastischen Prozesses. Dabei erscheint es plausibel, ein mit der Höhe des Schadstoffbestandes steigendes Risiko anzunehmen, d.h. $\frac{\partial \sigma_1}{\partial S} > 0$. Der stochastische Term dz_1 stellt, wie bereits oben erläutert, die Veränderung eines Wiener-Prozesses $z_1(t)$ dar und folgt somit einer Brown'schen Bewegung, d.h. $dz_1 = \varepsilon_1(t)\sqrt{dt}$ und $\varepsilon_1(t)$ stellt eine nicht autokorrelierte, normalverteilte Zufallsvariable mit einem Erwartungswert von null und einer

---

[42] Vgl. Siebert, H. (1988): Haftung ex post versus Anreize ex ante: Einige Gedanken zur Umweltpolitik bei Unsicherheit, in: F. Nicklisch (Hrsg.): Prävention im Umweltrecht, Schriftenreihe Technologie und Recht, S. 111-132, zu einer Systematisierung von Umweltrisiken.

[43] Vgl. auch Deutscher Bundestag (1990), S. 88 ff.

Varianz von eins dar. [44]

Die optimale Allokation von Umwelt in einem intertemporalen Kontext erfordert die Berücksichtigung der natürlichen Assimilationskapazität. Um eine verursachergerechte Zuweisung der mit gegenwärtigen Allokationsentscheidungen einhergehenden Beeinträchtigung zukünftiger Nutzungsmöglichkeiten von Umwelt als Schadstoffaufnahmemedium zu ermöglichen, ist die Dynamik der Schadstoffakkumulation einzubeziehen. Sie hat maßgeblichen Einfluß für die Bestimmung der Knappheit von Umwelt in der Zukunft.

Aufgrund komplexer ökologischer Zusammenhänge findet eine Akkumulation von Schadstoffen meist in nicht vorherzusehender Weise statt. Im folgenden wird davon ausgegangen, daß der stochastische Prozeß

$$dS = (aF - \kappa S)dt + \sigma_2(S)dz_2 \tag{5.30}$$

die Unsicherheit der Schadstoffakkumulation angemessen wiedergibt. Der stochastische Term dz_2 folge wieder einer Brown'schen Bewegung mit den beschriebenen Eigenschaften. Das Akkumulationsrisiko sei abhängig von der Höhe des bereits erreichten Schadstoffbestandes, d.h. $\frac{\partial \sigma_2}{\partial S} > 0$. Sofern die erwartete Abbaukapazität κ gleich null setzt, wird mit (5.30) der Fall der Ungewißheit bezüglich der Irreversibilität in der Akkumulation der Emissionen beschrieben.

Das Ziel des staatlichen Planers bestehe darin, den erwarteten Gegenwartswert aus der Nutzung fossiler Energie unter Berücksichtigung des akkumulierten Schadstoffbestandes bei Ungewißheit bezüglich der Dynamik der Schadstoffakkumulation zum einen (vgl. (5.30), sowie bezüglich der Schadensfunktion zum anderen (vgl. (5.29) zu maximieren. Es liege ein autonomes, stochastisches Kontrollproblem mit Diskontierung und unendlichem Zeithorizont vor.

$$V(S,\theta) = \max_F E\left\{\int_t^\infty \left[B(F) - \tilde{\tilde{D}}(S,\theta)\right] e^{-\delta t)}\right\} \tag{5.31}$$

[44] Aufgrund der Markov-Eigenschaft des Wiener-Prozesses, läßt sich dieser auch als ein in der Zeit stetiger „Random Walk" auffassen. Bezeichnet z(t) einen Wiener-Prozeß, so kann jede diskrete Veränderung in z, die innerhalb einer diskreten Zeitperiode Δt erfolgt, mit $\Delta z = \varepsilon_t \sqrt{\Delta t}$ dargestellt werden. Dabei bezeichnet ε_t eine normalverteilte Zufallsvariable mit einem Erwartungswert von null und einer Standardabweichung von eins. Zudem gilt für diese Zufallsvariable: $E(\varepsilon_t \varepsilon_s) = 0$ für $t \neq s$, d. h. die Zufallsvariable ist nicht autokorreliert. Läßt man Δt unendlich klein werden so kann für den Wiener-Prozeß in stetiger Zeit auch geschrieben werden: $dz = \varepsilon_t \sqrt{dt}$. Vgl. dazu auch Dixit, A. K. (1993), S. 1ff.

Somit ergibt sich ein stochastisches dynamisches Optimierungsproblem mit einer Zustandsvariablen sowie einer weiteren Variablen, die unterschiedlichen stochastischen Prozessen folgen. Wie bereits erläutert, bietet sich die Methode der dynamischen Programmierung zusammen mit den Ito´schen Differentiationsregeln zur Lösung an[45]. Da ein autonomes, stochastisches Kontrollproblem mit Diskontierung und unendlichem Zeithorizont vorliegt, erhalten wir für die von t unabhängige Wertfunktion $V(S,\theta)$ die folgende Hamilton-Jacobi-Bellman-Gleichung:

(5.32)
$$\delta\, V(S,\theta) = \max_F \left\{ \left[B(F) - \tilde{\tilde{D}}(S,\theta) \right] + E(dV/dt) \right\}.$$

Berücksichtigt man weiter, daß für $dz_1 = \varepsilon_1(t)\sqrt{dt}$ und auch für $dz_2 = \varepsilon_2(t)\sqrt{dt}$ geschrieben werden kann, so ergibt sich für den Erwartungswert $E[dz_1 dz_2] = E[\varepsilon_1(t)\varepsilon_2(t)dt] = \rho\, dt$[46]. Dabei bezeichnet ρ den Korrelationskoeffizienten für die beiden Wiener Prozesse, welcher den Zusammenhang zwischen ungewisser Assimilationskapazität und einer ungewissen Bewertung der Umweltschäden beschreiben soll. Ist der Korrelationskoeffizient beispielsweise signifikant größer als null, so kann dies den Fall beschreiben, daß mit einer unerwarteten Zunahme des Schadstoffbestandes (wegen einer Fehleinschätzung der Assimilationskapazität) die bewerteten Schäden ebenfalls unerwartet steigen. Somit läßt sich ausführlicher für die HJB-Gleichung schreiben:

(5.33)
$$\delta\, V(S,\theta) = \max_F \Big\{ B(F) - \tilde{\tilde{D}}(S,\theta) + V_S\,[aF - \kappa S] + 1/2(\sigma_2(S))^2\, V_{SS} + 1/2(\sigma_1(S,\theta))^2\, V_{\theta\theta} + \sigma_2(S)\sigma_1(S,\theta)\rho\, V_{S\theta} \Big\}.$$

Aus der Maximierung des Ausdrucks auf der rechten Seite von Gleichung (5.33) ergibt sich folgende notwendige Bedingung:

---

[45] Vgl. Kamien, M. I. und N. L. Schwartz (1991), S. 259 ff., Feichtinger, Hartl (1986), S. 555 ff., sowie die dort angegebene Literatur.

[46] Der Korrelationskoeffizient für zwei Zufallsvariablen X und Y ist wie folgt definiert:
$$\rho(X,Y) = \frac{E[(X - E(X)(Y - E(Y)]}{\sigma_X\, \sigma_Y} = \frac{Cov(X,Y)}{\sigma_X\, \sigma_Y}.$$

$$B'(F) + a\, V_S = 0. \tag{5.34}$$

Die partielle Ableitung der Wertfunktion V_S bezeichnet wie die aus der Kontrolltheorie bekannte Kozustandsvariable den Schattenpreis, welcher die mit einer marginalen Veränderung des Schadstoffbestandes in der Gegenwart zu erwartenden negativen Auswirkungen in allen zukünftigen Perioden mißt ($V_S < 0$). Der Schattenpreis zeigt die mit der Verwendung von Umwelt als Aufnahmemedium für Schadstoffe verbundenen aktuellen und zukünftigen Umweltkosten. Technisch gesprochen gibt er an, wie sich der optimale Wert des Zielfunktionals im Falle einer Erhöhung des Schadstoffbestandes verändert. Für den Fall, daß eine Verringerung des Schadstoffbestandes technisch möglich ist, gibt er den Schattenpreis einer Reduktion des Schadstoffbestandes an. Demnach erfordert die Maximierung von (5.31), den Grenznutzen aus der Verwendung fossiler Energie gleich den marginalen Umweltkosten der aktuellen und aller zukünftigen Perioden einer Emissionseinheit zu setzen. Aufgrund einer weiteren Akkumulation von Schadstoffen ist zu erwarten, daß das Gut Umwelt zunehmend knapper wird. Der Preis für die Nutzung von Umwelt muß dieser Dynamik des Schadstoffbestandes durch die Setzung einer dem Betrag des Schattenpreises entsprechenden Emissionssteuer, welche die Höhe der Emissionen im zeitlichen Ablauf steuert, gerecht werden. Eine veränderte Einschätzung der natürlichen Assimilationskapazität wird jedoch die Einschätzung der Entwicklung des zukünftigen Schadstoffbestandes und damit die Höhe des Schattenpreises ebenso wie eine veränderte Bewertung der aus einem gegebenen Schadstoffbestand resultierenden wirtschaftlichen Schäden beeinflussen.

Die zwischen der Akkumulation von Schadstoffen in der Gegenwart und den infolge von Umweltschäden veränderten zukünftigen Nutzungsmöglichkeiten bestehenden Wechselwirkungen spiegeln sich in der Dynamik des Schattenpreises wider. Von entscheidender Bedeutung wird daher im folgenden sein, inwiefern die Ungewißheit in der Assimilationskapazität (und damit auch der Grad an Reversibilität bzw. Irreversibilität) bei gleichzeitiger Unsicherheit bezüglich der mit einem bestimmten Schadstoffbestand verbundenen Umweltschäden die in der Dynamik des Schattenpreises zum Ausdruck kommenden intertemporalen externen Kosten beeinflußt. Wie bereits unter 5.2 erläutert, kommt es im Fall von dynamischen Externalitäten zu intertemporalen externen Kosten, da die Erhöhung des Schadstoffbestandes in einer Periode sich auf alle zukünftigen Perioden auswirkt.

In Analogie zur Ableitung der dynamischen Entwicklung des Schattenpreises nach dem Pontryagin´schen Maximumprinzip[47] kann zunächst die Gleichung (5.33) nach der Zustandsvariablen differenziert werden, nachdem die die Wertfunktion maximierende Kontrollvariable F^* eingesetzt wurde. Somit erhält man:

$$(5.35)\quad \delta V_S = \left[B_F + aV_S\right]\frac{\partial F^*}{\partial S} - \tilde{\tilde{D}}_S + V_{SS}\left[aF^* - \kappa S\right] - \kappa V_S + 1/2\,\sigma_2^2 V_{SSS} + \sigma_2 \frac{\partial \sigma_2}{\partial S} V_{SS}$$
$$+ 1/2\,\sigma_1^2 V_{\theta\theta S} + \sigma_1 \frac{\partial \sigma_1}{\partial S} V_{\theta\theta} + \sigma_2 \frac{\partial \sigma_1}{\partial S}\rho\, V_{S\theta} + \sigma_1 \frac{\partial \sigma_2}{\partial S}\rho\, V_{S\theta} + \sigma_1\sigma_2\rho\, V_{SS\theta}\,.$$

Aufgrund von (5.34) ist der in der Klammer des ersten Terms stehende Ausdruck gleich null, so daß der erste Term auf der rechten Seite insgesamt wegfällt.

Um die erwartete Veränderung des Schattenpreises (V_S), d.h. die erwartete marginale Veränderung der aus einer Vergrößerung des Schadstoffbestandes resultierenden intertemporalen externen Kosten zu ermitteln, approximieren wir dV_S durch

$$(5.36)\qquad dV_S = V_{SS}\, dS + V_{S\theta}\, d\theta + 1/2\, V_{SSS}\,(dS)^2 + 1/2\, V_{S\theta\theta}\,(d\theta)^2 + V_{SS\theta}\,(dS)(d\theta)\,.$$

Unter Berücksichtigung der sich aus dem Ito-Theorem ergebenden Multiplikationsregeln und durch Einsetzen der stochastischen Differentialgleichungen (5.29) und (5.30) erhält man zunächst für (5.36):

$$(5.37)\quad dV_S = V_{SS}\left[(aF - \kappa S)dt + \sigma_2(S)\,dz_2\right] + V_{S\theta}\sigma_1(S,\theta)\,dz_1 + 1/2\, V_{SSS}\,\sigma_2^2\, dt + 1/2\, V_{S\theta\theta}\sigma_1^2 dt$$
$$+ V_{SS\theta}\,\sigma_1(S,\theta)\sigma_2(S)\,dz_1\, dz_2\,.$$

Nach der Bildung des Erwartungswertes und Division durch dt vereinfacht sich der Ausdruck, und man erhält aufgrund der Erhöhung des Schadstoffbestandes für die Dynamik, bzw. die erwartete Veränderung des Schattenpreises, welche die erwarteten marginalen intertemporalen externen Kosten[48] der Veränderung dieses Bestandes wiedergibt:

---

[47] Vgl. die Ausführungen in Feichtinger,G. F. und R. Hartl (1986); Kamien, M. I. und N. L. Schwartz (1991) zum Zusammenhang von Maximumprinzip und dynamischer Programmierung.

[48] Vgl. Hediger, W. (1991): Opportunitätskosten der Umweltnutzung, Zürich, S. 133 ff., zu den intertemporalen Aspekten von Externalitäten.

(5.38) $$1/dt\, E(dV_S) = V_{SS}(aF - \kappa S) + 1/2\, V_{SSS}\, \sigma_2^{\,2} + 1/2\, V_{S\theta\theta}\, \sigma_1^{\,2} + V_{SS\theta}\, \sigma_1 \sigma_2\, \rho$$

Unter Beachtung der in Gleichung (5.32) formulierten zentralen Optimalitätsbedingung kann durch Einsetzen von (5.38) in (5.35) zunächst einfacher geschrieben werden:

(5.39)

$$\delta V_S = 1/dt\, E(dV_S) - \tilde{\tilde{D}}_S - \kappa V_S + \left[\sigma_2 \frac{\partial \sigma_2}{\partial S} V_{SS} + \sigma_1 \frac{\partial \sigma_1}{\partial S} V_{\theta\theta} + \frac{\partial \sigma_2}{\partial S} \sigma_1 \rho\, V_{S\theta} + \frac{\partial \sigma_1}{\partial S} \sigma_2 \rho\, V_{S\theta} \right].$$

bzw.

(5.39a)

$$1/dt\, E(dV_S) = (\delta + \kappa) V_S + \tilde{\tilde{D}}_S - \left[\sigma_2 \frac{\partial \sigma_2}{\partial S} V_{SS} + \sigma_1 \frac{\partial \sigma_1}{\partial S} V_{\theta\theta} + \frac{\partial \sigma_2}{\partial S} \sigma_1\, \rho\, V_{S\theta} + \frac{\partial \sigma_1}{\partial S} \sigma_2\, \rho\, V_{S\theta} \right].$$

Gleichung (5.39a) beschreibt die erwartete Entwicklung des Schattenpreises, die bei Vernachlässigung des stochastischen Einflusses und mit $-V_S \equiv p$ sowie $-1/dt\, E(dV_S) \equiv E(\dot{p})$ der in (4.9) dargestellten Entwicklung des Schattenpreises entspricht[49].

Der hier vorliegende Fall beschreibt die mit einer Erhöhung des Schadstoffbestandes einhergehenden intertemporalen externen Kosten bei Ungewißheit bezüglich der Schadstoffakkumulation und unvollständiger Information im Hinblick auf die Bewertung zukünftiger Umweltschäden, die etwa durch Präferenzänderungen oder veränderte Produktionsmöglichkeiten bedingt sein kann. Der stochastische Einfluß auf das zeitliche Profil des Schattenpreises, der die gesellschaftliche Bewertung der erwarteten Umweltschäden durch eine weitere Emissionseinheit widerspiegelt, ist in der eckigen Klammer auf der rechten Seite zusammengefaßt. Der erste Term beschreibt die Ungewißheit bei der Akkumulation von Emissionen (Akkumulationsrisiko, vgl. auch 5.2). Dabei erscheint es plausibel, von einem mit dem Schadstoffbestand steigenden Akkumulationsrisiko auszugehen[50]. Aufgrund der bisher getroffenen Annahmen ist der gesamte Term negativ. Ebenso wird mit einer Zunahme des Schadstoffbestandes eine Vergrößerung der Schwankungsbreite der damit einhergehenden Schäden zu erwarten sein. Insofern kann auch für den zweiten Term von einem negativen Vorzeichen ausgegangen werden. Ent-

[49] Dieses Ergebnis ist darauf zurückzuführen, daß die Bedingungen der dynamischen Programmierung die Bedingungen des Pontryagin'schen Maximumprinzips implizieren. Vgl. Feichtinger, G. F. und R. Hartl (1986), S. 24 ff.

[50] Für die Ausführungen unter 5.2 wurde ebenfalls eine mit dem Schadstoffbestand zunehmende Standardabweichung des stochastischen Prozesses unterstellt.

scheidend für den Einfluß der beiden letzten Terme ist die Korrelation zwischen den beiden stochastischen Prozessen.

In einer Reihe von Umweltproblemen spielen Schwelleneffekte eine besondere Rolle. In diesen Fällen werden durch das Überschreiten bestimmter Emissionsgrenzen (bzw. Grenzen für einen Schadstoffbestand) ökologische Grenzen überschritten, die zu einem starken Anstieg der bewerteten Umweltschäden führen[51]. Die Schäden werden oft erst nach dem Überschreiten von Schwellen sichtbar. Insofern birgt beispielsweise ein unerwartet starker Anstieg des Schadstoffbestandes, etwa aufgrund einer Überschätzung der natürlichen Assimilationskapazität, die Gefahr des Überschreitens einer kritischen Grenze. Die Konsequenz wären sehr viel höhere Grenzschäden. Der Korrelationskoeffizient wäre in diesem Fall positiv.

Im Hinblick auf die Frage der Allokation dieser mit der Umweltnutzung verbundenen intertemporalen Risiken ist zu beachten, daß man es mit einem endogenen Risiko zu tun hat, d.h. die Umweltrisken sind auf die Emissionsentscheidungen zurückzuführen. Insofern muß der Schattenpreis der Umweltnutzung bzw. eine optimale Emissionssteuer auch die mit der Nutzung der Umwelt verbundenen, intertemporalen Risiken ausweisen.

So wirkt sich eine veränderte Einschätzung der natürlichen Assimilationskapazität ebenso wie die veränderte Bewertung der von einem gegebenen Schadstoffbestand ausgehenden Schäden auf die Möglichkeiten der zukünftigen Umweltnutzung aus. Daher erfordert eine vorausschauende Umweltpolitik im Sinne einer ex ante effizienten Nutzung von Umweltressourcen die Berücksichtigung dieser intertemporalen Externalitäten.

In dem vorliegenden Modellrahmen wird die effiziente Verwendung von Umwelt in ihrer Funktion als Aufnahmemedium für Schadstoffe über die Ausweisung eines Schattenpreises p, der gleich dem Satz für die optimale Emissionssteuer ist, gesteuert. Eine aus intertemporaler Sicht optimale Umweltnutzung erfolgt über die Dynamik des Schattenpreises, die zukünftige Nutzungsmöglichkeiten der Umwelt zu berücksichtigen hat.

Eine optimale Emissionssteuer, die gleich dem marginalen Gesamtperiodenschaden einer weiteren Emissionseinheit entspräche, wird nach Gleichung (5.39a) durch folgende Determinanten bestimmt:

$$(5.40) \quad p = -V_S = \frac{\tilde{\tilde{D}}_S}{\delta+\kappa} + \frac{E(\dot{p})}{\delta+\kappa} - \frac{\sigma_2 \frac{\partial \sigma_2}{\partial S} V_{SS} + \sigma_1 \frac{\partial \sigma_1}{\partial S} V_{\theta\theta} + \sigma_1 \frac{\partial \sigma_2}{\partial S} \rho \, V_{S\theta} + \sigma_2 \frac{\partial \sigma_1}{\partial S} \rho \, V_{S\theta}}{\delta+\kappa}.$$

[51] Vgl. z. B. Siebert, H. (1992), und zur Frage von Schwelleneffekten in der Treibhausproblematik: Bauer, A. (1993), S.153, sowie Kapitel 2.1 in dieser Arbeit.

Der erste Term auf der rechten Seite entspricht dem kapitalisierten Gegenwartswert des marginalen Periodenschadens infolge einer Vergrößerung des Schadstoffbestands um eine weitere Emissionseinheit. Der zweite Term wird ebenfalls mit der sozialen Diskontrate sowie der erwarteten Abbaurate der akkumulierten Emissionen gewichtet. Im Zähler steht die erwartete Veränderung des Schattenpreises, die auf eine Veränderung des Schadstoffbestandes zurückzuführen ist. Im Falle einer Erhöhung des Bestandes entstehen durch die Weitergabe dieses „negativen Kapitalstocks" allen zukünftigen Perioden Kosten (intertemporale externe Kosten) durch eine Erhöhung der zukünftigen Grenzschäden, welche der aktuellen Periode anzulasten sind[52].

Der verbleibende Term stellt die mit einer Erhöhung des Schadstoffbestandes einhergehenden, intertemporalen Risiken dar, die sich aufgrund von Ungewißheit über die Akkumulation von Emissionen, der Bewertung von aus einem gegebenen Schadstoffbestand resultierenden Umweltschäden (Schadensrisiko) sowie dem Zusammenspiel zwischen beiden ergeben. Sofern alle vier Bestandteile des Terms ein negatives Vorzeichen aufweisen, trägt der ganze Term zu einer Vergrößerung des Schattenpreises bei[53]. Insofern wäre von einer ex ante effizienten Umweltpolitik zu fordern, daß sie die mit einer Emissionsentscheidung verbundenen Risiken, die den Charakter intertemporaler externer Kosten aufweisen, der jeweils aktuellen Periode zuweisen. Dabei ist zu beachten, daß dieses Ergebnis nicht auf eine risikoaverse Einstellung des staatlichen Planers zurückzuführen ist. In die Formulierung der Zielfunktion gehen die erwarteten Schäden ein, d.h. implizit wird die Annahme der Risikoneutralität getroffen. Es ist offenkundig, daß die Annahme eines risikoaversen staatlichen Planers einen höheren Schattenpreis und einen niedrigeren Schadstoffbestand zur Konsequenz hätte. Die Differenz gegenüber dem Ergebnis bei Risikoneutralität kann als Risikoprämie gegen ungewisse Umweltschäden gesehen werden.

---

52 Dieser Zusammenhang ist auch als Arbitragebedingung aus der Investitionstheorie bekannt.

53 Dies setzt neben einer in θ und S konvexen Schadensfunktion voraus, daß die gemischten Ableitungen ebenfalls negativ sind und die Bewertungs- und Akkumulationsrisiken mit dem Schadstoffbestand ansteigen.

5.5 Der Quasi-Optionswert

In den vorangegangenen Ausführungen wurde aufgezeigt, welchen Einfluß Ungewißheit bezüglich der natürlichen Assimilationskapazität sowie hinsichtlich der Bewertung zukünftiger Umweltschäden auf die intertemporalen externen Kosten und damit auf die aktuelle Emissionsentscheidung haben kann. Aus der Sicht des staatlichen Planers stellt sich somit die Steuerung des intertemporalen Emissionspfades als ein Entscheidungsproblem bei Ungewißheit, bzw. nach Sinn (1980)[54] als ein Entscheidungsproblem bei Risiko dar. Im Zusammenhang mit der Ungewißheit von zukünftigen Nutzungsmöglichkeiten öffentlicher Umweltgüter im Rahmen einer dynamischen Kosten-Nutzen-Analyse wurde der Begriff des Optionswertes zuerst von Weisbrod[55] in die Diskussion eingebracht. Unter der Voraussetzung der Irreversibilität der Nutzung von Umweltgütern fordert er die Einbeziehung des Optionswertes als eine Art Risikoprämie bei Durchführung irreversibler Nutzungsentscheidungen über Umweltgüter. In dieser Prämie sollte die aggregierte Zahlungsbereitschaft für eine potentielle zukünftige Nutzung aller von der irreversiblen Entscheidung betroffenen Individuen zum Ausdruck kommen, die bei aktueller Nutzung eines Umweltgutes unwiderbringlich verloren gehen kann[56]. Wie von Cicchetti and Freeman (1971)[57] dann gezeigt wurde, ergibt sich im Fall einer irreversiblen Nutzung von Umweltgütern bei Ungewißheit bezüglich der zukünftigen Nutzungspräferenzen ein über das Konsumentenrentenkonzept hinausgehender sogenannter Optionswert. Da das Gut Umwelt im hier betrachteten Fall die Nutzungseigenschaften eines öffentlichen Gutes aufweist, ist eine den Märkten überlassene Allokation nicht optimal, und das mit der zukünftigen Nutzung verbundene Risiko ist von allen Nutzern zu tragen. Eine Risikostreuung, die die Kosten der Risikoübernahme bei steigender Teilnehmerzahl vernachlässigbar klein werden läßt, oder etwa ein risk-pooling über die Schaffung von Risikomärkten ist (im Unterschied zu privaten Gütern) aufgrund der Nutzungseigenschaften des öffentlichen Gutes Umwelt nicht möglich und die Berücksichtigung eines Optionswertes in Form eines Risikoaufschlages auf den bewerteten Umweltschaden somit angezeigt.

Wie Fisher und Krutilla (1974)[58] zeigen, kann dem mit einer irreversiblen Umweltbelastung einhergehenden Verlust des Optionswertes auch durch eine Korrektur der sozialen Diskont-

---

[54] Vgl. Sinn, H.W. (1980): Ökonomische Entscheidungen bei Ungewißheit, Tübingen, S. 11ff.
[55] Vgl. Weisbrod, B.A. (1964).
[56] Weisbrod betrachtet dies am Beispiel eines Nationalparks, der bei industrieller Nutzung des Geländes unwiderbringlich verloren ginge.
[57] Vgl. Cichetti, C. J. und A. M. Freeman (1971): Option Demand and Consumer Surplus: Further Comment, Quarterly Journal of Economics, Vol. 85, S. 528-539.
[58] Vgl. Fisher, A. C. und J. V. Krutilla (1974): Valuing Long Run Ecological Consequences and Irreversibilities, Journal of Environmental Economics and Management, Vol. 1, S. 104.

rate, die eine Höherbewertung zukünftiger Umweltschäden vornimmt, Rechnung getragen werden. Notwendige Bedingung für das Vorliegen des von Weisbrod (1964) eingeführten Konzeptes eines Optionswertes im Kontext irreversibler Umweltnutzung ist die Annahme risikoaversen Verhaltens seitens des staatlichen Planers.

Dagegen haben Arrow und Fisher (1974) gezeigt, daß selbst bei Annahme von Risikoneutralität mit Entscheidungen über die irreversible Nutzung von Umweltgütern ein sogenannter Quasi-Optionswert verbunden sein kann. Aufgrund dieses Wertes kann es sinnvoll sein, langfristige Investitionsentscheidungen über die Nutzung von Umweltgütern wegen der Realisierung eines Informationsgewinns, der die risikobehaftete Entscheidungssituation erleichtern kann, aufzuschieben. Dieser Optionswert ergibt sich aufgrund der Erhaltung der Flexibilität einer anderweitig irreversiblen Entscheidung und wurde daher gleichzeitig mit Arrow und Fisher(1974) von Henry (1974)[59] als sogenannter „irreversibility effect“ definiert. In beiden Modellen wird anhand eines Zwei-Perioden-Modells ohne Diskontierung gezeigt, daß eine irreversible Entscheidung eine Asymmetrie schafft, die ein „vorsichtiges“ Verhalten bzw. ein Verhalten unter Beachtung des Optionswertes nahelegt. Mit der Durchführung eines irreversiblen Investitionsprojektes (Arrow und Fisher betrachten die Umwandlung eines Nationalparks in eine Gewerbefläche) in der ersten Periode schließt der Entscheidungsträger sich von der Möglichkeit, über das Investitionsprojekt in der zweiten Periode bei möglicherweise verbesserten Informationsbedingungen zu entscheiden, aus. Der ökonomische Wert zusätzlicher Information in der zweiten Periode ist dann gleich null, da die Informationen wegen des Flexibilitätsverlustes der Entscheidung nicht mehr genutzt werden können.

Miller und Lad (1984)[60] kritisieren das Ergebnis, daß bei irreversiblen Investitionsentscheidungen über die Nutzung von Umweltgütern immer einer vorsichtigeren Entscheidungsalternative der Vorzug zu geben sei. Die beiden Autoren zeigen die Vorteilhaftigkeit der Durchführung von Investitionsentscheidungen, die den präventiven Effekt des Quasi-Optionswertes konterkarieren, aufheben oder diesen sogar überwiegen kann, da mit dem Aufschieben der irreversiblen Investitionsentscheidung die Möglichkeit des zusätzlichen Informationsgewinns infolge des sequentiellen Entscheidungsprozesses ausgeschlossen werde. Dieses Ergebnis, das scheinbar im Widerspruch zu den Schlußfolgerungen von Arrow und Fisher (1974) sowie Henry (1974) steht, ist auf die zugrundeliegende Informationsstruktur zurückzuführen. Miller und Lad (1984) unterstellen im Unterschied zu den anderen Autoren ein abhängiges

[59] Vgl. Henry, C. (1974): Investment Decisions under Uncertainty: The Irrversibility Effect, American Economic Review, Vol. 64, S. 1006-1012.
[60] Vgl. Miller, J. R. and F. Lad (1984): Flexibility, Learning and Irreversibility in Environmental Decisions: A Bayesian Approach, Journal of Environmental Economics and Management, Vol. 11, S. 162.

(endogenes) Lernen, d.h. mit der Durchführung von Investitionsentscheidungen verbessert sich die Informationsstruktur und damit die nachfolgende Entscheidungssituation. Dem halten Fisher and Hanemann (1987) sowie Hanemann (1987) entgegen, daß zum einen der Informationsgewinn sehr wohl auch von dem Aufschieben und somit der Bewahrung eines Umweltgutes abhängig sein kann. Zum anderen ist in einer Situation unabhängigen Lernens (wie sie von Arrow and Fisher (1974) unterstellt wird), in der der Informationsgewinn unabhängig von der irreversiblen Entscheidung der vorangehenden Periode stattfindet, der Quasi-Optionswert immer positiv[61].

Auch von Freeman (1984)[62] wurde die Möglichkeit eines negativen Quasi-Optionswertes diskutiert. Dabei beruht dieses Ergebnis auf der unzureichenden Differenzierung zwischen dem Wert des Bewahrens eines Umweltgutes und dem eigentlichen Quasi-Optionswert, der die Möglichkeit eines zukünftigen Informationsgewinns und damit verbesserter Entscheidungsgrundlage zu berücksichtigen sucht[63]. Das von der Entscheidungstheorie bekannte Konzept des Informationswertes kann auch zur Erläuterung des Quasi-Optionswertes herangezogen werden[64]. Der sogenannte unbedingte Wert der Information stellt den Nutzen aus dem Informationsgewinn zwischen beiden Perioden bei optimaler Entscheidung in der ersten Periode dar. Der Quasi-Optionswert ist jedoch nicht identisch mit dem Informationswert. In der Sprache der Entscheidungstheorie stellt letztgenannter nämlich den bedingten Wert oder Erwartungswert der vollständigen Information dar, wobei die Bedingung in der Modellterminologie einer unteilbaren Investitionsentscheidung von Henry (1974)[65] auf das Offenhalten der Entscheidung bis zur zweiten Periode bezogen ist[66]. Dies setzt somit voraus, daß in der ersten Periode noch keine irreversible Nutzungsentscheidung getroffen wird.

Wie bereits von Hanemann (1989)[67] angeregt, kann eine Analyse des Zusammenhangs der bis dato unabhängigen Entwicklung zwischen dem oben formulierten Optionswertkonzept (Quasi-Optionswert nach Arrow and Fisher(1974) und Henry (1974)) und dem in der Finanzwirtschaft

---

[61] Vgl. Fisher, A. C. und W. M. Hanemann (1987): Quasi-Option Value: Some Misconceptions Dispelled, Journal of Environmental Economics and Management, Vol. 14, S. 183-190.
[62] Vgl. Freeman, A. M. (1984): The Quasi-Option Value of Irreversible Development, Journal of Environmental Economics and Management, Vol. 11, S. 292-295.
[63] Vgl. dazu auch Fisher, A. C. und W. M. Hanemann (1987).
[64] Dieser Vorschlag geht auf Conrad, J. M. (1980): Quasi-Option Value and the Expected Value of Information, Quarterly Journal of Economics, Vol. 94, S. 813-820, zurück. Dieser setzte jedoch Quasi-Optionswert und unbedingten Wert der Information gleich.
[65] Henry, C. (1974) gelangt zu den selben Schlußfolgerungen wie Arrow, K. J. und A. C. Fisher (1974).
[66] vgl. Hanemann, W. M. (1989): Information and the Concept of Option Value, Journal of Environmental Economics and Management, Vol. 16, S. 28.
[67] vgl. ebenda Fußnote 7.

entwickelten Konzept zur Bewertung von Optionen[68] sinnvoll sein. Im Unterschied zu den in der Tradition von Arrow und Fisher (1974) sowie Henry (1974) stehenden Modellen zur Beschreibung des Optionswertkonzeptes, die auf eine Zwei-Perioden-Betrachtung beschränkt sind, wird die Bewertung von Finanzoptionen gewöhnlich in einem stetigen, dynamischen Modellrahmen vorgenommen. Für die der Finanzoption zugrundeliegende Anlagemöglichkeit wird ein stochastischer Prozeß, gewöhnlich eine geometrische Brownsche Bewegung, zugrundegelegt. Somit ist eine Aussage über die Verteilungseigenschaften der Zufallsvariable möglich; im Fall einer geometrischen Brownschen Bewegung mit konstanten Parametern ist der Preis der Finanzanlage lognormalverteilt. Wie im weiteren noch gezeigt wird, kann der Marktwert einer Option auf eine Finanzanlage durch Konstruktion eines risikolosen Portefeuilles ermittelt werden[69] und stellt somit den Anspruch auf einen ungewissen zukünftigen Zahlungsstrom aus der zugrundeliegenden Anlagemöglichkeit dar. Legt man eine Kaufoption amerikanischen Typs (es wird keine Dividende gezahlt, und der Ertrag der Anlage ist auf die Wertsteigerung bzw. den capital gain der Anlage beschränkt) zugrunde, so wartet der Inhaber die weitere Wertentwicklung der Anlage ab, d.h. er macht die Ausübung der Option vom Erhalt weiterer Informationen bezüglich der Vorteilhaftigkeit der Anlage abhängig. Vor Ausübung der Option spiegelt der Wert der Option somit den Wert der Flexibilität der Durchführung einer Anlageentscheidung wider.

Dieser Wert der Flexibilität entspricht in der Tradition des Arrow/Fisher-Optionswertkonzepts, das sich auf eine Zwei-Perioden-Betrachtung beschränkt, somit dem zusätzlichen Nutzen des Quasi-Optionswertes, der sich durch Aufschieben einer irreversiblen Investitionsentscheidung bis zur zweiten Periode (einer Situation der vollständigen Information) realisieren läßt. Mit der vollständigen Durchführung des Investitionsvorhabens in der ersten Periode wird dagegen die Realisierung des Optionswertes ausgeschlossen. Dies würde der vorzeitigen Ausübung des Optionsrechtes vor dem Erhalt weiterer Informationen über die Wertentwicklung der Anlage entsprechen. Für beide Optionswertkonzepte wurde gezeigt, daß der Wert dieser Flexibilität immer positiv (größer bzw. gleich null) ist[70]. Weiter wurde für beide Konzepte gezeigt, daß der Wert dieser Flexibilität mit zunehmender Unsicherheit steigt[71].

[68] Vgl. dazu den fundamentalen Beitrag von Black, F. und M. Scholes (1973): The Pricing of Options and Corporate Liabilities, Journal of Political Economy, Vol. 81, S. 637-659, sowie die sich daran anschließende Literatur.

[69] Diese Methode wird zurückgeführt auf Cox J. C. und S. A. Ross (1976): The Valuation of Options for Alternative Stochastic Processes, Journal of Financial Economics, Vol. 3, 145-166.

[70] Vgl. dazu Hanemann, W. M. (1989), S. 29, sowie Merton, R.C. (1973): Theory of Rational Option Pricing, Bell Journal of Economics and Management Science, Vol. 4, 141-183.

[71] Vgl. ebenda.

Das in der Tradition von Arrow und Fisher (1974) sowie Henry (1974) diskutierte Konzept eines Quasi-Optionswertes baut jedoch auf einer Reihe von einschränkenden Annahmen auf. Als eine der gravierendsten dieser Einschränkungen erscheint die Betrachtung in einem Zwei-Perioden-Modell. Henry (1974) unterstellt zudem eine unteilbare Investitionsentscheidung, während Arrow und Fisher (1974) von linearen Benefit-Funktionen ausgehen, die ebenfalls nach Durchführung der Maximierung zu Randlösungen führen.

Langfristige irreversible Investitionsentscheidungen bei Unsicherheit dürften jedoch häufig angemessener durch eine stetige, intertemporale Betrachtung, in welcher sich Unsicherheit nicht vollständig nach einer Periode auflöst und die sequentielle Investitionsentscheidungen zuläßt, abzubilden sein.

Zum besseren Verständnis der nachfolgenden Ausführungen sei im folgenden das Konzept eines Quasi-Optionswertes in Anlehnung an Fisher und Hanemann (1987)[72] oder Fisher und Krutilla (1985)[73] kurz erläutert. Der Entscheidungsträger sieht sich demnach einer irreversiblen Investitionsentscheidung (etwa die Entscheidung über die Nutzung eines Stücks Land zu Erholungszwecken oder zur Ansiedelung von Industrieanlagen) bei einem Planungshorizont von lediglich zwei Perioden gegenüber. Der aus der Nutzung des Landes in der ersten Periode resultierende Nutzen sei aus Vereinfachungsgründen als bekannt vorausgesetzt, d. h. $B_1 = B_1(d_1)$. Hingegen bestehe Ungewißheit über den aus der Verwendung des Landes in der zweiten Periode sich ergebenden Nutzen, der offenbar von der Verwendungsentscheidung in der ersten Periode d_1 sowie derjenigen in der zweiten Periode d_2 und schließlich von einer die Ungewißheit widerspiegelnden Zufallsvariablen θ abhängig ist: $B_2 = B_2(d_1, d_2, \theta)$. Dabei sei ferner von der Unteilbarkeit der Investitionsentscheidung ausgegangen[74]. Aufgrund der mit einer Investitionsentscheidung in der ersten Periode verbundenen Irreversibilität reduziert die Entscheidungsmenge sich auf drei Alternativen, die sich verkürzt darstellen lassen als: $(d_1 = 0, d_2 = 0), (d_1 = 0, d_2 = 1)(d_1 = 1, d_2 = 0)$. Des weiteren sind zwei Informationsszenarien zu unterscheiden: Im ersten Fall muß der Entscheidungsträger eine Nutzungsentscheidung für die zweite Periode treffen, bevor die Unsicherheit sich aufgelöst hat. Der erwartete Benefit für beide Perioden läßt sich als Funktion von d_1 wie folgt schreiben:

---

[72] Vgl. Fisher, A.C. und W.M. Hanemann (1987).

[73] Vgl. Fisher, A.C. und J.V. Krutilla (1985): Economics of Nature Preservation, Chapter 4, in: Kneese, A.V. und J. L. Sweeney (Hrsg.), Handbook of Natural Resource and Energy Economics, Vol. 1, North-Holland, Amsterdam et. al., S. 165-189.

[74] Vgl. Henry, C. (1974); Arrow, K. J. und A. C. Fisher (1974) unterstellen lineare Benefit-Funktionen. Insofern ist auch in deren Modell das Entscheidungsproblem auf die Auswahl von Randlösungen beschränkt.

$$\text{(a)}\quad V^*(d_1) = B_1(d_1) + \max_{d_2 \in [0,1-d_1]} \left\{ E\left[B_2(d_1, d_2, \theta)\right] \right\}.$$

Im zweiten Fall löse sich dagegen die Unsicherheit zu Beginn der zweiten Periode auf, und dem Entscheidungsträger steht die Information über die Realisation der Zufallsvariablen zur Verfügung, die für das Entscheidungsproblem genutzt werden kann. Eine Verwendung für diese Information ist jedoch nur unter der Bedingung möglich, daß der Entscheidungsträger sich noch nicht in der ersten Periode festgelegt hat, andernfalls ist die Information aus ökonomischer Sicht wertlos. Der gesamte Benefit für beide Perioden läßt sich in diesem Fall wie folgt angeben:

$$\text{(b)}\quad \hat{V}(d_1) = B_1(d_1) + E\left\{ \max_{d_2 \in [0,1-d_1]} \left[B_2(d_1, d_2, \theta)\right] \right\}.$$

Der Quasi-Optionwert läßt sich nun als der zusätzliche Nutzen aus der Verwendung der Informationen über den Benefit in der zweiten Periode, bevor die Verwendungsentscheidung für die zweite Periode getroffen wird, definieren. Eine Realisierung dieses zusätzlichen Nutzens setzt jedoch voraus, daß in der ersten Periode noch keine irreversible Entscheidung getroffen wurde. Somit läßt sich der Quasi-Optionswert hier auch als bedingter Informationswert interpretieren, wobei die Bedingung in dem hier beschriebenen Modellrahmen $d_1 = 0$ ist.

$$\text{(c)}\quad OV = \hat{V}(0) - V^*(0)$$

Fisher und Hanemann (1987) haben gezeigt, daß die Aussicht auf den Erhalt zusätzlicher, entscheidungsrelevanter Informationen am Beginn der zweiten Periode ein vorsichtiges Verhalten im Hinblick auf die irreversible Nutzungsentscheidung in der ersten Periode nahelegt

$$\text{(d)}\quad \hat{d}_1 \leq d_1{}^*$$

und der Quasi-Optionswert unter den angegebenen Bedingungen immer positiv ist. Daher fordern sie eine Korrektur der irreversiblen Investitionsentscheidung für den Fall, daß der Entscheidungsträger den Quasi-Optionswert nicht in sein Entscheidungskalkül einbezieht, sondern aufgrund von Gleichung (a) entscheidet. Demnach wäre ein Schattenpreis bzw. eine Abgabe in

Höhe des Quasi-Optionswertes auf die mit irreversiblen Konsequenzen verbundene Entscheidung einzufordern, was einer Internalisierung der verlorenen Flexibilität gleichkäme und im Ergebnis zur Nutzungsentscheidung nach der Entscheidungsregel (b) führt. Die Irreversibilität hinsichtlich der Entscheidung über die Nutzung des Umweltgutes in der ersten Periode kann den Entscheidungsbereich der zweiten Periode einschränken und führt somit zu einer Asymmetrie des Entscheidungsproblems[75].

Hanemann (1989)[76] zeigt, daß für eine in θ lineare Benefit-Funktion $B_2(d_1, d_2, \theta)$ und für stetige d_i eine Zunahme der Unsicherheit, verstanden in der Definition von Rothschild and Stiglitz (1970)[77], als eine Zunahme der Unsicherheit bei Beibehaltung des Erwartungswertes („mean-preserving spread"), zu einer Vergrößerung des Quasi-Optionswertes und einer Verringerung von $\hat{d}_1$ führt.

Im folgenden soll gezeigt werden, unter welchen Bedingungen ein Quasi-Optionswert bei Unsicherheit bezüglich der dynamischen Entwicklung des Schadstoffbestands zustandekommen kann. Dabei erfolgt die Analyse anhand eines stochastischen, dynamischen Optimierungsmodells, wie es im vorangegangenen Abschnitt verwendet wurde. Im Anschluß an den nun folgenden Abschnitt werden die Implikationen von Unsicherheit über eine veränderte Bewertung von Umweltschäden in der Zukunft auf das intertemporale Nutzungsprofil analysiert. Dabei wird in beiden Fragestellungen deutlich, daß eine Asymmetrie in der Unsicherheit vorliegen muß, um den Effekt eines Quasi-Optionswertes aufgrund der Unsicherheit zu erhalten.

5.5.1 Der Quasi-Optionswert bei Unsicherheit bezüglich der Assimilationskapazität

Eine Reihe von umweltökonomischen Fragestellungen ist dadurch zu charakterisieren, daß Schadstoffe mit der Zeit akkumuliert werden, da die emittierten Mengen an Schadstoffen die Assimilationsfähigkeit der Umweltmedien bei weitem übersteigen. Sofern eine Reduktion der bereits akkumulierten Schadstoffmenge wegen fehlender oder zu geringer Assimilationskapazität in angemessenen Zeiträumen nicht möglich ist, kann die Schadstoffakkumulation als (partiell) irreversibler Prozeß angesehen werden, der mit Folgen für die zukünftigen Nut-

---

[75] Vgl. Hanemann, W. M. (1989), S. 28.
[76] Vgl. ebenda, S. 30 ff.
[77] Vgl. Rothschild, M. und J. E. Stiglitz (1970): Increasing Risk. 1. A Definition, Journal of Economic Theory, Vol. 2, S. 225-243.

zungsmöglichkeiten von Umwelt verbunden ist. Damit ist eine der Vorbedingungen für die Existenz eines Quasi-Optionswertes gegeben. So dürfte auch die Akkumulation von klimarelevanten Treibhausgasen sowie die damit möglicherweise einhergehenden klimatischen Veränderungen in (aus ökonomischer Sicht) absehbaren Zeiträumen als irreversibel einzustufen sein.

Wie bereits in den vorangehenden Ausführungen deutlich wurde, besteht ein großes Maß an Unsicherheit über die Akkumulationsdynamik der in die Umweltmedien (genauer die Atmosphäre) freigesetzten Emissionen. Aufgrund der ungewissen natürlichen Assimilationskapazität und der Möglichkeit des Auftretens von natürlichen Rückkopplungseffekten ist der Zusammenhang zwischen Emissionen und der Entwicklung des Schadstoffbestandes unsicher. Die Bedeutung dieser Ungewißheit für die Höhe des Schattenpreises (bzw. einer optimalen Emissionssteuer) und die die weitere Entwicklung des Schadstoffbestandes steuernde Schattenpreisdynamik wird dabei sicherlich von der Art der Ungewißheit, d. h. der zugrundeliegenden Wahrscheinlichkeitsverteilung, abhängen.

Die folgende, unter Kapitel 5.2 erläuterte, stochastische Differentialgleichung

$$dS_t = (aF_t - R_t - \kappa\, S_t)dt + \sigma(S)\, dz \tag{5.1a}$$

beschreibt die Akkumulationsdynamik als stetigen stochastischen Prozeß. Die Abweichungen des Schadstoffbestandes von der erwarteten Entwicklung ergeben sich aus den Eigenschaften des Wiener Prozesses z. Um den Fall des „active learning" auszuschließen, sei die Varianz im nachfolgenden unabhängig von dem erreichten Niveau des Schadstoffbestandes, d. h. $\sigma(S) \equiv \sigma$. Eine parametrische Veränderung des Termes, der die Standardabweichung der Veränderung des Schadstoffbestandes bezeichnet, hätte keine Auswirkung auf den Erwartungswert, der nach wie vor (wie auch im Fall einer Abhängigkeit der Varianz von dem Niveau des Schadstoffbestandes) $E(dS) = (aF - R - \kappa S)dt$ beträgt. Wie von Rothschild und Stiglitz (1970)[78] aufgezeigt, ist mit dieser Zunahme an Unsicherheit („mean-preserving spread") wegen der Konvexität der Schadensfunktion eine Zunahme des Schadensrisikos verbunden. Dagegen hat die Veränderung der Unsicherheit keinen Einfluß auf einen Quasi-Optionswert. Wie sich im folgenden leicht zeigen läßt, existiert wegen der Symmetrie der Wahrscheinlichkeitsverteilung in dem vorgegebenen (partiell) irreversiblen Entscheidungsproblem bei Unsicherheit kein Quasi-Optionswert. Das zeitliche Profil des Schattenpreises und des Schadstoffbestandes wird nicht durch den Einfluß von Unsicherheit verändert.

[78] Vgl. Rothschild, M. und J. E. Stiglitz (1970).

Ein wohlfahrtsmaximierender staatlicher Planer, der die ex ante effiziente Nutzung von Umwelt als Schadstoffaufnahmemedium zum Ziel hat, wird versuchen, den Gegenwartswert der abdiskontierten Schadens- und Vermeidungskosten über einen unendlichen Zeithorizont zu minimieren, d. h.: $\min_{R_t} E\left[\int_0^\infty [D(S_t) + C(R_t)]e^{-\delta t} dt\right]$. Da es sich in dem hier vorliegenden Fall um ein autonomes stochastisches Kontrollproblem handelt, erhält man nach der Anwendung von Ito's Lemma und einigen weiteren Umformungen (vgl. dazu Kapitel 5.2) folgende Hamilton-Jacobi-Bellman-Gleichung:

(5.8a) $$\delta V(S) = \min_R \left\{C(R) + D(S) + V_S[aF - R - \kappa S] + 1/2\,\sigma^2 V_{SS}\right\} .$$

Durch Differenzieren der rechten Seite von (5.8a) erhält man folgende, für die Minimierung der Summe aus Vermeidungs- und Schadenskosten notwendige Bedingung

(5.9a) $$C'(R) = V_S ,$$

nach der die Grenzvermeidungskosten gleich der marginalen Bewertung einer weiteren Schadstoffeinheit, gemessen anhand der Wertfunktion $V(S)$, sind.

Zur Beschreibung des intertemporalen Nutzungsprofils wird im weiteren die Dynamik des Schattenpreises beschrieben. Dazu ist zunächst in Analogie zur deterministischen Kontrolltheorie die modifizierte Hamilton-Gleichung (5.8a) nach der Zustandsvariablen S zu differenzieren. Durch die Anwendung von Ito's Lemma kann für die erwartete Veränderung des Schattenpreises geschrieben werden: $1/dt\, E(dV_S) = V_{SS}[aF - R - \kappa S] + 1/2\,\sigma^2 V_{SSS}$. Durch Einsetzen dieses Ausdrucks in die nach S differenzierte Gleichung (5.8a) sowie durch Berücksichtigung der notwendigen Bedingung (5.9a) erhält man mit $V_S = \tilde{p}$ für den Schattenpreispfad:

(5.41) $$E\left[\dot{\tilde{p}}\right] = (\delta + \kappa)\tilde{p} - D'(S).$$

Die Gleichungen (5.9a) und (5.41) liefern offenbar die gleichen Optimalitätsbedingungen wie das Optimierungsproblem bei vollständiger Information über die Akkumulationsdynamik des Schadstoffbestandes. In diesem Fall spielt Unsicherheit keine Rolle für die intertemporale Nutzungsentscheidung von Umwelt. Wenngleich ein (partiell) irreversibles Entscheidungsproblem mit exogener Veränderung der Informationslage vorliegt, kann dieses Problem gelöst werden, indem die Zufallsvariablen durch ihre Erwartungswerte ersetzt werden. Die dem Entscheidungsproblem zugrundeliegende Wahrscheinlichkeitsverteilung ist symmetrisch und Abweichungen in der Akkumulationsdynamik vom erwarteten Pfad nach oben oder unten gleichen sich im Durchschnitt aus.

Im folgenden sei die Möglichkeit betrachtet, daß der Schadstoffbestand aufgrund komplexer ökologischer Zusammenhänge oder etwa verzögerter Wahrnehmung unvorhersehbar um eine bestimmte Menge $M = \overline{M}$[79] ansteigen kann. Der Zeitpunkt, zu dem ein Sprung im Schadstoffbestand erfolge, sei ungewiß und kann daher als eine Zufallsvariable aufgefaßt werden, die einer Poisson-Wahrscheinlichkeitsverteilung folgt. Dabei bezeichne λ die mittlere Erwartungsrate des Ereignisses einer sprunghaften Zunahme des Schadstoffbestandes („jump process")[80]. Die Eintrittswahrscheinlichkeit eines Sprungs innerhalb des Zeitintervalls dt läßt sich für einen stetigen stochastischen Prozeß angeben mit λdt, die Gegenwahrscheinlichkeit ist gleich $1-\lambda dt$. Die Schadstoffakkumulation in der Zeit läßt sich nun durch folgenden, gemischten, stochastischen Prozeß beschreiben:

(5.42) $$dS = (aF - R - \kappa S)dt + \sigma dz + dw.$$

Dabei bezeichne dw nun den Poisson Prozeß, der jedoch von dem bereits bekannten Wiener Prozeß dz unabhängig sei, d. h. $E[dzdw] = 0$. Während der Wiener Prozeß mit der jeweils gleichen Wahrscheinlichkeit ständig vom erwarteten Entwicklungspfad nach oben oder unten abweichen kann, nimmt die Poisson-Komponente dw mit einer Wahrscheinlichkeit von $1-\lambda dt$ den Wert 0 an, hingegen mit der geringen Wahrscheinlichkeit λdt gilt: $dw = M$. Es ergeben sich somit bei Anwendung der „Random Walk"-Approximation für den gemischten stochastischen Prozeß folgende, durch Unsicherheit hinsichtlich der natürlichen Akkumulationsdynamik bedingte mögliche Abweichungen der Entwicklung des Schadstoffbestandes vom erwarteten Pfad: Mit einer Wahrscheinlichkeit von jeweils $1/2\,(1-\lambda dt)$ kann die Entwicklung des Schadstoffbestandes innerhalb des infinitesimal kleinen Zeitintervalls dt nach oben oder unten um $\sigma\sqrt{dt}$ von der erwarteten Zunahme abweichen, während mit einer kleinen Rest-

---

[79] Der Einfachheit halber sei von einer fixen Größe ausgegangegen. Grundsätzlich läßt sich M auch als Zufallsvariable auffassen. Die qualitativen Ergebnisse ändern sich dadurch jedoch nicht. Vgl. dazu auch die folgenden Ausführungen mit M als Zufallsvariable.

[80] Vgl. zu einer allgemeinen Darstellung von gemischten stochastischen Prozessen: Malliaris, A. G. und W. A. Brock (1982), S. 121 ff., oder Dixit, A.K. und R.S. Pindyck (1993), S. 85 ff.

wahrscheinlichkeit λdt das „Ereignis" eines unvorhersehbaren Sprungs in der Zunahme des Schadstoffbestandes um M über die erwartete Vergrößerung eintreten kann. Für die erwartete Abweichung erhält man daher $E[\sigma dz + dw] = M\lambda dt$. Die Varianz des gemischten Prozesses muß nun den Einfluß des möglichen Poisson-Ereignisses berücksichtigen. Wie sich leicht zeigen läßt, vergrößert sie sich gegenüber der bisherigen Varianz um den Term $\lambda M^2 dt$, d. h.: $Var[\sigma dz + dw] = (\sigma^2 + \lambda M^2)dt$.

Im weiteren werden die Implikationen einer ungewissen Entwicklung des Schadstoffbestandes gemäß der stochastischen Differentialgleichung (5.42) auf die Politik einer Minimierung von Schadens- und Vermeidungskosten untersucht. Dabei stellt sich die Frage, ob die Möglichkeit eines unvorhersehbaren (größeren) Anstiegs der akkumulierten Emissionen Auswirkungen auf die optimale Emissionsreduktionsentscheidung sowie auf das intertemporale Nutzungsprofil von Umwelt als Schadstoffaufnahmemedium hat. Im Unterschied zu dem vorangehenden Fall, in welchem ebenfalls ein Entscheidungsproblem über die Nutzung von Umwelt mit ungewissen Konsequenzen modelliert wurde, und Informationen über die Entwicklung des Schadstoffbestandes im Laufe der Zeit (durch die Beobachtung der Entwicklung des Bestandes der akkumulierten Emissionen) verfügbar wurden, verlangt die Einführung asymmetrischer Unsicherheit in dem vorliegenden Modellrahmen die Berücksichtigung von Irreversibilität und möglichem Zugewinn an Information hinsichtlich der Nutzungsentscheidung von Umwelt innerhalb des Planungshorizontes. Der staatliche Planer muß daher die Möglichkeit eines unvorhersehbaren Sprungs in der Zunahme des Schadstoffbestands bei der Ableitung des zeitlichen Emissionsprofils berücksichtigen. Wie im folgenden gezeigt wird, schafft Unsicherheit in diesem Fall einen asymmetrischen Effekt, der aus effizienztheoretischer Sicht Auswirkungen auf das intertemporale Entscheidungskalkül der Umweltnutzung hat.

Bezeichnet $\hat{V}(S,t)$ die Wertfunktion, die den optimalen Wert des Zielfunktionals (Minimierung der Summe von Vermeidungs- und Schadenskosten) bezüglich des jeweiligen Zeitpunktes angibt, so läßt sich nach dem Bellmanschen Prinzip der dynamischen Programmierung die optimale Entscheidung wie folgt charakterisieren:

$$\hat{V}(S(t),t) = \min_R \left\{ [D(S,t) + C(R,t)]e^{-\delta t}(dt) + E_t\left[\hat{V}(S + dS, t + dt)\right]\right\}. \tag{5.43}$$

Für die Ableitung der Hamilton-Jacobi-Bellman-Gleichung ist eine Taylor-Reihenentwicklung mit Anwendung von Ito´s Lemma auf die Funktion des gemischten stochastischen Prozesses anzusetzen. Dabei sei angenommen, daß die Wertfunktion $\hat{V}(S,t)$ zweimal differenzierbar in S und t ist.

So läßt sich unter Beachtung von (5.42) für $\hat{V}(S+dS,t+dt)$ schreiben:

$$(5.44)\quad \hat{V}(S+dS,t+dt)=\hat{V}(S(t),t)+\hat{V}_t dt+\hat{V}_S[(aF(t)-R(t)-\kappa S(t))dt+\sigma dz+dw]$$
$$+V_{St}(dS)(dt)+1/2\,\hat{V}_{SS}[dS]^2+h.o.t.$$

Die Veränderungen des Schadstoffbestandes lassen sich demnach drei verschiedenen Quellen zuordnen. Zum einen verändert sich dieser gemäß der erwarteten Emissionsrate abzüglich der erwarteten natürlichen Abbaurate. Zum anderen finden Variationen in der Menge der akkumulierten Emissionen aufgrund stochastischer Einflußgrößen statt, die einerseits stetig um den erwarteten Trend nach oben oder unten als Brownsche Bewegung fluktuieren und andererseits besteht die (geringe) Wahrscheinlichkeit eines signifikanten unvorhersehbaren Sprungs in der akkumulierten Emissionsmenge. Um diesen letztgenannten, nichtmarginalen und nichtstetigen Einfluß zu ermitteln, ist die nicht vorhersehbare Zunahme des Schadstoffbestandes mit der Eintrittswahrscheinlichkeit dieses Ereignisses λdt zu gewichten. Somit läßt sich der erwartete Einfluß der Poisson-Komponente angeben mit:

$E\left[\hat{V}_S dw\right]=E_M\left\{\lambda dt\left[\hat{V}(S(t)+M,t)-\hat{V}(S(t),t)\right]\right\}$.[81]

Wegen der Ito´schen Multiplikationsregeln $(dz)(dt)=0,(dt)^2=0,(dz)^2=dt$ sowie wegen der Unabhängigkeit zwischen Wiener Prozeß und Poisson Prozeß, d.h. $E[dzdw]=0$, bleibt von der eckigen Klammer der zweiten Ableitungen der Wertfunktion lediglich die Varianzkomponente des Wiener Prozesses übrig, also $\hat{V}_{SS}1/2\,\sigma^2 dt$. Zu beachten ist dabei, daß Terme höherer Ordnung im Unterschied zum Ito-Prozeß, für den $dz=\varepsilon_t\sqrt{dt}$ gilt, bei der Grenzwertbildung (für $\Delta t\to 0$) schneller gegen null gehen und daher wegfallen.

Daher erhält man nach einigen Umformungen und der Bildung des Erwartungswertes für die rechte Seite von Gleichung (5.44) zunächst die folgende Hamilton-Jacobi-Bellman-Gleichung anstelle von (5.43):

[81] Dabei bezieht sich der Erwartungswert mit dem Index M auf die Größe des Sprungs, welcher hier als Zufallsvariable aufgefaßt werden kann.

$$(5.45)\qquad -\hat{V}_t = \min_R \left\{ e^{-\delta t}[D(S,t)+C(R,t)] + \hat{V}_S[aF(t)-R(t)-\kappa S(t)] + 1/2\,\sigma^2 \hat{V}_{SS} \right\}$$
$$+\lambda\left[\hat{V}(S(t)+M)-\hat{V}(S(t))\right].$$

Bezeichnet man mit $\hat{p}(S,t) \equiv \hat{V}_S(S(t),t)$ den mit der Wertfunktion $\hat{V}(S(t),t)$ korrespondierenden Schattenpreis bzw. die Kozustandsvariable des stochastischen Kontrollproblems, so gilt auch $\hat{p}_S(S,t) = \hat{V}_{SS}(S(t),t)$. Somit läßt sich nun kürzer für Gleichung (5.45) schreiben[82]:

$$(5.46)\qquad -\hat{V}_t = \min_R H(S,R,\hat{p},\hat{p}_S,t) + \lambda\left[\hat{V}(S(t)+M)-\hat{V}(S(t))\right].$$

wobei H das in der geschweiften Klammer von (5.45) beschriebene Zielfunktional bezeichnet[83]. Eine Funktion R, die das in (5.46) angegebene Minimierungsproblem löst, ist eine Funktion des Schadstoffbestandes S und der Zeit t sowie der Kozustandsvariablen $\hat{p}$ und der ersten Ableitung derselben $\hat{p}_S$ (die beide letztlich eine Funktion von S und t sind). Mit der sogenannten „Politikfunktion"[84] $R^0 = R^0(S,\hat{p},\hat{p}_S)$ läßt sich daher für (5.46) auch schreiben:

$$(5.47)\qquad -\hat{V}_t = H\left(S,R^0(S,\hat{p},\hat{p}_S)\hat{p},\hat{p}_S\right) = H^0\left(S,\hat{p},\hat{p}_S\right).$$

Da das Maximumprinzip auf das stochastische Optimierungsproblem angewendet werden kann, ergibt sich der optimale Reduktionspfad als Lösung der stochastischen Differentialgleichungen (5.42) sowie der die Schattenpreisdynamik beschreibenden Gleichung

$$(5.48)\qquad d\hat{p} = -H_S^0\,dt + \sigma\hat{V}_{SS}dz = \left[-D_S + (\delta+\kappa)\hat{p} - \lambda\left(\hat{V}_S(S+M)-\hat{V}_S\right)\right]dt + \sigma\hat{V}_{SS}dz.$$

Nach der Bildung des Erwartungswertes für (5.48) und Umstellung der Gleichung sowie Berücksichtigung von $\hat{p} \equiv \hat{V}_S$ erhält man:

---

[82] Die Abhängigkeit von der Zeit t wird im folgenden in der Notation vernachlässigt, sofern dies nicht zu Unklarheiten führen kann.

[83] Dabei kann H auch als modifizierte Hamilton-Funktion aufgefaßt werden, die hier in laufenden Werten formuliert sei.

[84] Vgl. Malliaris, A. G. und W. A. Brock (1982), S. 111.

(5.48a) $$E[d\hat{p}/dt] = -D_S - \lambda \hat{V}_S(S+M) + (\delta + \kappa + \lambda)\hat{p}.$$

Aus Gleichung (5.48) wird der Einfluß des Poisson-Prozesses deutlich, da er zum einen das Niveau des Schattenpreises anhebt und zum anderen die Dynamik des Schattenpreises um die mittlere Erwartungsrate einer sprunghaften Zunahme des Schadstoffbestandes λ erweitert. Die Maximierung der Hamilton-Jacobi-Bellman-Gleichung (5.45) verlangt die Erfüllung der notwendigen Bedingung $C_R = \hat{V}_S$. Da $\hat{V}_S \equiv \hat{p}$, fordert (5.48a) ein höheres Reduktionsniveau. Im Unterschied zu dem oben erläuterten Fall der symmetrischen Unsicherheit, bei welchem die Schadstoffe gemäß der stochastischen Differentialgleichung (5.1a) akkumulieren, führt Unsicherheit in der hier beschriebenen Situation (vgl. (5.42)) zu einem präventiven Effekt hinsichtlich der Umweltnutzung. Demnach ist es erforderlich, das Ereignis eines Sprungs in der Entwicklung des Schadstoffbestandes aufgrund von Verzögerungen in der Wahrnehmung oder der ökologischen Dynamik bereits am Anfang des Planungsintervalls in die Entscheidung über die Höhe des Schattenpreises und dessen weiteren Entwicklungspfad einzubeziehen. Bezeichnet man mit $\hat{\hat{p}}(T) \equiv \hat{V}_S(S+M,T)$ den Schattenpreis des Schadstoffbestandes, der den optimalen Emissionsreduktionspfad ab dem Zeitpunkt der sprunghaften Zunahme des Schadstoffbestandes T bis zum Ende des Planungshorizontes steuert, so läßt sich für (5.48a) schreiben:

(5.48b) $$E[d\hat{p}/dt] = -D_S + (\delta + \kappa)\hat{p} - \lambda\left[\hat{\hat{p}} - \hat{p}\right].$$

Wie bereits oben erläutert, sei der Zeitpunkt der unerwarteten Zunahme des Schadstoffbestandes T unbekannt. Sofern bestimmte Vorstellungen hinsichtlich einer sprunghaften Zunahme des Schadstoffbestandes existieren, die von der Zeit (oder etwa dem Verlauf der Zunahme des Schadstoffbestandes) abhängig sind[85], erscheint es sinnvoll diesen Effekt explizit in das intertemporale Umweltnutzungsprofil einzubeziehen. Die Eintrittswahrscheinlichkeit für diesen Effekt ist dann nicht mehr als exogenes Ereignis zu sehen, sondern durch den bisherigen Verlauf der Schadstoffakkumulation sowie die Erwartungen über die Eintrittswahrscheinlichkeit, die sich in einer (von der Zeit abhängigen) Dichtefunktion niederschlagen, bestimmt. Der Zeitpunkt einer sprunghaften Zunahme des Schadstoffbestands kann daher als Zufallsvariable auf-

[85] Im Zusammenhang der Klimaproblematik ist dabei etwa an die Pufferwirkung der Ozeane zu denken, die zu einem zeitlich verzögerten Anstieg der Konzentration an Treibhausgasen führt. Vgl. dazu etwa Bauer, A. (1993), Deutscher Bundestag (1990), (1992).

gefaßt werden, die der Dichtefunktion ψ_t folge, d. h. $\psi_t > 0$ und $\int_0^\infty \psi_t \, dt = 1$. Zusammen mit $\Psi_t = \int_t^\infty \psi_t dt$ läßt sich die bedingte Wahrscheinlichkeit des Poisson-Ereignisses zu einem beliebigen Zeitpunkt t wie folgt angeben: $\lambda_t = \psi_t / \Psi_t$. Der Term ψ_t / Ψ_t bezeichnet somit die Wahrscheinlichkeit des Poisson-Ereignisses, unter der Bedingung, daß dieses zuvor noch nicht eingetreten ist[86].

Berücksichtigt man diese Zusammenhänge nun in (5.48b), so ergibt sich:

$$(5.49) \qquad E[d\hat{p}/dt] = -D_S + (\delta + \kappa)\hat{p} - \psi_t / \Psi_t \left[\hat{\hat{p}} - \hat{p}\right].$$

Gleichung (5.49) verdeutlicht, daß aufgrund der Einführung von Unsicherheit zum einen der Schattenpreis höher anzusetzen ist und damit der Umfang der anfänglichen Emissionsreduktion größer ausfällt. Zum anderen bewirkt das drohende Poisson-Ereignis eine veränderte Schattenpreisdynamik, die sich wie eine Verminderung der sozialen Diskontrate auswirkt und insofern eine vergleichsweise stärkere Gewichtung der mit den akkumulierten Emissionen einhergehenden, zukünftigen Schäden über den von der Zeit abhängigen Term vornimmt. Im Ergebnis führt dies zu einer präventiveren Emissionsreduktionspolitik, die der Möglichkeit einer sprunghaften Zunahme der akkumulierten Emissionen im Vorfeld durch eine verringerte irreversible Anhäufung von Emissionen Rechnung trägt. Sofern das Poisson-Ereignis eintritt, weicht der Schadstoffbestand sehr stark von dem erwarteten Pfad ab. Aus der Sicht des staatlichen Planers ist diese Information über die mögliche Entwicklung des Schadstoffbestandes vorab in das intertemporale Entscheidungskalkül einzubeziehen und gibt somit Anlaß für die Einbeziehung des Termes $\psi_t / \Psi_t (\hat{\hat{p}} - \hat{p})$, der den Effekt des Quasi-Optionswertes widerspiegelt.

[86] vgl. Dasgupta, P. und G. Heal (1974): The Optimal Depletion of Exhaustible Resources, Review of Economic Studies, Vol. 41, S. 3-28, zur Formulierung der bedingten Wahrscheinlichkeit.

5.5.2 Der Quasi-Optionswert bei Unsicherheit bezüglich zukünftiger Präferenzänderungen

Neben den naturwissenschaftlichen Unsicherheiten, die Umweltrisiken begründen, ist die Bedeutung der Umweltrisiken im Hinblick auf die Risikoallokation auch von der Bewertung der Umweltschäden abhängig. In der Bewertung von Umweltschäden kommen die Präferenzen der Individuen einer Gesellschaft zum Ausdruck. Insbesondere vor dem Hintergrund langfristiger Optimierungsentscheidungen muß jedoch die Möglichkeit einer Änderung der Präferenzen beachtet werden.[87]

Dem Ziel einer Minimierung der abdiskontierten Summe aus Vermeidungs- und Schadenskosten durch einen wohlfahrtsmaximierenden staatlichen Planer liegen unter anderem Annahmen über die Präferenzen für das Gut Umwelt zugrunde. In Anbetracht einer irreversiblen Akkumulation von Schadstoffen[88] werden zukünftige Nutzungsmöglichkeiten von Umwelt als Schadstoffaufnahmemedium oder Konsumgut festgelegt. Diese Irreversibilitäten hinsichtlich der Umweltnutzung stellen intertemporale Externalitäten dar, die für zukünftige Generationen bei unvollständiger Internalisierung einen Nutzenentgang mit sich bringen. Aber auch eine vollständige Internalisierung auf der Grundlage des gegenwärtigen Wissensstandes über Präferenzen für Umwelt birgt zudem die Gefahr, daß zukünftige Generationen aufgrund eines möglicherweise stattfindenden Verhaltens- und Wertewandels anders über die Nutzung von Umwelt entscheiden möchten, der in menschlichen Planungshorizonten gemessene irreversible Aufbau eines Schadstoffbestandes dies jedoch dann nicht mehr zuläßt. Von Weisbrod (1964)[89] wurde erstmals darauf hingewiesen, daß bei Ungewißheit über die zukünftige Nachfrage nach einem öffentlichen Gut ein Optionswert zu berücksichtigen sei. Dieser Wert kann als Risikoprämie angesehen werden, der eine Kompensation für die Unsicherheit über zukünftige Änderungen der Präferenzen oder der angebotenen Menge des öffentlichen (Umwelt)-Gutes bieten soll. Wie bereits oben erläutert, wurde bei der Herleitung dieses Konzepts risikoaverses Verhalten unterstellt. Die Voraussetzungen für das von Arrow und Fisher (1974) geprägte Konzept des Quasi-Optionswertes, das ein konservatives Verhalten im Entscheidungsprozeß selbst bei Annahme von Risikoneutralität verlangt, wurden ebenfalls aufgezeigt. Das im vorangehenden Ab-

---

[87] Vgl. etwa Siebert, H. (1987), S. 176.

[88] Fisher und Krutilla (1974) differenzieren das Konzept der Irreversibilität im Hinblick auf die empirische Beurteilung und Kategorisierung nach der Dauerhaftigkeit der mit einer irreversiblen Nutzungsentscheidung verbundenen Konsequenzen sowie nach dem Kriterium der authentischen Wiederherstellung. Vgl. Fisher, A. C. und J. V. Krutilla(1974): Valuing Long-Run Ecological Consequences and Irrversibilities, Journal of Environmental Economics and Management, Vol. 1, S. 96-108.

[89] Vgl. Weisbrod, B. (1964).

schnitt entwickelte Beispiel eines Quasi-Optionswertes bei Unsicherheit bezüglich der natürlichen Assimilationskapazität stellt in diesem Zusammenhang einen beachtenswerten Spezialfall dar. Im Unterschied zu den bisherigen Arbeiten wird ein Quasi-Optionswert anhand eines stetigen, dynamischen Optimierungsmodells aufgezeigt. Im folgenden wird anhand des vorgegebenen Modellrahmens dem allgemeineren Fall einer möglichen Änderung zukünftiger Präferenzen für das Gut Umwelt nachgegangen. Dabei wird erläutert, wie sich die Ungewißheit zukünftiger Präferenzen auf das intertemporale Nutzungsprofil bzw. auf die Entwicklung des Schattenpreises der Umweltbelastung auswirkt. Dabei wird sich zeigen, daß diese Unsicherheit unter bestimmten Bedingungen eine Begründung für eine präventive Emissionsentscheidung liefern kann. Ein konservatives Umweltnutzungsverhalten spiegelt sich in einem höheren Schattenpreis und einer verminderten Diskontrate wider.

Weitzman (1994)[90] zeigt, daß selbst bei Abwesenheit von Unsicherheit eine im zeitlichen Verlauf sinkende soziale Diskontrate angemessen sein kann. Eine konstante Diskontrate, die für die meisten intertemporalen Ressourcennutzungsprobleme umstandslos angenommen wird, setzt unveränderte Präferenzen über den gesamten Betrachtungszeitraum voraus. Hingegen kann eine stärkere Gewichtung zukünftiger Nutzungsentscheidungen von Umweltgütern aufgrund einer relativ hohen Einkommenselastizität für diese Güter sowie der mit dem ökonomischen Wachstumsprozeß einhergehenden zunehmenden Umweltknappheiten angezeigt sein. Eine veränderte Einschätzung von Umweltexternalitäten im Laufe der Zeit wäre dann durch eine in der Zeit sinkende soziale Diskontrate („environmental drag") zu berücksichtigen[91].

Im folgenden sei die Möglichkeit einer zukünftig stärkeren Bewertung des Umweltgutes vor dem Hintergrund eines (partiell) irreversiblen ungewissen Aufbaus von Schadstoffen, der sich gemäß Gleichung (5.1a) vollzieht, betrachtet. Dabei bezeichnet λ_1 die mittlere Erwartungsrate des Ereignisses einer höheren Bewertung zukünftiger Umweltschäden und $\lambda_1 dt$ somit die Wahrscheinlichkeit für das Eintreten dieses Ereignisses innerhalb des infinitesimal kleinen Zeitintervalls dt und $(1-\lambda_1 dt)$ die Gegenwahrscheinlichkeit einer unveränderten Präferenz für Umweltgüter. Weiterhin sei mit $\hat{V}^0(S(t),t)$ die mit unveränderten Präferenzen korrespondierende Wertfunktion bezeichnet, während $\hat{V}^1(S(t),t)$ die den Wert des Zielfunktionals maximierende Wertfunktion für den Fall einer Höherbewertung der Präferenzen angibt, d.h.

[90] Vgl. Weitzman, M. L. (1994) : On the „Environmental" Discount Rate, Journal of Environmental Economics and Management, Vol. 26, S. 200-209.
[91] Vgl. ebenda.

$\hat{V}^1(S(t),t) > \hat{V}^0(S(t),t)$. Somit läßt sich das intertemporale Entscheidungsproblem zunächst wie folgt schreiben:

$$(5.50)\quad \hat{V}^0(S(t),t) = \min_R \Big\{ \big[D(S,t) + C(R,t)\big]dt + e^{-\delta dt}\Big\{(1-\lambda_1 dt)\, E_t\big[\hat{V}^0(S+dS,t+dt)\big] + \lambda_1 dt\, E\big[\hat{V}^1(S+dS,t+dt)\big]\Big\}\Big\}.$$

Nach der Anwendung von Ito´s Lemma auf die innerhalb der zweiten geschweiften Klammer der rechten Seite stehenden Terme und einigen Umformungen, erhält man nun für diese Gleichung:

$$(5.51)\quad -\hat{V}_t^0(S(t),t) = \min_R \Big\{ \big[D(S,t) + C(R,t)\big]e^{-\delta t} + \hat{V}_S^0\big[aF - R - \kappa S\big] + 1/2\,\sigma^2 \hat{V}_{SS}^0 + \lambda_1\big[\hat{V}^1(S,t) - \hat{V}^0(S,t)\big]\Big\}.$$

Wie bereits im vorangegangenen Abschnitt erläutert, sei der Zeitpunkt der eintretenden Veränderung der Präferenzen unbekannt und folge der Dichtefunktion ψ_t, und es gelte $\Psi_t = \int_t^\infty \psi_t dt$. Der mit einer veränderten Wertfunktion korrespondierende Schattenpreis des Schadstoffbestandes zum Zeitpunkt T sei dann gegeben durch $\hat{p}^1(T) \equiv \hat{V}_S^1(S(T),T)$, während der zuvor gültige Schattenpreis mit $\hat{p}^0(t) \equiv \hat{V}_S^0(S(t),t)$ bezeichnet sei, wobei für den Fall einer Höherbewertung von Umweltschäden gelte: $\hat{p}^1(t) > \hat{p}^0(t)$.

Unter Berücksichtigung der Schattenpreise kann man mit Hilfe des Zielfunktionals $\hat{H}$ auch kürzer für den innerhalb der geschweiften Klammer stehenden Ausdruck schreiben:

$$(5.52)\quad -\hat{V}_t^0 = \min_R \hat{H}(S,R,\hat{p}^0,\hat{p}_S^0,\hat{p}^1,\hat{p}_S^1),$$

um für die den optimalen Pfad beschreibende Schattenpreisdynamik zu erhalten:

$$(5.53)\quad d\hat{p}^0 = -\hat{H}_S^0\,dt + \sigma\hat{V}_{SS}^0\,dz = \big[-D_S + (\delta+\kappa)\hat{p}^0 - \lambda\big[\hat{V}_S^1 - \hat{V}_S^1\big]\big]dt + \sigma\hat{V}_{SS}\,dz\ .$$

Nach der Bildung des Erwartungswertes und Einsetzen von $\lambda_t = \psi_t / \Psi_t$ ergibt sich für die erwartete Entwicklung des Schattenpreises, der zum optimalen Emissionsreduktionspfad gehört:

(5.54) $$E[d\hat{p}/dt] = \left[-D_S + (\delta + \kappa)\hat{p}^0 - \psi_t / \Psi_t \left[\hat{p}^1 - \hat{p}^0\right]\right].$$

Die Möglichkeit einer zukünftigen Präferenzänderung zugunsten der Umwelt und somit einer stärkeren Gewichtung der mit Umweltbelastung einhergehenden bewerteten Umweltschäden verlangt daher eine Umweltpolitik, die dem Aspekt der der Prävention stärker Rechnung trägt. Im Vorfeld einer Präferenzänderung wird dieser Möglichkeit durch den mit der bedingten Wahrscheinlichkeit für das Eintreten dieses Ereignisis gewichteten Terms Rechnung getragen, um die im Zeitpunkt T verfügbare Information hinsichtlich der Bewertung der Umweltschäden für den weiteren Emissionsreduktionspfad nutzen zu können. Insofern spiegelt der von der Zeit abhängige Term den Effekt eines Quasi-Optionswertes wider und wirkt sich ähnlich wie bei Weitzman (1994) in Form einer Verringerung der sozialen Diskontrate in der Zeit aus. Im Unterschied zu Weitzman (1994) ist der hier beschriebene Effekt auf den von Arrow and Fisher (1974) sowie Henry (1974) erstmals aufgezeigten „Irreversibilitätseffekt" zurückzuführen. Im Zusammenhang mit irreversiblen Investitionsentscheidungen bezüglich der Nutzung von Umweltgütern bei Ungewißheit leiteten diese im Rahmen eines Zwei-Perioden-Modells die Existenz eines Quasi-Optionswertes her, wonach auch im Falle eines risikoneutralen Entscheidungsträgers ein vorsichtiges Verhalten angezeigt sein kann, um den Wert zusätzlicher, im Laufe des Planungshorizontes anfallender Informationen nutzen zu können.

6 Investitionen in Vermeidungskapital

6.1 Investitionen in Vermeidungskapital bei vollständiger Information

Die in den vorangehenden Abschnitten erörterten Strategien zur Beeinflussung des Schadstoffbestandes umfaßten lediglich den Verzicht auf die Nutzung fossiler Energieressourcen, da der Emissionskoeffizient, wie auch die natürliche Assimilationskapazität, aus Vereinfachungsgründen exogen vorgegeben wurden. Dabei ist nicht nur im Rahmen der Treibhausproblematik[1] eine Reduktion von Emissionen durch die Verringerung des Emissionskoeffizienten möglich. Dies setzt jedoch Investitionen in umweltfreundlichere Technologien, die eine Senkung des durchschnittlichen Emissionskoeffizienten ermöglichen, voraus. So ist etwa eine Verringerung von Kohlendioxidemissionen durch eine veränderte Energieträgerstruktur, Energieeinsparungsinvestitionen oder Investitionen in alternative, emissionsfreie Energien möglich[2]. Gemeinsam ist diesen Maßnahmen, daß sie das Umwidmen von Ressourcen in investive Verwendungen voraussetzen, die sonst zu konsumtiven Zwecken zur Verfügung stünden. Des weiteren kann durch entsprechende Investitionen eine Vergrößerung der natürlichen Assimilationskapazität erzielt werden, die zu einer Verringerung des Schadstoffbestandes beitragen[3].

6.1.1 Das Ergebnis bei Maximierung der sozialen Wohlfahrt

Die Ableitung der zur Erreichung eines Wohlfahrtsmaximums erforderlichen Entscheidungen bezüglich der Allokation der Ressourcen durch einen (utilitaristischen), staatlichen Planer ist Gegenstand der weiteren Ausführungen.

Im folgenden sei daher unterstellt, daß eine Verringerung des Emissionskoeffizienten $a = a(K_U)$ aufgrund von Investitionen I in einen umweltfreundlichen Kapitalstock K_U möglich sei[4]. Für die Entwicklung des Kapitalstocks in der Zeit gelte die folgende Beziehung:

(6.1) $$\dot{K} = I - \varphi\, K, \quad wobei \quad K(0) = K_0 \quad gegeben.$$

---

[1] Andere Beispiele stellen die Kontaminierung von Grundwasser und Böden durch langlebige Pestizide, gefährlicher Müll, radioaktiver Abfall usw., dar.

[2] Vgl Cline, W. R. (1992), S. 203 ff. zu einem Überblick über die Fülle an Möglichkeiten zur Reduktion von Kohlendioxidemissionen aus der Verbrennung fossiler Energieträger.

[3] Zu denken ist dabei etwa an Wiederaufforstungsprogramme und die Schaffung von sogenannten Senken, die die Absorption von Emissionen erhöhen. Vgl. ebenda.

[4] Vgl. dazu auch Dasgupta, P. (1982), S.152 f. Andere Modelle betrachten die Möglichkeit der Verringerung von Umweltbelastung anhand eines Zwei-Sektoren-Modells. Vgl. dazu Siebert, H. (1992).

Dabei bezeichne φ die konstante Abschreibungsrate des gesamten Kapitalstocks K. Die Veränderung des Kapitalstocks entspricht somit der Differenz zwischen Bruttoinvestitionen und den ökonomischen Abschreibungen.

Sofern man den gesellschaftlichen Nutzen aus der Verwendung fossiler Energie als Größe auffaßt, die den gesellschaftlichen Konsum ($C = B(F)$) unter Berücksichtigung der sich aus diesem Konsum ergebenden Schäden maximiert[5], bleibt der Prozeß der Kapitalbildung in der Produktion Y sowie zur Verringerung des Emissionskoeffizienten außen vor. Der einzige Weg zur Steuerung der effizienten Nutzung von Umwelt als Aufnahmemedium für die sich bei der Produktion ergebenden Schadstoffe in einer „Modellökonomie" dieser Art ist letztlich in einer Verringerung der wirtschaftlichen Aktivitäten zu sehen. Die Protagonisten einer eher optimistischen Sichtweise des Zielkonfliktes zwischen Umweltqualität und Wirtschaftswachstum sehen dagegen in einer Zunahme der Produktion die Chance, Ressourcen in investive umweltschonende Verwendungen zu lenken[6]. Daher sei unterstellt, daß mit der Durchführung von Investitionen $(I = I_Y + I_U)$ eine Veränderung des Kapitaleinsatzes in der Produktion K_Y oder eine Veränderung des umweltfreundlichen Kapitalstocks K_U möglich sei[7].

$$K = K_Y + K_U \tag{6.2}$$

Insofern wird die Allokationsentscheidung zwischen Konsum und Investition um die Frage der optimalen Allokation des eingesetzten Kapitals auf „produktive" oder „umweltentlastende" Verwendungen erweitert. Dabei ist zu erwarten, daß eine Verringerung des Emissionskoeffizienten zunehmend mehr Kapital erfordert, d.h. es liegen abnehmende Skalenerträge vor, $a'(K_U) < 0,\ a''(K_U) > 0$[8]. Ferner gelte für die einfache Produktionsfunktion $Y = f(K_Y),\ f'(K_Y) > 0,\ f''(K_Y) < 0$. Für die emittierte Schadstoffmenge E ergibt sich somit

---

[5] Vgl. z.B. Nordhaus, W.D. (1991): To slow or not to slow: The Economics of the Greenhouse Effect, The Economic Journal, Vol. 101, S. 925: „The fundamental policy question involves how much reduction in consumption society should incur today to slow the consumption damages from climate change in the future".

[6] Damit ist offenkundig nicht an staatliche Investitionslenkung im engeren Sinne gedacht. Wenngleich die bislang gewählte Formulierung der Zielfunktion einer zentral geplanten Wirtschaft gleichkommt, lassen sich die Mengenprobleme der optimalen Allokation von Ressourcen (einschließlich der Ressource Umwelt), durch ein System von Preisen lösen, so daß der gewählte Ansatz sich auch in einem dezentralisierten marktwirtschaftlichen System implementieren läßt.

[7] Vgl. dazu die Ausführungen von Keeler, E., M. Spence, und R. Zeckhauser (1971): The Optimal Control of Pollution, Journal of Economic Theory, Vol. 4, S. 19-34. Die Autoren betrachten Spezialfälle eines allgemeineren Modells mit zwei Zustandsvariablen (Kapitalstock und Schadstoffbestand), in welchem sowohl die Emissionen als auch die akkumulierte Schadstoffmenge Einfluß auf Produktions-und Nutzenfunktion haben, und Kapital oder laufende Ausgaben zur Kontrolle der Emissionen aufgewendet werden können.

[8] Im Zusammenhang mit der Nutzung von fossiler Energie ist ein solcher Verlauf unter anderem durch das Bestehen von Effizienzuntergrenzen zu begründen.

$E \equiv a(K_U)f(K_Y)$[9]. Sieht man zunächst von der Problematik der Unsicherheit im Hinblick auf die Schadstoffakkumulation sowie der Bewertung der Umweltschäden ab, so erhält man folgendes Maximierungsproblem:

$$(6.3) \qquad \Omega_0 \equiv \max \int_0^\infty e^{-\delta t} \; [B(C) - D(S)]dt$$

unter Berücksichtigung von

$$(6.4a) \qquad \dot{K}_Y + \dot{K}_U = f(K_Y) - \varphi(K_Y + K_U) - C \; ,$$

$$(6.4b) \qquad \dot{S} = E - \kappa S, \quad wobei \quad S(0) = S_0 \quad gegeben.$$

Dabei bezeichnet Ω_0 eine soziale Wohlfahrtsfunktion, die es bei gegebenen Kapitalstöcken K_U^0, K_Y^0 und gegebenem Schadstoffbestand S_0 über einen unendlichen Zeithorizont zu maximieren gilt.

Somit ist ein Kontrollproblem mit zwei Zustandsvariablen gegeben, für dessen Lösung die in laufenden Werten formulierte Lagrangefunktion[10] resultiert:

$$\begin{aligned}(6.5) \quad \Lambda &= \Lambda(S, K_Y, K_U, C, I, \mu, \psi, \lambda_K, \lambda_Y, \lambda_S, \lambda_U) \\ &= [B(C) - D(S)] + \mu [E - \kappa S] + \psi [I - \varphi K] \\ &+ \lambda_Y [f(K_Y) - C - I)] + \lambda_K [K - K_Y - K_U] + \lambda_S [E - a(K_U)(C + I)].\end{aligned}$$

Dabei bezeichnen μ und ψ die Kozustandsvariablen für den Schadstoffbestand sowie den Kapitalstock in laufenden Werten. Ferner geben die Lagrange-Multiplikatoren $\lambda_K, \lambda_Y, \lambda_S$, ähnlich wie im gewöhnlichen statischen Problem, den Effekt einer Lockerung der Restriktionen

---

[9] Im Hinblick auf die Treibhausproblematik ist festzustellen, daß insbesondere in entwickelten Industrieländern eine „Entkoppelung" von Energieverbrauch und Wachstum zu beobachten ist. Dies würde in unserer stark vereinfachten Modellökonomie eine tendenzielle Verringerung des Emissionskoeffizienten implizieren. Ebenso wird in der Realität sehr häufig eine Trennung zwischen „rein produktiven" Erweiterungsinvestitionen und „umweltentlastenden" Investitionen -wie im Modell unterstellt- nicht möglich sein.

[10] Die Lagrangefunktion ist hier als eine um Restriktionen erweiterte Hamilton-Funktion aufzufassen. Diese Restriktionen treten hier zusätzlich neben die Bewegungsgleichungen für den Schadstoffbestand und den Kapitalstock. Zur Darstellung dieses Verfahrens und zur Ableitung der Optimalitätsbedingungen vgl. Chiang, A.C.: Elements of Dynamic Optimization, 1992, Chapter 10, oder Intriligator, M.D. : Mathematical Optimization and Economic Theory, 1971, S. 344.

auf die Zielfunktion an. Es ist jedoch zu beachten, daß die Multiplikatoren dynamischer Natur sind, d.h. die Restriktionen müssen zu jedem Zeitpunkt t erfüllt sein. Es ergeben sich somit folgende notwendige Bedingungen aus der Maximierung von (6.5):

(6.6a) $$\frac{\partial \Lambda}{\partial C} = B'(C) - \lambda_Y - \lambda_S \, a(K_U) = 0,$$

(6.6b) $$\frac{\partial \Lambda}{\partial I} = \psi - \lambda_Y - \lambda_S \, a(K_U) = 0,$$

(6.6c) $$\dot{S} = \frac{\partial \Lambda}{\partial \mu} = E - \kappa S,$$

(6.6d) $$\dot{\mu} = \delta \mu - \frac{\partial \Lambda}{\partial S} = \delta \mu + D'(S) + \mu \kappa,$$

(6.6e) $$\dot{K} = \frac{\partial \Lambda}{\partial \psi} = I - \varphi K,$$

(6.6f) $$\dot{\psi} = \delta \psi - \frac{\partial \Lambda}{\partial K} = \delta \psi + \psi \varphi - \lambda_K,$$

(6.6g) $$\frac{\partial \Lambda}{\partial K_Y} = -\lambda_K + \lambda_Y f'(K_Y) = 0,$$

(6.6h) $$\frac{\partial \Lambda}{\partial K_U} = -\lambda_K - \lambda_S \, a'(K_U) Y = 0,$$

(6.6i) $$\frac{\partial \Lambda}{\partial E} = \mu + \lambda_S = 0.$$

Dabei stellen (6.6c-f) die kanonischen Gleichungen des optimalen Kontrollproblems dar. Durch die vier Differentialgleichungen werden die Optimalpfade für die Entwicklung der Zustandsvariablen Schadstoffbestand und Kapitalstock über die Zeit determiniert. Die beiden Kozustandsvariablen μ und ψ sind hier als laufende Werte definiert worden und bezeichnen daher den laufenden Wert einer marginalen Veränderung des Kapitalstocks oder des Schadstoffbestandes auf das Zielfunktional. Die Determinanten der Entwicklung dieser Schattenpreise in der Zeit werden durch (6.6d) und (6.6f) angegeben. Sie steuern die dynamische Entwicklung des Kapitalstocks und des Schadstoffbestandes, indem sie die indirekte Auswirkung der Emissions- und Investitionsentscheidungen auf die Zustandsvariablen anzeigen, und in einer Weise berücksichtigen, die den diskontierten Nettonutzen über den gesamten Zeitraum maximal werden läßt. Beide Optimalbedingungen lassen sich kapitaltheoretisch interpretieren und fordern daher ein Arbitragegleichgewicht für den Kapitalstock als auch für den Schadstoffbestand. Wie aus Gleichung (6.6d) hervorgeht, ist die Veränderung des Schattenpreises abhängig von der sozialen Diskontrate, der natürlichen Assimilationskapazität, dem aktuellen Grenzschaden einer Schadstoffeinheit und der Höhe des aktuellen Schattenpreises. Der Schattenpreis reflektiert die mit einer Nutzung der Umwelt als Aufnahmemedium von Schadstoffen verbundenen aktuellen und zukünftigen Kosten und kann daher auch als „user costs" der Umweltnutzung interpretiert werden. So kann der Schadstoffbestand auch als ein negativer „Vermögensposten" aufgefaßt werden, welcher sich bei Berücksichtigung der erwarteten Vermögenswertänderung $(-\dot{\mu})$ und der Abschreibung des Vermögens $(-\kappa\ (-\mu))$ wie andere Vermögensposten mit dem Zinssatz δ verzinsen muß[11]. Der sich aus dem Schadstoffbestand ergebende „Ertrag" ist in diesem Fall jedoch der soziale Grenzschaden $D'(S)$. Einen positiven Ertrag stiftet hingegen der Kapitalstock, für den die gleiche Arbitragebedingung wie für den Schadstoffbestand gilt (vgl. (6.6f)). Der Schattenpreis des Kapitals λ_K stellt die Nutzungskosten für das eingesetzte Kapital dar, wie sich durch einfaches Umstellen der Gleichung zeigt: $\lambda_K = \delta\psi + \varphi\psi - \dot{\psi}$. So setzen sich die Kosten der Nutzung aus den Zinsen und Abschreibungen des Kapitalstocks je investiertem Wert einer Kapitaleinheit abzüglich der erwarteten Veränderung des Preises für eine Einheit Kapital zusammen. Zur Verdeutlichung des Arbitrageprinzips kann man für (6.6f) (wie auch für (6.6d)) schreiben: $\lambda_K - \varphi\psi = \delta\psi - \dot{\psi}$. Der Beitrag einer weiteren Kapitaleinheit (zur Steigerung der Produktion oder zur Verringerung des Emissionskoeffizienten) muß unter Abzug der ökonomischen Abschreibungsrate gleich der Verzinsung des Kapitalgutes abzüglich der Bewertungsveränderungen des Kapitalgutes sein.

Der Ertrag einer Einheit Kapital entspricht nach (6.6g) der marginalen Veränderung der gesamten Produktion (Grenzprodukt), d.h.: $\lambda_K = \lambda_Y\ f'(K_Y)$, bzw. nach (6.6h) und (6.6i) dem

---

[11] Dies würde voraussetzen, daß die soziale Diskontrate gleich einem durchschnittlichen Kapitalmarktzinssatz wäre. Zur Problematik der Wahl der geeigneten sozialen Diskontrate vgl. Kapitel 1.2.

sich aus einer Verringerung des Emissionskoeffizienten ergebenden sozialen Grenznutzen einer weiteren Einheit des umweltfreundlichen Kapitalstocks, $\lambda_K = \mu\, a'(K_U)Y$. Wie zu erwarten, erfordert die Maximierung von (6.3), die optimale Allokation des eingesetzten Kapitals durch die geeignete Wahl eines Preises für die Emission von Schadstoffen (Emissionssteuer oder etwa Zertifikatspreis für eine Emissionseinheit) so zu steuern, daß das Kapital in beiden Verwendungen gleich „produktiv" ist.

Nach Gleichung (6.6a) entspricht der Schattenpreis einer marginalen Zunahme der Produktion dem sozialen Grenznutzen aus dem Konsum abzüglich dem durch die Steigerung der Produktion um eine Einheit bedingten Anstieg des Schadstoffbestandes und des daraus resultierenden Grenzschadens: $\lambda_Y = B'(C) - \lambda_S\, a(K_U)$. Wie aus (6.6a,b) ersichtlich, ist der Schattenpreis einer weiteren Einheit des Kapitalgutes gleich dem sozialen Grenznutzen aus dem Konsum $B'(C) = \psi$ [12].

Wie aus (6.6f) hervorgeht, kann für den Schattenpreis des Kapitalstocks unter Berücksichtigung von (6.6a) und (6.6g) geschrieben werden: $\dot{\psi} = (\delta + \varphi)\psi - [B'(C) + a(K_U)\mu] f'(K_Y)$. Somit erhält man für den langfristigen Steady-State des Kapitalstocks mit $\dot{\psi} = 0$:

$$(6.7) \qquad f'(K_Y) = \frac{(\delta + \varphi)\psi}{B'(C) + a(K_U)\mu} \; .$$

Sofern die mit der Güterproduktion verbundenen marginalen externen Kosten $|a(K_U)\mu|$ für eine weitere Produktionseinheit) nicht beachtet werden, ergibt sich für (6.7) die bekannte Ramsey-Regel[13] für den optimalen Kapitalstock: $f'(K_Y) = \delta + \varphi$. Demnach muß im langfristigen Steady-State-Zustand das Grenzprodukt des in der Produktion eingesetzten Kapitals gleich der sozialen Diskontrate plus der ökonomischen Abschreibungsrate des Kapitalstocks sein. In dem hier vorliegenden Fall ist jedoch erkennbar, daß der im Steady State-Zustand erreichte Kapitalstock K_Y kleiner ist als im Fall ohne Umweltverschmutzung, da man für (6.7) auch schreiben kann: $f'(K_Y) = (\delta + \varphi)\dfrac{B'(C)}{B'(C) + a(K_U)\mu}$. Demnach ist der zweite Term auf der rechten Seite größer als eins (da $\mu < 0$) und wegen $f''(K_Y) < 0$ erfüllt ein kleinerer Kapitalstock Gleichung (6.7). Die Auswirkungen einer Internalisierung der mit der Produktion verbundenen externen

---

[12] Vgl. Keeler, E., Spence, M. and R. Zeckhauser (1971), S. 24.

[13] Vgl. Blanchard, O. J. und S. Fischer (1989): Lectures on Macroeconomics, MIT-Press, Cambridge, S. 38 ff., zu einer ausführlicheren Behandlung der Ramsey-Problematik.

Effekte auf den optimalen Konsumpfad lassen sich durch die Ableitung der bekannten Keynes-Ramsey Regel[14] aufzeigen, welche die dynamische Effizienzbedingung zwischen Konsum und Produktion angibt. Wie aus (6.6a) und (6.6b) hervorgeht, entspricht der Schattenpreis des Investitionsgutes dem Grenznutzen aus Konsum, $\psi(t) = B'(C(t))$. Gleichung (6.6f) stellt die Entwicklung dieses Schattenpreises und damit auch des Konsumgrenznutzens dar. Berücksichtigt man die Bedingungen (6.6g) und (6.6i), so läßt sich für (6.6f) auch schreiben: $B''(C)\frac{dC}{dt} = B'(C)(\delta + \varphi) - (B'(C) + a(K_U)\mu)f'(K_Y)$. Durch Umstellen der Gleichung und mit dem Ausdruck $\eta(C_t) \equiv -\frac{B'(C_t)}{B''(C_t)C_t}$, welcher die intertemporale Substitutionselastizität bezeichnet, erhält man folgende modifizierte Keynes-Ramsey-Regel:

$$\dot{C} = \frac{dC}{dt} = \left[\left(1 + \frac{a(K_U)\mu}{B'(C)}\right)f'(K_Y) - \delta - \varphi\right]C\eta(C). \tag{6.8}$$

Bei Nichtbeachtung der mit der Produktion verbundenen marginalen externen Kosten $|a\mu|$ und dem Erreichen des Steady-State Kapitalstocks, verändert sich der Konsum nicht mehr und das Grenzprodukt des Kapitals ist gleich der Summe aus Abschreibungsrate und sozialer Diskontrate. Übersteigt das Grenzprodukt des Kapitals jedoch die Nettodiskontrate, so ist es attraktiv, aktuell auf Konsum zu verzichten, und zu sparen, um später ein höheres Konsumniveau zu erreichen. Wenn also anfänglich das Grenzprodukt des Kapitals hoch ist, so zeigt dies, daß die Grenzrate der Transformation von heutigem zu zukünftigem Konsum die sich aus der Zeitpräferenzrate ergebende intertemporale Grenzrate der Substitution des Konsums übersteigt, und der Konsum über die Zeit steigen wird. Eine Steigerung des Konsums entlang des optimalen Pfades ist also möglich, sofern die Grenzproduktivität des Kapitals die soziale Diskontrate plus Abschreibungsrate übersteigt. Wie aus Gleichung (6.8) ersichtlich, führt eine höhere intertemporale Substitutionselastizität zu einer größeren Änderungsrate des Konsums. Eine höhere Elastizität zeigt demnach eine größere Bereitschaft, auf aktuellen Konsum zugunsten einer Erhöhung des Konsums in späteren Perioden zu verzichten.

Die Realisierung eines sozialen Wohlfahrtsoptimums setzt die Internalisierung der mit der Produktion einhergehenden, externen Kosten, etwa durch die Einführung einer Emissionssteuer, voraus. Dies hat eine geringere Wachstumsrate des Konsums zur Folge, da der Term in

[14] Vgl. Blanchard, O. J. und S. Fischer (1989), S. 39 ff.; van der Ploeg, F. und C. Withagen (1991): Pollution Control and the Ramsey Problem, Environmental and Resource Economics,Vol.1, S. 215-236.

der runden Klammer (wegen μ <0) kleiner als eins wird. Durch die Einbeziehung der externen Kosten der Produktion vermindert sich das (Netto-) Grenzprodukt des Kapitals, so daß eine Entwicklung entlang des Optimalpfades eine Verringerung des Konsums erfordert.

Durch die Einführung einer Emissionssteuer in Höhe des Schattenpreises der Umweltnutzung $-\mu$ entsteht ein Anreiz zur Kapitalbildung, welche zur Verringerung des Emissionskoeffizienten beiträgt. Daher geht ein Teil der Investitionen in umweltentlastende Aktivitäten und es steht weniger Kapital zu rein „produktiven" Zwecken zur Verfügung. Für den langfristig optimalen Kapitalstock (Steady State), also $\dot{\psi} = 0$, welcher die Höhe des Emissionskoeffizienten determiniert, erhält man somit in Abhängigkeit des Schattenpreises der Umweltnutzung:

$$-a'(K_U) = -\frac{(\delta + \varphi)\psi}{\mu Y} \quad . \qquad (6.9)$$

Demnach müssen im Optimum der aus einer Erhöhung des Schadstoffbestandes resultierende, gesellschaftliche Grenzschaden für alle zukünftigen Perioden und der Wert der Grenzvermeidungskosten, welcher sich aus den Nutzungskosten des umweltfreundlichen Kapitalstocks ergibt, einander entsprechen, d.h. $\mu = \frac{(\delta + \varphi)\psi}{a'(K_U)Y}$. Wie aus (6.8) ersichtlich, wird der Umfang der Kapitalbildung und damit die Höhe des Kapitalstocks K_U durch die Höhe der Emissionssteuer bestimmt. Der zu produktiven Zwecken zur Verfügung stehende Kapitalstock ist im Vergleich zu einer Situation der kostenlosen Bereitstellung der Umwelt als Aufnahmemedium für Emissionen geringer, und der akkumulierte Schadstoffbestand ist infolge der Umwidmung von Investitionen ebenfalls geringer. Somit wird auch in diesem sehr einfachen Modellrahmen der zwischen Wachstum und Umweltentlastung bestehende Zielkonflikt offenkundig.

6.1.2 Die Marktlösung

Im folgenden wird gezeigt, wie in einer dezentralisierten Marktökonomie mit nutzenmaximierenden Konsumenten und gewinnmaximierenden Produzenten die wirtschaftlichen Akteure dazu veranlaßt werden können, ein soziales Wohlfahrtsoptimum zu erreichen. Durch die Einführung einer dynamischen Pigou-Steuer auf die mit der Produktion einhergehende Externalität können die gleichen, für ein Wohlfahrtsmaximum notwendigen Bedingungen erster Ordnung, abgeleitet werden, die ein staatlicher Planer erhält.

Dazu seien konstante Skalenerträge in der Produktion, Wettbewerbsmärkte und Preisnehmerverhalten der (identischen) wirtschaftlichen Akteure unterstellt, die ihre nutzen- bzw. gewinnmaximierenden Entscheidungen vor dem Hintergrund eines unendlichen Zeithorizontes mit Diskontierung treffen. (Das Unternehmen versucht zu jedem Zeitpunkt seinen Gewinn zu maximieren. Wie weiter unten noch erläutert wird, führt dieses Verhalten zur gleichen Lösung wie die Maximierung des Gegenwartswertes aller zukünftigen Gewinne.) Ein repräsentativer Konsument bestimmt somit gemäß seinen Präferenzen über die Höhe seines Konsums und über den Umfang des Arbeits- und Kapitalangebotes, welches er dem Unternehmenssektor zur Verfügung stellen will. Die Annahme eines unendlichen Zeithorizontes für Individuen ist zu begründen durch Unsicherheit hinsichtlich der Länge des individuellen Planungshorizontes oder durch ein altruistisches Erbschaftsmotiv, welches zur Konsequenz hat, daß in der Nutzenfunktion der aktuellen Generation die Nutzen aller zukünftigen Generationen enthalten sind[15]. Die Annahme konstanter Skalenerträge gewährleistet, daß die Anzahl der als identisch unterstellten Unternehmen bei vollständigem Wettbewerb zwischen diesen keine Rolle spielt. Ferner gebe es zwei Faktormärkte, einen für Arbeit sowie einen für Kapital. Die Faktorpreise sind aufgrund der Annahme vollständigen Wettbewerbs mit w_t für Arbeit und r_t für Kapital gegeben. Das intertemporale Nutzenmaximierungsproblem des repräsentativen Konsumenten (Familie) ergibt sich somit (bei vollständiger Information über die aktuellen und zukünftigen Faktorpreise)

$$(6.10) \qquad \max \int_0^\infty B(C_t)e^{-\delta t}\, dt$$

unter Berücksichtigung der Budgetbeschränkungsbedingung

$$(6.11) \qquad \dot{K}_Y = r\,K_Y + w - C\,.$$

---

[15] Vgl. z.B. Blanchard, O. J. und S. Fischer (1989), S. 104 ff.

(Damit wird zudem die Gleichgewichtsbedingung $\dot{\mathbf{S}} = \dot{K}$ unterstellt; mit $\mathbf{S} \equiv$ Ersparnis.) Um den abdiskontierten Wert des Konsums über den betrachteten Zeithorizont zu maximieren, muß der Konsument zu jedem Zeitpunkt eine Entscheidung über die Höhe des Konsums und damit über die Höhe der Ersparnis, die den Unternehmen als Kapital angeboten wird, treffen. Unterstellt man ferner, daß Arbeit unelastisch angeboten wird $(L = \overline{L} = 1)$, so werden durch die Konsumentscheidung die den Unternehmen zur Verfügung stehenden Mengen an Kapital und Arbeit festgelegt. Eine Erweiterung der Konsummöglichkeiten durch die Lockerung der Budgetbeschränkung ist aus einzelwirtschaftlicher Sicht temporär durch Verschuldung am Kapitalmarkt zum einheitlichen Zinssatz r denkbar. Um jedoch den Fall einer Maximierung des Konsums durch fortwährende Verschuldung mit exponentiellem Anstieg der Gesamtverschuldung auszuschließen, ist zusätzlich eine Bedingung zu fordern, die diesen Fall ausschließt (No-Ponzi-Game-Condition (6.15))[16]. Diese Forderung dient dazu, eine Randlösung auszuschließen, und ist als weitere für ein Maximum notwendige Bedingung aufzufassen, die der Transversalitätsbedingung bei anderen Problemstellungen entspricht.

Es läßt sich nun mit $\upsilon(t)$ als Kozustandsvariable bzw. Schattenpreis der Kapitalbildung (Wert des Sparens) aus der Sicht des Konsumenten folgende Hamilton-Funktion in laufenden Werten ableiten:

(6.12) $$H = B(C) + \upsilon\left[r K_Y + w - C\right],$$

für die sich die folgenden notwendigen Bedingungen einer Maximierung von (6.10) ableiten lassen:

(6.13) $$\frac{\partial H}{\partial C} = B'(C) - \upsilon = 0\,,$$

(6.14) $$\dot{\upsilon} = \delta\upsilon - \frac{\partial H}{\partial K_Y} = \delta\upsilon - \upsilon r\,,$$

(6.15) $$\lim_{t \to \infty} \upsilon(t) K_Y(t) = 0\,.$$

[16] Vgl. Blanchard, O. J. und S. Fischer (1989), S. 49 f.

Nach Gleichung (6.13) kann in (6.14) der Schattenpreis der Kapitalbildung durch den Grenznutzen des Konsums ersetzt werden und man erhält unter Berücksichtigung der intertemporalen Substitutionselastizität des Konsums $\eta(C)$:

(6.16) $$\dot{C} = (r - \delta)\eta(C)C .$$

Demnach stellt etwa ein Anstieg der Verzinsung auf dem Kapitalmarkt einen Anreiz zu vermehrtem Sparen und somit zu einer Verschiebung des Konsums in die Zukunft dar, d.h. $\dot{C} > 0$ wenn $r > \delta$.

Ein repräsentatives Unternehmen wird unter Beachtung der Produktionsfunktion $f(K_Y)$ sowie bei Vernachlässsigung der mit der Produktion einhergehenden, externen Effekte seinen Gewinn maximieren.

(6.17) $$f(K_Y) - rK_Y - \varphi K_Y - w \quad \Rightarrow \max!$$

Dem Optimierungsverhalten des Unternehmens liegt, wie bereits oben erläutert, ein intertemporales Streben nach Maximierung des Gewinns zugrunde. Die in (6.17) gewählte einfachere Formulierung bringt zum Ausdruck, daß ein Gewinnmaximierungsverhalten zu jedem beliebigen Zeitpunkt auf die gleiche Lösung wie die Maximierung des Gegenwartswertes aller zukünftigen Gewinne führt.

Somit erhält man folgende notwendige Bedingung für den optimalen Kapitaleinsatz:

(6.18) $$f'(K_Y) = r + \varphi \quad .$$

Das Grenzprodukt des Kapitals muß die mit der Nutzung des Kapitals verbundenen Kosten, die sich aus dem Marktzinssatz für die Überlassung des Kapitals sowie der ökonomischen Abschreibungsrate zusammensetzen, decken. Daraus läßt sich der optimale Pfad für den Lohnsatz ermitteln: $w = f(K_Y) - f'(K_Y)K_Y$. Durch Einsetzen der Faktorpreise in die Budgetbeschränkung des Konsumenten (6.11) ergibt sich dann

(6.19) $$\dot{K}_Y = f(K_Y) - \varphi K_Y - C$$

Weiter läßt sich aus (6.16) durch Verwendung von (6.18) folgende Form der

Keynes-Ramsey-Regel ermitteln:

(6.16)`
$$\dot{C} = \left[f'(K_Y) - \varphi - \delta\right]\eta(C)C \ .$$

Die Gleichungen (6.15), (6.16)`, und (6.19) beschreiben nun das Verhalten von nutzenmaximierenden Konsumenten sowie ihren Gewinn maximierenden Produzenten in einem Fall ohne umweltbelastende Aktivitäten. Die Keynes-Ramsey-Regel stellt eine intertemporale Effizienzbedingung dar, wonach die intertemporale Grenzrate der Substitution von Konsum der Grenzrate der Transformation entsprechen muß. In einer Wettbewerbsökonomie ist das Grenzprodukt des eingesetzten Kapitals gleich den Nutzungskosten des Kapitals. Unter Berücksichtigung der Abschreibungsrate des Kapitalstocks ergeben sich die Nutzungskosten als $\varphi + \delta$, so daß $f'(K_Y) = \varphi + \delta$. Für den Fall, daß keine externen Effekte vorhanden sind, fällt das damit beschriebene dynamische Optimierungsverhalten (zwischen Konsum und Sparen) mit dem Ergebnis eines wohlfahrtsmaximierenden staatlichen Planers zusammen (vgl. (6.4a), (6.8) für $\mu = 0$). Dabei ist zu beachten, daß ein staatlicher Planer in diesem einfachsten Ramsey-Modellrahmen zudem die Transversalitätsbedingung $\lim_{t\to\infty} K_Y(t)B'(C(t)) = 0$ zu beachten hat[17].

Die fehlende Berücksichtigung der externen Effekte bei der Produktion verhindert jedoch, daß das dezentrale Marktergebnis auch wohlfahrtsoptimal ist. Die mit dem Produktionsprozeß verbundenen Emissionen tragen zum Aufbau eines Schadstoffbestandes bei, welcher einen negativen Effekt auf die soziale Wohlfahrt hat. Dabei wurde bislang unterstellt, daß die von dem Schadstoffbestand ausgehenden Schäden keine Beeinträchtigung der Produktionsmöglichkeiten nach sich ziehen, sondern allgemein die soziale Wohlfahrt vermindern. Für eine solche Modellierung in der Klimaproblematik dürfte der Umstand sprechen, daß es nach wie vor umstritten ist, inwiefern bzw. ob überhaupt ein Einfluß auf die Produktionsmöglichkeiten gegeben ist.

Zur Erreichung eines sozialen Wohlfahrtsmaximums in der dezentralisierten Ökonomie bei Produktionsexternalitäten kann eine dynamische Pigou-Steuer auf die Produktion (erhoben bei den Produzenten) eingeführt werden, und Investitionen zur Verringerung des Emissionskoeffizienten können subventioniert werden. Zur Wahrung der allokativen Effizienz müßten auftretende Überschüsse aus der Steuer durch lump-sum-Zahlungen an die Unternehmen zurückgegeben werden, um die bestehenden Anreizstrukturen nicht zu verletzen.

[17] Vgl. Blanchard, O. J. und S. Fischer (1989), S. 43.

Somit wird nun ein repräsentatives Unternehmen versuchen, seinen Gewinn unter Beachtung der optimalen Steuer $|\mu(t)/B'(C(t))| \equiv \tau(t)$ pro Emissionseinheit[18] zu maximieren:

(6.20) $$f(K_Y) - w - r(K_Y + K_U) - \varphi(K_Y + K_U) - \tau a(K_U) f(K_Y) \quad \Rightarrow \max$$

Insofern ergibt sich folgende Modifikation bezüglich der notwendigen Bedingung des optimalen Kapitaleinsatzes in der Produktion:

(6.21) $$f'(K_Y) - r - \varphi - \tau\, a(K_U) f'(K_Y) = 0\,.$$

Nach (6.21) ist das Grenzprodukt des Kapitals um den mit einer Ausweitung der Produktion einhergehenden, bewerteten Umweltschaden zu verringern. Des weiteren finden Investitionen in den umweltfreundlichen Kapitalstock statt, die eine Verringerung des Emissionskoeffizienten zulassen. Es gilt folgende notwendige Bedingung für den optimalen Kapitaleinsatz zur Verringerung der Emissionen:

(6.22) $$-r - \varphi - \tau\, a'(K_U) f(K_Y) = 0\,.$$

Demnach wird soviel in den umweltfreundlichen Kapitalstock K_U investiert, wie die Höhe der Subvention $-\tau$ die Nutzungskosten des eingesetzten Kapitals dividiert durch die Grenzproduktivität des Kapitals deckt, d.h. : $\tau = -\dfrac{r+\varphi}{a'(K_U) f(K_Y)}$.

Folgende Form der Keynes-Ramsey-Regel läßt sich somit ableiten:

(6.16)`` $$\dot{C} = \frac{dC}{dt} = \left[(1 - \tau a(K_U)) f'(K_Y) - \delta - \varphi\right] C\eta(C)$$

sowie für (6.19):

(6.19)` $$\dot{K}_Y = f(K_Y) - \varphi(K_Y + K_U) - I_U - C\,.$$

---

[18] Dieser Term bezeichnet die soziale Bewertung einer emissionsbedingten Zunahme des Schadstoffbestandes. Dabei ist zu beachten, daß bei der Formulierung der Zielfunktion (6.10) und im nachfolgenden die Einführung einer Schadensfunktion außen vor blieb. Wie aus Gleichung (6.13) hervorgeht, kann der Schattenpreis des Schadstoffbestands durch Division des Grenznutzens aus dem Konsum in Einheiten der Zielfunktion ausgedrückt werden.

Damit wird die Entwicklung der dezentralisierten Marktlösung im Zeitverlauf beschrieben, die der von einem staatlichen Planer aufgezeigten, wohlfahrtsoptimalen Entwicklung (vgl. Kap. 6.1.1) entspricht.

6.2 Die Bedeutung von Unsicherheit bei Investitionen in Vermeidungskapital

Die Realisierung eines umweltpolitischen Ziels erfordert Investitionen in emissionsärmere Technologien (in der Treibhausproblematik z.B. Energieeinsparungsinvestitionen, Investitionen in alternative Energien, Investitionen zum Zwecke der Substitution von besonders emissionsintensiven Verfahren der Energiegewinnung). Die damit verbundenen Kosten in Form einer verringerten Kapitalbildung in den produktiven Kapitalstock sind als die gesellschaftlichen Opportunitätskosten bzw. Verzichtskosten der Umweltverschmutzung anzusehen, da der mit der Erreichung des umweltpolitischen Ziels verbundene Einsatz knapper Ressourcen zu Lasten der Kapitalbildung im produktiven Sektor und somit letztlich zu Lasten des Konsums von Gütern führt. So dürfte eine signifikante Reduktion der in der Treibhausproblematik relevanten Emissionen erhebliche Investitionen erfordern[19].

In Anbetracht der noch bestehenden Unsicherheiten bzgl. der Relevanz sowie der Höhe der sich aus einer klimatischen Veränderung ergebenden Schäden wird demgegenüber vielfach gefordert, die zu einer Verlangsamung oder gar Stabilisierung des Konzentrationsniveaus an Treibhausgasen erforderlichen Investitionsanstrengungen zu unterlassen oder aufzuschieben. Auch in vielen anderen umweltökonomischen Fragestellungen (Anreicherung von DDT in Böden sowie in der Nahrungskette, Ablagerung von verschiedenen Schwermetallen in Gewässern und Böden, gefährlicher bzw. radioaktiver Müll usw.) ist aufgrund der komplexen, natürlichen Zusammenhänge oftmals nicht genau vorhersehbar, wie sich Schadstoffe akkumulieren und wie hoch die natürliche Kapazität zum Abbau dieser ist.

Mit dem Aufschieben einer restriktiven Umweltpolitik verbindet sich die Hoffnung, in der Zukunft mehr und zuverlässigere Informationen zur Verfügung zu haben, die die Entscheidung, erhebliche Ressourcen in umweltentlastende Aktivitäten umzulenken, erleichtern sollte[20].

---

[19] Vgl. zu den Vermeidungskosten in der Treibhausproblematik Nordhaus, W. (1991). Zu einem Überblick über verschiedene Modellschätzungen vgl. auch Bauer, A. (1993).

[20] Selbstverständlich spielen eine Reihe von anderen Aspekten, wie etwa die „Minderschätzung zukünftiger Bedürfnisse“ (vgl. dazu Kapitel 1.2) in diesem Zusammenhang eine Rolle.

Wie im vorangehenden Abschnitt aufgezeigt, erfordert die Verringerung von Emissionen den Aufbau eines umweltfreundlichen Kapitalstocks. Dabei ist zu beachten, daß diese mit einer restriktiven Umweltpolitik einhergehende Investitionstätigkeit (wie im übrigen alle Investitionen) aufgrund ihrer Dauerhaftigkeit sunk-cost-Charakter besitzt, d.h. Ressourcen sind dauerhaft gebunden und können nicht nach Belieben in andere Verwendungen umgelenkt werden. Es ist offenkundig, daß dieser Aspekt mit dem Grad der Unsicherheit bezüglich der Höhe des Ertrages einer Investition an Bedeutung gewinnt. In der hier vorliegenden umweltökonomischen Fragestellung spielt der Aspekt der Unsicherheit keine Neben-, sondern vielmehr eine Hauptrolle und die zur signifikanten Verringerung der Treibhausgasemissionen erforderlichen Investitionen sind von erheblicher Bedeutung. Mit Hinweis auf die nur teilweise bekannten Wirkungszusammenhänge zwischen der Emissionstätigkeit und möglichen klimatischen Veränderungen sowie daraus resultierender Schäden wird der zu erwartende Nutzen der Investitionen in Form einer Verhinderung oder Verminderung der zu erwartenden Schäden von Kritikern einer entschiedenen, präventiven Treibhauspolitik angezweifelt. Das Aufschieben einer angemessenen Entscheidung ist jedoch nur dann sinnvoll, wenn man erwarten kann, daß in Zukunft mehr Informationen zur Verfügung stehen und dieser Informationsgewinn im Hinblick auf die sich dann erneut stellende Entscheidung über die tolerierbare Emissionsmenge genutzt werden kann. Dieser sogenannte „Wert des Wartens“ [21] setzt neben den beiden bereits erläuterten Kennzeichen („sunk-cost-Charakter“, Unsicherheit mit Zunahme an Information in der Zeit (Lernen)) zusätzlich voraus, daß die Investition im betrachteten Zeitraum nicht verfällt, d.h. in der Zukunft auch noch ausgeübt werden kann.

In der umweltökonomischen Literatur wird der Wert des Wartens (Optionswert) bei Ungewißheit über zukünftige Nutzungsmöglichkeiten öffentlicher Umweltgüter diskutiert[22]. Demnach ist der Optionswert als eine Art Risikoprämie für die Ungewißheit über die zukünftige Nachfrage nach einem bei anderweitiger Nutzung irreversibel verlorenen öffentlichen Gut aufzufassen. So argumentiert Weisbrod (1964)[23], der die Idee eines Optionswertes in die wirtschaftswissenschaftliche Diskussion gebracht hat, daß etwa der Wert eines Naturparks als öffentliches Konsumgut in Anbetracht der Entscheidung, diesen anderweitig zu nutzen, die aggregierte Zahlungsbereitschaft (Einnahmen aus Eintrittsgeldern plus die nicht abgeschöpfte aggregierte Konsumentenrente) um die potentielle, zukünftige Nutzungsmöglichkeit übersteigt. Während der soeben skizzierte Optionswert des Bewahrens eines Teils der natürlichen Umwelt

---

[21] Vgl. Mc Donald, R. und D. Siegel (1986), sowie Dixit, A. (1992): Investment and Hysteresis, Journal of Economic Perspectives, Vol. 6, S. 107-132, zu einem Überblick.
[22] Einen Überblick geben Fisher, A.C. und Krutilla, J.V. (1985).
[23] Vgl. Weisbrod, B. (1964), S 471-477.

risikoaverses Entscheidungsverhalten als notwendige Bedingung erfordert, haben Arrow und Fisher (1974)[24] gezeigt, daß unter gewissen Bedingungen ein sogenannter Quasi-Optionswert existiert, welcher ohne die Annahme der Risiokoaversion auskommt. Durch das Aufschieben irreversibler, ungewisser Entscheidungen können die im zeitlichen Verlauf zusätzlich anfallenden Informationen im Hinblick auf die anstehende Entscheidung genutzt werden, wogegen eine vorzeitige, irreversible Entscheidung den Wert dieser Information zunichte machen kann.

In dem hier vorliegenden Fall wird dagegen durch ein zeitliches Hinausschieben der Investitionsentscheidung das öffentliche Gut Umwelt nicht bewahrt, sondern bereits genutzt. Ein Wert des Wartens entsteht hier im Hinblick auf den sunk-cost-Charakter der Investitionen in den umweltfreundlichen Kapitalstock. Wie aus der Literatur über Investitionsdynamik bei Unsicherheit[25] bekannt ist, entsteht der Wert des Aufschiebens einer Investitionsentscheidung aufgrund des sunk-cost-Charakters des investierten Kapitals bei Unsicherheit bezüglich des erwarteten Nutzens dieser Investitionen.

Zu beachten ist jedoch, daß eine Strategie des Abwartens mit erheblichen Kosten in Form eines nach Maßgabe der natürlichen Assimilationskapazität irreversiblen Aufbaus von Emissionen zu einem Schadstoffbestand verbunden ist. Sofern die Emissionen die Abbaukapazität übersteigen, kommt es zu einer Erhöhung des Schadstoffbestands, welche Auswirkungen in Form erwarteter höherer Grenzschäden für alle zukünftigen Perioden mit sich bringt. Die Kosten des Wartens sind daher in der Zunahme der erwarteten intertemporalen externen Kosten zu sehen. Von entscheidender Bedeutung wird daher sein, inwiefern eine Verringerung des akkumulierten Schadstoffbestands durch natürliche Abbauprozesse in vertretbarer Zeit bzw. überhaupt möglich ist. Insbesondere in der Treibhausproblematik geht man davon aus, daß, sofern ein Klimawechsel eintritt, dieser mit großer Wahrscheinlichkeit irreversibel wäre[26].

---

[24] Vgl. Arrow, K. J. und A.C. Fisher (1974), S. 312-319.
[25] Vgl. Pindyck, R.S. (1991), S. 1110-1148.
[26] Vgl. dazu etwa Enquete-Kommission, Deutscher Bundestag (1992).

6.2.1 Investitionen in Vermeidungskapital bei ungewisser Assimilationskapazität

Im folgenden sei die Kapitalbildung zur Verringerung des Emissionskoeffizienten sowie zur Steigerung der Produktion bei Ungewißheit bezüglich der Höhe der natürlichen Assimilationskapazität betrachtet. Daher sei unterstellt, daß der Schadstoffbestand sich gemäß des kontrollierten Diffusionsprozesses

(6.23) $$dS = (a(K_U)f(K_Y) - \kappa S)dt + \sigma(S)dz \quad \text{mit } S(0) \text{ gegeben}$$

entwickelt. Demnach sei wie bereits in den vorangehenden Abschnitten von einer erwarteten Assimilationskapazität ausgegangen, die proportional mit dem Schadstoffbestand steigt, die jedoch im Ausgangszustand zum Zeitpunkt $t = 0$ nicht ausreicht, einen weiteren Aufbau des Schadstoffbestandes zu verhindern, d.h. $E(dS / dt) > 0$.

Das Ziel des staatlichen Planers bestehe nun darin, den Erwartungswert der sozialen Wohlfahrt Ω_0 über einen unendlichen Zeithorizont bei stochastischer Entwicklung eines Schadstoffbestandes zu maximieren:

(6.24) $$\Omega_0 \equiv \max E_0 \int_0^\infty [B(C) - D(S)]e^{-\delta t}dt$$

Die insgesamt zur Verfügung stehende Produktion wird wie bereits in 6.1. durch die zur Verfügung stehende Menge an Kapital determiniert und kann entweder verkonsumiert oder aber investiert werden[27]. Investitionen könnnen zur Vergrößerung des produktiven Kapitalstocks und damit zur Vergrößerung der in Zukunft zur Verfügung stehenden verfügbaren Produktion verwendet werden oder aber in einen umweltentlastenden Kapitalstock investiert werden, der zu einer Verringerung des Emissionskoeffizienten beiträgt. Eine Maximierung von (6.24) unterliegt daher neben der stochastischen Entwicklung des Schadstoffbestandes zusätzlich der Beschränkung der insgesamt zur Verfügung stehenden Ressourcen

[27] Somit liegt ein Ramsey-Modellrahmen vor, anhand dessen die Allokationsentscheidung zwischen Konsum und Investition im Hinblick auf die optimale Allokation des eingesetzten Kapitals (produktive oder umweltentlastende Investitionen) erweitert werden kann. Vgl. zu einer ausführlichen Behandlung des Ramsey-Problems im Zusammenhang mit Umweltverschmutzung: Van der Ploeg, F. und C. Withagen (19991): Pollution Control and the Ramsey Problem, Environmental and Resource Economics, Vol. 1, S. 215-236.

(6.25) $\dot{K}_Y + \dot{K}_U = f(K_Y) - C - \varphi(K_Y + K_U)$ mit $K_Y(0), K_U(0)$ gegeben, $\dot{K}_U \geq 0$[28].

Die Kontrolle der erwarteten Entwicklung des Schadstoffbestandes erfolgt zum einen durch die Höhe der Produktion, zum anderen durch Investitionen in den umweltfreundlichen Kapitalstock. Eine Verringerung des Emissionskoeffizienten erfordert daher Brutto-Investitionen, die die konstante ökonomische Abschreibungsrate φ übertreffen, wobei wie bereits in 6.1 $a'(K_U) < 0$ und $a''(K_U) > 0$, d. h. die Verringerung des Emissionskoeffizienten verlangt zunehmend mehr Kapitaleinsatz. Sofern man $\sigma'(S) > 0$ unterstellen kann, führt eine Vergrößerung des umweltfreundlichen Kapitalstocks ceteris paribus zu einer Verringerung des Akkumulationsrisikos, während Investitionen zur Vergrößerung des produktiven Kapitalstocks ceteris paribus die Ungewißheit bezüglich der Akkumulation des Schadstoffbestandes vergrößern.

Zur Lösung dieses stochastischen Maximierungsproblems kann wieder das Bellman´sche Optimalitätsprinzip zu Hilfe genommen werden, wonach das Problem so zu zerlegen ist, daß eine optimale Entscheidung die Optimalität der nachfolgenden Entscheidungen gewährleistet. In dem hier vorliegenden Modell sind demnach die Entwicklung von Schadstoffbestand und Kapitalstock über die Größen Konsum und Investition so zu steuern, daß die Veränderung der beiden Zustandsvariablen die Optimalität der nachfolgenden Entscheidungen sicherstellt.

Die Maximierungsaufgabe läßt sich formal im vorliegenden Fall als ein System von vier Differentialgleichungen auffassen, die das Verhalten der Zustandsvariablen Schadstoffbestand und Kapitalstock sowie der jeweiligen Schattenpreise im Zeitablauf beschreiben. Die Besonderheit in der hier beschriebenen Modellökonomie liegt in der stochastischen Entwicklung einer der beiden Zustandsvariablen, sowie der den Schattenpreis des Schadstoffbestands beschreibenden, stochastischen Differentialgleichung.

Da die Emissionen sich in ungewisser Höhe akkumulieren, führen Investitionen zur Verringerung des Emissionskoeffizienten lediglich zu einer Veränderung der erwarteten Entwicklung des akkumulierten Emissionsbestandes. Die tatsächliche Entwicklung des Bestandes bleibt jedoch ungewiß. So führt eine Investitionsentscheidung in der Periode t zu einer Veränderung der erwarteten Entwicklung des Schadstoffbestandes im Zeitpunkt t+dt, aber auch zu einer Veränderung der Wahrscheinlichkeitsverteilung (hier der Varianz) der Entwicklung des Schadstoffbestands.

Die Lösung des Maximierungsproblems (6.24) erfordert daher nicht nur die optimale intertemporale Allokation der Ressourcen unter Berücksichtigung des Kapitalbildungsprozesses

---

[28] Damit wird die Möglichkeit, das einmal zur Reduktion der Emissionen investierte Kapital zu konsumieren, ausgeschlossen.

und der stochastischen Schadstoffakkumulation, sondern auch eine optimale intertemporale Risikoallokation[29]. Aufgrund nicht zu vernachlässigender Unsicherheiten bezüglich der Akkumulationsdynamik von Schadstoffen[30] sind daher die verfügbaren Informationen optimal in intertemporaler Hinsicht zu nutzen. So können Beobachtungen aus der Vergangenheit über die Entwicklung des Schadstoffbestandes die zum Zeitpunkt t zur Verfügung stehende Informationsmenge $\{\Sigma_t : t \geq 0\}$ vergrößern[31]. Dabei sind in dem hier vorliegenden Fall Informationen über die Entwicklung von S_r, z_r, σ_r, E_r für $0 \leq r \leq t$ in Σ_t enthalten, welche eine Abschätzung der erwarteten Zunahme des Schadstoffbestandes sowie der Standardabweichung dieser Zunahme zulassen.

Somit läßt sich für den bedingten Erwartungswert der mit einer Erhöhung des Schadstoffbestandes zum Zeitpunkt t einhergehenden, zukünftigen Umweltschäden (Schattenpreis des Schadstoffbestandes) bei fortan optimaler Kontrolle der Emissionen schreiben[32]:

(6.26)
$$\mu_t = \frac{\partial E_t}{\partial S} \int_t^{\infty} D(S, \omega, r) e^{-\delta r} dr \ .$$

Dabei bezeichnet ω den Einfluß von ungewissen Umweltfaktoren, über deren Realisation Erwartungen gebildet werden.

Dieser Schattenpreis des Schadstoffbestandes läßt sich nach Bismut (1975) auch wie folgt zerlegen

(6.27)
$$\mu_t = \mu_0 + \int_0^t \dot{\mu}_r \, dr + \int_0^t \mathrm{H}_r \, dz_r \quad ,$$

wobei $\dot{\mu}_r$ die erwartete Wachstumsrate von μ über den Zeitraum von 0 bis t wiedergibt, und H_r die bedingte Kovarianz des Schattenpreises μ mit den Realisationen der Brown´schen Bewegung z darstellt. Dabei ist zu beachten, daß $\mu(t)$ den Schattenpreis eines Schadstoffbestandes bezeichnet, welcher sich negativ auf die Wohlfahrt auswirkt, d.h. $\mu < 0$.

---

29 Vgl. Bismut, J.-M. (1975): Growth and Optimal Intertemporal Allocation of Risks, Journal of Economic Theory, Vol. 10, S. 239-257.

30 Insbesondere in der Treibhausproblematik dürfte eine direkte Kontrolle dieser Unsicherheiten -etwa mittels Laborexperimenten- kaum möglich sein.

31 Vgl. Bismut, J.-M. (1975), S. 240 ff.

32 Vgl. im folgenden ebenda, S. 242 f.

Der dritte Term auf der rechten Seite von (6.27) bezeichnet demnach die intertemporalen Risikokosten, die aus der Ungewißheit der Schadstoffakkumulation resultieren ($\mathrm{H} < 0$).

Anhand dieser Zerlegung läßt sich der Einfluß der zeitlichen Komponente auf den Schattenpreis in t (in unserem Fall also der Einfluß von sozialer Diskontrate und erwarteter natürlicher Abbaurate κ) von der Unsicherheitskomponente trennen. Der dritte Term auf der rechten Seite integriert dabei die Ungewißheit der Schadstoffakkumulation über die Zeit, während der letzte Term die Informationen bzgl. der Umweltfaktoren zum Zeitpunkt t einfängt.

Zur Ableitung der für eine Maximierung notwendigen Bedingungen unter Beachtung der stochastischen Komponente ist folgende modifizierte Hamilton-Funktion zu bilden:

$$(6.28) \qquad \mathrm{H} = [B(C) - D(S)] + \psi\left[f(K_Y) - C - \varphi(K_Y + K_U) - \dot{K}_U\right] + \mu\left[a(K_U)f(K_Y) - \kappa S\right] + \mathrm{H}\sigma(S).$$

Die Maximierung der sozialen Wohlfahrt nach (6.24) erfolgt unter Beachtung der Entwicklung des Schadstoffbestandes (6.23) sowie der Ressourcenrestriktion (6.25). Nach (6.28) ist demnach die unmittelbare Nettowohlfahrt zu maximieren. Die Restriktion der zur Verfügung stehenden Ressourcen wird mit dem Schattenpreis gemessen, welcher den Grenznutzen aus Konsum angibt. Zudem ist die marginale Veränderung des Schadstoffbestandes zu beachten, die mit dem erwarteten Schattenpreis desselben in Einheiten der Zielfunktion zu bewerten ist (vgl. (6.26)). Der letzte Term auf der rechten Seite bezeichnet schließlich das Risiko der ungewissen Schadstoffakkumulation im Hinblick auf die soziale Wohlfahrt.

Die Maximierung von (6.28) nach der Entscheidungsvariablen C liefert somit zunächst

$$(6.29) \qquad \frac{\partial \mathrm{H}}{\partial C} = B'(C) - \psi = 0,$$

sowie für die Schattenpreise:

$$(6.30) \qquad d\psi_Y = -\left[\psi f'(K_Y) - \psi(\delta + \varphi) + \mu a(K_U) f'(K_Y)\right]dt + \mathrm{H}dz,$$

$$(6.31) \qquad d\psi_U = -\left[-\psi(\delta + \varphi) + \mu a'(K_U) f(K_Y)\right]dt + \mathrm{H}dz,$$

$$(6.32) \qquad d\mu = -\left[-D'(S) - \mu(\kappa + \delta) + \mathrm{H}\sigma'(S)\right]dt + \mathrm{H}dz.$$

Die Gleichungen (6.30-6.32) beschreiben die Entwicklung der Schattenpreise für den produktiven und umweltentlastenden Kapitalstock sowie den Schadstoffbestand für das stochastische Optimierungsproblem. Aufgrund der mit der Produktion einhergehenden ungewissen Umweltbelastung unterliegen auch die Schattenpreise des Kapitalstocks einem stochastischen Einfluß. Der Term $\mathrm{H}dz$ läßt sich anhand von Gleichung (6.32) als Einfluß der Differenz zwischen der zum Zeitpunkt t erwarteten Entwicklung des Schadstoffbestandes und tatsächlicher Entwicklung desselben in t+dt auffassen, da man für (6.23) auch schreiben kann:

$$\sigma\, dz = \left\{ dS - \left[a(K_U) f(K_Y) - \kappa S \right] dt \right\}. \tag{6.23)`}$$

Wie in Gleichung (6.27) erläutert, bezeichnet H, wie Abweichungen zwischen der tatsächlichen Entwicklung des Schadstoffbestandes und der erwarteten Entwicklung desselben den Schattenpreis des Schadstoffbestandes verändern. Es gilt somit:

$$\mathrm{H}dz = \frac{\mathrm{H}}{\sigma} \left\{ dS - \left[a(K_U) f(K_Y) - \kappa S \right] dt \right\}.$$

So ist die Veränderung des Schattenpreises von der Realisation der Zufallsvariablen dz abhängig, da eine weitere Emissionseinheit zum Zeitpunkt t den Schadstoffbestand in t+dt in ungewisser Höhe steigen läßt. Sollte der Schadstoffbestand sich als „zu hoch" herausstellen, besteht keine Möglichkeit einer sofortigen Reduktion. Insofern existiert ein Anreiz, den Informationsgewinn zwischen den beiden Zeitpunkten im Hinblick auf eine optimale Emissionsentscheidung zu nutzen, wenngleich ein Aufschieben der Emissionsentscheidung zum Zeitpunkt t+dt ebenfalls mit einer ungewissen Erhöhung des Schadstoffbestandes in t+dt+dt einhergeht. Somit stellt sich das Entscheidungsproblem (in marginaler Betrachtungsweise) zwischen einer weiteren Schadstoffeinheit zum Zeitpunkt t oder etwas später nach Realisierung des Informationsgewinns, zum Zeitpunkt t+dt, wobei zu beiden Zeitpunkten ein sicherer Zuwachs an Produktion möglich wäre. Die Unsicherheit zwischen beiden Zeitpunkten läßt in dem hier vorliegenden Fall den Schattenpreis des Schadstoffbestandes ansteigen und führt zu einer präventiven Emissionsentscheidung, die Raum für die Nutzung des Informationsgewinns läßt[33].

Durch die Bildung der Erwartungswerte der Schattenpreise erhält man für die erwartete Entwicklung dieser über die Zeit:

---

[33] Vgl. Bismut, J.-M. (1975), S. 243 ff.

(6.33)
$$E\left[d\psi_Y \middle| K_Y(t), K_U(t), S(t)\right] = \left\{\psi(\delta+\varphi) - \left[\psi + \mu a(K_U)\right] f'(K_Y)\right\} dt\,,$$

(6.34)
$$E\left[d\psi_U \middle| K_Y(t), K_U(t), S(t)\right] = \left\{\psi(\delta+\varphi) - \mu a'(K_U) f(K_Y)\right\} dt\,,$$

(6.35)
$$E\left[d\mu \middle| K_Y(t), K_U(t), S(t)\right] = \left\{D'(S) + \mu(\delta+\kappa) + \mathrm{H}\sigma_S\right\} dt\,.$$

Dabei ist zu beachten, daß die in (6.35) angegebene Entwicklung des Schattenpreises für den Schadstoffbestand der Gleichung (5.34) entspricht und der Term $\mathrm{H}\sigma'(S)$ korrespondiert mit dem in (5.34) bezeichneten Term $\sigma'(S)\sigma(S)V_{SS}$ ist. Demnach vermindert sich die Nettodiskontrate der Grenzschäden, und der Schattenpreis liegt höher als im Fall der vollständigen Information.

Zusammen mit (6.29) läßt sich aus (6.33) folgende modifizierte Keynes-Ramsey-Regel ableiten:

(6.36)
$$\frac{dC}{dt} = \left\{\left[1 + \frac{\mu\, a(K_U)}{B'(C)}\right] f'(K_Y) - \delta - \varphi\right\} \eta(C)C\,.$$

Durch die Einbeziehung des intertemporalen Schadensrisikos vermindert sich der Steady State-Kapitalstock zusätzlich gegenüber dem Fall der vollständigen Information (vgl. Kap. 4.2), da sich der Term in der eckigen Klammer weiter vermindert. Sofern keine Emissionssteuern erhoben werden (bzw. mit der Produktion keine Externalitäten einhergehen), ist der Kapitalstock, der einen konstanten Konsum gewährleistet, durch folgende Bedingung gegeben: $f'(K_Y) = \delta + \varphi$ bzw. $K_Y^{mg} = g(\delta + \varphi)$, wobei $g' < 0$ (modifizierte Goldene Regel). Eine Maximierung der sozialen Wohlfahrt nach (6.24) erfordert dagegen die Erhebung von Emissionssteuern in Höhe des Schattenpreises des Schadstoffbestandes, dessen Entwicklung über die Zeit sich aus (6.27) ergibt. Die vollständige Internalisierung der mit der Produktion verbundenen, intertemporalen externen Kosten vermindert das Grenzprodukt des Kapitals hingegen nach Maßgabe der Schadenskosten sowie der intertemporalen Risikokosten einer weiteren Produktionseinheit.

6.2.2 Die dezentralisierte Marktlösung bei ungewisser Assimilationskapazität

Die Erreichung eines sozialen Wohlfahrtsoptimums setzt, wie im vorangehenden Abschnitt gezeigt, die Internalisierung der mit der Produktion einhergehenden externen Kosten voraus. Wie bereits unter 5.2 aufgezeigt, können den Emittenten durch die Einführung einer Emissionsabgabe im Sinne einer Pigou-Steuer die mit der Nutzung von Umwelt als Aufnahmemedium der Emissionen verbundenen Kosten angelastet werden. Insofern ist aus der Sicht eines gewinnmaximierenden Produzenten die Nutzung der Umwelt ebenso wie die Nutzung anderer Produktionsfaktoren mit Nutzungskosten verbunden, und der effiziente Umgang mit allen Produktionsfaktoren wird zur notwendigen Bedingung der Maximierung des Gewinns. Aufgrund von Unsicherheit bzgl. der natürlichen Assimilationskapazität unterliegt der Schadstoffbestand jedoch einer stochastischen Entwicklung, und mit ihm verändert sich der Schattenpreis desselben fortwährend. So führt etwa eine unerwartet starke Zunahme der akkumulierten Emissionen zu einem Anstieg des Schattenpreises oberhalb des erwarteten Pfades. Demnach müßte auch eine optimale Emissionssteuer ständig an die Entwicklung des Schadstoffbestandes über die Zeit angepaßt werden.

Aus der Sicht des emissionssteuerpflichtigen Produzenten, welcher seine Entscheidungen über den gewinnmaximalen Einsatz der Produktionsfaktoren von aktuellen und zukünftigen Preisen (einschließlich des Preises der Nutzung von Umwelt) abhängig macht, stellt die ungewisse Entwicklung der Emissionssteuer ein Risiko, insbesondere im Hinblick auf Investitionen in Vermeidungskapital, dar. Vor dem Hintergrund einer ungewissen, zukünftigen Entwicklung der Emissionssteuer wird die Investitionsentscheidung zur Verringerung des Emissionskoeffizienten aufgrund von Rentabilitätsrisiken erschwert, da unterstellt werden kann, daß das investierte Kapital dauerhaft gebunden sein wird[34]. In Anbetracht fortwährender Ungewißheit kann sich der Schadstoffemittent gegen die sofortige Investition in einen umweltfreundlichen Kapitalstock und damit die dauerhafte Bindung von Kapital und für die Zahlung von Emissionssteuern entscheiden, da die Möglichkeit des Aufschiebens der Investition zu beachten ist.

Damit kommen die einen Optionswert konstituierenden Eigenschaften zusammen, die das konventionelle, neoklassische Investitionskalkül modifizieren[35]. In Analogie zu einer Kaufop-

---

[34] So kann man insbesondere im Energiesektor davon ausgehen, daß die wirtschaftliche Lebensdauer z.B. von Kraftwerken im Bereich von 2-3 Jahrzehnten anzusiedeln ist. Die besondere Bedeutung der dauerhaften Bindung von Kapital im Energiewirtschaftssektor ist auch auf den Umstand zurückzuführen, daß der Energiewirtschaftsbereich zu den kapitalintensivsten Wirtschaftsbereichen gerechnet werden kann, womit die (noch) bestehende wettbewerbsrechtliche Ausnahmestellung der leitungsgebundenen Energieversorgungsunternehmen begründet wird.

[35] Zu einem Überblick vgl. Dixit, A.K. (1992): Investment and Hysteresis, Journal of Economic Perspectives, Vol. 6, S. 107-132.

tion auf den Finanzmärkten besitzt der Emittent eine „reale“ Option, in Zukunft in den umweltfreundlichen Kapitalstock zu investieren. Diese Option entspricht dem Wert des Wartens bzw. des Aufschiebens einer Investitionsentscheidung, die durch andauernde Unsicherheit, Irreversibilität sowie die Möglichkeit des Verschiebens der Investition in die Zukunft charakterisiert ist. Die Durchführung der Investition kommt der Ausübung der Option gleich. Damit geht der Optionswert, d.h. der Wert des Wartens auf weitere Informationen, die Bedeutung im Hinblick auf die Investitionsentscheidung, wie etwa die Rentabilität der Investition, haben können, verloren. Insofern ist der Optionswert in das Entscheidungskalkül des Investors einzubeziehen.

Aufgrund der Unsicherheit bezüglich der Entwicklung der Emissionssteuer im Zeitverlauf läßt sich die Entwicklung derselben durch eine geometrische Brown´sche Bewegung darstellen:

$$d\tau = \alpha\tau\, dt + \sigma\tau\, dz\,. \tag{6.37}$$

Demnach läßt sich die Veränderung der Emissionssteuer in der Zeit in eine deterministische und eine stochastische Komponente zerlegen (vgl. dazu auch Gleichungen (6.27), (6.32)). Die erwartete, relative Zunahme der Emissionssteuer beträgt α und ist nach (6.35) durch die soziale Diskontrate δ sowie die erwartete natürliche Assimilationskapazität κ bestimmt. Diese Größe spiegelt die Erwartungen der Schadstoffemittenten über die optimale Entwicklung des Preises für Verschmutzungsrechte wider. Dahinter stehen die Vorstellungen über die optimale intertemporale Ressourcenallokation[36]. Mit zunehmendem Schadstoffbestand steigt der Preis für eine Verschmutzungseinheit mit der Diskontrate plus der Rate der erwarteten natürlichen Assimilationskapazität. Aufgrund der Ungewißheit bezüglich der zukünftigen, dynamischen Entwicklung des Schadstoffbestandes ist der Schattenpreis desselben eine stochastische Größe und damit auch die optimale Emissionssteuer. Die relative Veränderung der Steuer $d\tau/\tau$ ist dabei symmetrisch verteilt. Für den Erwartungswert der Emissionssteuer zum Zeitpunkt t läßt sich mit $\tau(0) = \tau_0$ (Steuer im Zeitpunkt 0 bzw. zu Beginn des Betrachtungszeitraumes) angeben: $E[\tau(t)] = \tau_0 e^{\alpha t}$. Für die Varianz von $\tau(t)$ erhält man: $Var[\tau(t)] = \tau_0^2 e^{2\alpha t}(e^{\sigma^2 t} - 1)$ [37].

---

[36] Dabei können die Vorstellungen der Schadstoffemittenten hinsichtlich der Entwicklung der Emissionssteuer grundsätzlich von dem aus der Sicht des staatlichen Planers zu wählenden Pfades abweichen.

[37] Vgl. Dixit, A.K. (1993), S. 6ff.; Dixit, A.K. und R.S. Pindyck (1994): Investment under Uncertainty, Princeton, S. 71f., sowie die dort angegebene Literatur.

6.2.2.1 *Die Investitionsentscheidung der Schadstoffemittenten bei ungewisser Entwicklung der Emissionssteuer*

Im folgenden wird das Entscheidungsproblem eines gewinnmaximierenden Produzenten, der sich als Schadstoffemittent einer ungewissen Entwicklung der Emissionssteuer im Zeitverlauf gegenübersieht, analysiert. Mit der Erhebung von Emissionssteuern sollen Investitionen in einen umweltfreundlichen Kapitalstock zur Verringerung des Emissionskoeffizienten angeregt werden. Aus der Sicht des emissionssteuerpflichtigen Unternehmens ist damit eine Verminderung der Emissionssteuerlast möglich. Wie in 6.1.2 gezeigt wurde, läßt sich die Zielfunktion eines repräsentativen Unternehmens unter Einbeziehung einer Emissionssteuer in einer Situation der vollständigen Information durch Gleichung (6.20) angeben. Unter den getroffenen Annahmen und der Bedingung der vollständigen Information ist die Maximierung des Gewinns in jedem Zeitpunkt äquivalent zu einer Maximierung des Gegenwartswertes der Gewinne, d.h. der Zielfunktion liegt ein intertemporales Entscheidungsproblem des Produzenten zugrunde.

Aufgrund der ungewissen Entwicklung der Emissionssteuer richten die Schadstoffemittenten ihre Investitionsentscheidung an der erwarteten, zukünftigen Entwicklung sowie den Abweichungen von dem erwarteten Pfad (Varianz) der Steuer aus. Ein seinen Gewinn maximierendes Unternehmen wird versuchen, seine Emissionssteuerlast durch Investitionen in einen umweltfreundlichen Kapitalstock K_U, der sich gemäß $dK_U = (I_U - \varphi K_U)dt$ entwickelt, zu minimieren. Sofern man von einem gegebenen produktiven Kapitalstock K_Y, der das Produktionsniveau des Unternehmens $Y = f(K_Y)$ bestimmt ausgeht, und Investitionen in den umweltfreundlichen Kapitalstock K_U nicht stattfinden, ist die von dem Unternehmen im Zeitpunkt t zu zahlende gesamte Emissionssteuer gleich $\tau(t)a(K_U e^{-\varphi t})Y_t$. Somit stellt sich für ein risikoneutrales Unternehmen die Aufgabe, den erwarteten Gegenwartswert (abdiskontiert mit der Diskontrate ρ) der zu zahlenden Emissionssteuern abzüglich der Investitionskosten durch geeignete Steuerung des umweltfreundlichen Kapitalstocks zu minimieren. Werden auch in Zukunft keine Investitionen zur Verringerung der Emissionen vorgenommen, so erhält man für den erwarteten Gegenwartswert aller zukünftigen Emissionssteuerzahlungen die später im Rahmen der Lösung noch zu bestimmende Wertfunktion $V(K_U,\tau)$, für die gilt[38]:

$$(6.38) \qquad V(K_U,\tau) = E\int_0^\infty -\tau(t)a(K_U e^{-\varphi t})Ye^{-\rho t}\,dt.$$

[38] Vgl. Dixit, A.K. und R.S. Pindyck (1994), S. 374-377.

Zur Charakterisierung der Wertfunktion sei die Situation nach Verstreichen einer kleinen Zeitspanne dt betrachtet. Ohne die Durchführung von Investitionen wird sich der Kapitalstock K_U vermindern und die Emissionssteuer gemäß (6.37) erhöhen.

Man erhält somit für die Wertfunktion:

$$(6.39) \qquad V(K_U,\tau) = -(\tau a(K_U)Y)dt + e^{-\rho dt} E_t\left[V(K_U + dK_U, \tau + d\tau)\right].$$

Wenngleich innerhalb des kleinen Zeitintervalls keine Investitionsentscheidung getroffen wird, und somit die Bestandsvariable Kapitalstock nicht gesteuert wird, bezeichnet (6.39) eine Bellmansche Gleichung des dynamischen Programmierens, die das gesamte Zeitintervall von 0 bis unendlich zerlegt in die im Zeitintervall dt zu zahlenden Emissionssteuern sowie die Wertfunktion des Restprozesses nach Verstreichen des kleinen Zeitintervalls dt. Dabei ist die Bildung des Erwartungswertes erforderlich, weil die Veränderung der Emissionssteuer in t+dt, von dem Zeitpunkt t aus betrachtet, eine stochastische Größe darstellt. Die Durchführung einer Taylor-Entwicklung auf der rechten Seite von (6.39) und die Anwendung von Ito´s Lemma liefern:

$$(6.39a) \quad V(K_U,\tau) \approx \tau a(K_U)Ydt + (1-\rho dt)\Big\{V(K_U,\tau) + \alpha\,\tau V_\tau(K_U,\tau)dt - \varphi K_U V_{K_U}(K_U,\tau)dt + 1/2\,\sigma^2\tau^2 V_{\tau\tau}(K_U,\tau)dt\Big\}$$

$$= V(K_U,\tau) + \Big\{\tau a(K_U)Y - \rho V(K_U,\tau) + \alpha\tau V_\tau(K_U,\tau) - \varphi K_U V_{K_U}(K_U,\tau) + 1/2\,\sigma^2\tau^2 V_{\tau\tau}(K_U,\tau)\Big\}dt.$$

Durch Subtraktion von $V(K_U,\tau)$ ergibt sich folgende, partielle Differentialgleichung, der die Wertfunktion $V(K_U,\tau)$ genügen muß:

$$(6.40) \quad \tau a(K_U)Y - \rho V(K_U,\tau) + \alpha\tau V_\tau(K_U,\tau) - \varphi K_U V_{K_U}(K_U,\tau) + 1/2\,\sigma^2\tau^2 V_{\tau\tau}(K_U,\tau) = 0.$$

Der Effekt der ökonomischen Abschreibungen des umweltfreundlichen Kapitalstocks auf den in der Wertfunktion zusammengefaßten Gegenwartswert aller zukünftigen Emissionssteuerzahlungen wird durch den vorletzten Term beschrieben.

Die partielle Ableitung der Wertfunktion nach dem Kapitalstock läßt sich aus (6.38) ermitteln:

(6.41) $$V_{K_U}(K_U,\tau) = E\int_0^{\infty} -\tau(t)a'(K_U e^{-\varphi t})Ye^{-(\varphi+\rho)t}\,dt.$$

Wegen $a'(.) < 0$ ist $V_{K_U} > 0$, d.h. der Wert einer weiteren Einheit des umweltfreundlichen Kapitalstocks ist positiv und bezeichnet die aufgrund der Emissionsreduktion zu erwartende Steuerersparnis. Dabei ist zu beachten, daß für $a'' \geq 0$ das Grenzprodukt des Kapitals zur Verringerung des Emissionskoeffizienten aufgrund der physischen Entwertung des Kapitalstocks (Abschreibung) zunimmt, während die relevante Diskontrate durch den Abschreibungseffekt vergrößert wurde. Letztgenannter Effekt bringt zum Ausdruck, daß die marginale Kapitaleinheit als Folge der Abschreibung mit einer gewissen Wahrscheinlichkeit nicht mehr zur Verfügung steht[39]. In diesem Zusammenhang ist zu beachten, daß der Grad an Irreversibilität der Investitionen von der ökonomischen Abschreibungsrate des Kapitals bestimmt wird.

Vor dem Hintergrund einer weiteren erwarteten Zunahme der Emissionssteuer und einer Verringerung des Kapitalstocks über die Zeit, stellt sich aus der Sicht des Schadstoffemittenten die Frage der Investition in den umweltentlastenden Kapitalstock zur Verringerung der Emissionssteuerlast. Dabei ist der aktuell erreichte Kapitalstock, dessen zukünftige Entwicklung bekannt ist, sowie die aktuelle und zukünftige Höhe der Emissionssteuer, über deren zukünftige Entwicklung Erwartungen gebildet werden müssen, zu beachten. Die zukünftige Steuerersparnis einer Investition in Vermeidungskapital ist aus gegenwärtiger Sicht daher nicht vorherzusagen. Jedoch ist aufgrund der mit (6.37) gegebenen Veränderung der Emissionssteuer eine Aussage über die Wahrscheinlichkeitsverteilung der Rentabilität von Investitionen zur Verringerung des Emissionskoeffizienten möglich. Im folgenden wird ausgeführt, daß ein Aufschieben der Investition wegen der letztlich nicht bekannten zukünftigen Entwicklung der Emissionssteuer angezeigt sein kann. Mit dem zeitlichen Hinausschieben der Investitionsentscheidung vermeidet der potentielle Investor das Risiko einer dauerhaften Bindung von Kapital in eine Verwendung, die sich als nicht rentabel erweisen kann. Gleichzeitig bleibt ihm die Option erhalten, in Zukunft bei einer die Investition begünstigenden Entwicklung der Emissionssteuer den Kapitalstock auszuweiten. Offenkundig ist die Durchführung der Investition auch in Zukunft mit einem Risiko behaftet, jedoch wird ein „hinreichender" Anstieg der Emissionssteuer

---

39 Vgl. Dixit, A.K. und R.S. Pindyck (1994), S. 375.

die Wahrscheinlichkeit der Nichtrentabilität verringern. Somit erfolgt durch das Aufschieben der Investitionsentscheidung ein intertemporaler „trade off" zwischen gegenwärtigem und zukünftigem Risiko .[40]

Diesem Wert des Wartens sind jedoch die Opportunitätskosten der Emissionssteuerzahlung gegenüberzustellen, die ohne Durchführung der Investition höher ausfallen. Ist durch die Erweiterung des umweltfreundlichen Kapitalstocks und damit die Verringerung der anderweitig fälligen Emissionssteuern eine hinreichend große Ersparnis erreichbar, so wird es sich ab einem bestimmten Niveau nicht mehr lohnen, die Investitionsentscheidung weiter hinauszuschieben. Zur Ermittlung der Investitionsschwelle sind daher die direkten Investitionskosten um die sich aus dem Verlust des Optionswertes ergebenden Kosten zu erweitern.

Für einen gegebenen Kapitalstock $K_U(t)$, sowie für eine gegebene Höhe des Steuersatzes $\tau(t)$ sei der Wert der Option, in zusätzliches Kapital zur Verringerung des Emissionskoeffizienten zu investieren, mit $O(K_U(t),\tau(t))$ bezeichnet. Sofern nicht in den umweltfreundlichen Kapitalstock investiert wird, läßt sich die Entwicklung des Optionswertes nach dem Bellmanschen Optimalitätsprinzip des dynamischen Programmierens durch Aufteilen der Zukunft in ein Anfangsintervall (t+dt) und die Wertfunktion des Restprozesses nach (t+dt) ermitteln:

$$O(K_U,\tau) = e^{-\rho dt} E_t\left[O(K_U + dK_U, \tau + d\tau)\right]. \tag{6.42}$$

Da hier lediglich die Entwicklung des Optionswertes einer Investitionsmöglichkeit betrachtet wird, fällt der im Anfangsintervall erzielbare „Profit" weg. Für die rechte Seite von (6.42) läßt sich nach Anwendung einer Taylor-Entwicklung unter Berücksichtigung von Ito´s Lemma schreiben (vgl. (6.39a)):

$$\begin{aligned} O(K_u,\tau) &= (1-\rho\,dt)\left\{O(K_U,\tau) + \alpha\tau O_\tau(K_U,\tau)dt - \varphi K_U O_{K_U}(K_u,\tau)dt + 1/2\sigma^2\tau^2 O_{\tau\tau}(K_U,\tau)dt\right\} \\ &= O(K_U,\tau) + \left\{\alpha\tau O_\tau(K_U,\tau) - \varphi K_U O_{K_U}(K_U,\tau) + 1/2\sigma^2\tau^2 O_{\tau\tau}(K_U,\tau) - \rho\, O(K_U,\tau)\right\}dt. \end{aligned}$$

Durch Subtraktion von $O(K_U,\tau)$ auf beiden Seiten ergibt sich folgende, die Entwicklung des Optionswertes von Investitionen beschreibende, partielle Differentialgleichung:

[40] Dieser Effekt ist aber nicht auf eine risikoaverse Einstellung des Investors zurückzuführen, da von erwarteten Größen ausgegangen wird. Vgl. dazu auch Dixit, A.K. (1992), S. 111.

(6.43) $$\alpha\tau O_\tau(K_U,\tau) - \varphi K_U O_{K_U}(K_U,\tau) + 1/2\sigma^2\tau^2 O_{\tau\tau}(K_U,\tau) - \rho O(K_U,\tau) = 0.$$

Dabei ist der Einfluß der Abschreibungen des Kapitalstocks auf den Wert zukünftiger Investitionsmöglichkeiten zu beachten. Da die Durchführung einer Investition der Ausübung der Investitionsoption und somit dem Verlust des Optionswertes gleichkommt, ist die partielle Ableitung des Optionswertes nach dem Kapitalstock negativ. Daher stellt der 2. Term in (6.43) den (positiven) Wert der Vergrößerung der Investitionsmöglichkeiten als Folge der Abschreibung des Kapitalstocks dar[41]. Der Grad der Irreversibilität von Investitionen wird daher durch die Abschreibungsrate des Kapitalstocks, d.h. durch die Bindungsdauer des eingesetzten Kapitals, determiniert und muß bei der Bestimmung des Optionswertes von Investitionen beachtet werden. Nach Verstreichen eines Zeitintervalls dt steht die marginale Investitionsoption $-O_{K_U}(K_U,\tau) \equiv o(K_U,\tau)$ wieder zur Verfügung. Um den marginalen Optionswert einer Investition in Vermeidungskapital zur Verringerung des Emissionskoeffizienten und damit zur Verminderung der Emissionssteuerlast aus der Sicht des Emittenten zu ermitteln, ist (6.43) nach dem Kapitalstock zu differenzieren. Die marginale Investitionsoption $o(K_U,\tau)$ folgt demnach der partiellen Differentialgleichung:

(6.44) $$\alpha\tau o_\tau(K_U,\tau) - \varphi K_U o_{K_U}(K_U,\tau) - \varphi o(K_U,\tau) + 1/2\sigma^2\tau^2 o_{\tau\tau}(K_U,\tau) - \rho\, o(K_U,\tau) = 0.$$

Durch Umstellen der Gleichung wird ersichtlich, daß die Entwicklung des marginalen Optionswertes der um die Abschreibungsrate vergrößerten Ertragsrate $(\rho + \varphi)$ entsprechen muß:

$$\alpha\tau o_\tau(K_U,\tau) - \varphi K_U o_{K_U}(K_U,\tau) + 1/2\sigma^2\tau^2 o_{\tau\tau}(K_U,\tau) = (\rho + \varphi) o(K_U,\tau).$$

Da $o(K_U,\tau)$ eine Funktion mit zwei abhängigen Variablen ist und (6.44) somit eine partielle Differentialgleichung mit partiellen Ableitungen nach beiden Variablen darstellt, ist eine Lösung im allgemeinen nicht möglich. Im folgenden wird jedoch durch die Annahme einer speziellen Form für den Zusammenhang zwischen umweltfreundlichem Kapitalstock und Emissionskoeffizient die partielle in eine gewöhnliche Differentialgleichung überführt[42]. Die Höhe des Emissionskoeffizienten werde durch den Kapitalstock gemäß $a(K_U) = K_U^{-b}, mit\ b > 0$ be-

[41] Vgl. Dixit, A.K. (1993), S. 50 f.; Dixit, A.K. und R.S. Pindyck (1994), S. 375.
[42] Vgl. Dixit, A.K. und R.S. Pindyck (1994), S. 376, zum weiteren Vorgehen.

stimmt; damit gilt $a'(K_U) < 0, a''(K_U) > 0$, d.h. die Verringerung des Emissionskoeffizienten verlangt zunehmend mehr Kapitaleinsatz. Nach (6.41) ergibt sich somit für den erwarteten Gegenwartswert der zukünftigen Emissionssteuerersparnis durch Einsatz einer zusätzlichen Kapitaleinheit: $V_{K_U} = E\int_0^{\infty}(-\tau(t))(-bY)\left[K_U e^{-\varphi t}\right]^{-(b+1)} e^{-(\varphi+\rho)t}\,dt$, bzw. durch Umstellen: $bYK_U^{-(b+1)} E\int_0^{\infty}\tau(t)e^{\varphi t(b+1)-(\varphi+\rho)t}\,dt$. Durch Anwendung von Ito´s Lemma läßt sich der erwartete abdiskontierte Gegenwartswert von $\tau(t)$ berechnen, wobei für die Emissionssteuer $\tau(0) = \tau_0$ und die weitere Entwicklung derselben für den Investor sich gemäß (6.37) darstellt. Für den abdiskontierten Erwartungswert erhält man also:

(6.45) $$V_{K_U}(K_U,\tau) = bYK_U^{-(b+1)}\frac{\tau_0}{(\rho-\varphi b-\alpha)}$$

Da sich der erwartete Gegenwartswert einer weiteren Kapitaleinheit durch unterschiedliche Konstellationen zwischen der Höhe der Emissionssteuer τ_0 und einer bestimmten Höhe des Kapitalstocks K_U ergeben kann, sollte der Wert einer Option, eine weitere Einheit in den Kapitalstock zu investieren, jeweils gleich groß sein. Daher ist der marginale Optionswert durch eine abhängige Variable darstellbar, $o(K_U,\tau) = f(x)$, für die gelte: $x = bK_U^{-(b+1)}Y\tau_0$. Die partiellen Ableitungen des marginalen Optionswertes nach der Emissionssteuer $o_\tau(K_U,\tau) = f'(x)bK_U^{-(b+1)}Y$, $o_{\tau\tau}(K_U,\tau) = b^2Y^2K_U^{-2(b+1)}f''(x)$ und dem Kapitalstock $o_{K_U}(K_U,\tau) = -b(b+1)K_U^{-(b+2)}Y\tau f'(x)$ lassen sich nun in (6.44) ersetzen, so daß man nach einigen Umformungen die gewöhnliche Differentialgleichung

(6.46) $$1/2\sigma^2x^2f''(x) + \alpha xf'(x) + \varphi(b+1)xf'(x) - (\rho+\varphi)f(x) = 0$$

erhält. Eine Lösung für die Differentialgleichung (6.46) muß zusätzlich die folgenden Bedingungen erfüllen:

(6.47a) $$f(0) = 0,$$

(6.47b) $$o(K_U,\tau) = V_{K_U}(K_U,\tau) - q.$$

Dabei bezeichnet q die Kosten je investierter Kapitaleinheit. Zudem muß die folgende Gleichgewichtsbedingung gelten:

(6.47c) $$o_\tau(K_U,\tau) = V_{K_U\tau}(K_U,\tau).$$

Mit Gleichung (6.47a) wird der Fall eines positiven Optionswertes für $\tau = 0$ (somit auch $x = 0$) ausgeschlossen. Aufgrund der Eigenschaften des in (6.37) beschriebenen, stochastischen Prozesses verharrt der Wert in diesem Fall bei null. Daher fehlt dem Schadstoffemittenten der Anreiz, in umweltfreundliches Kapital zu investieren, und folglich kommt auch kein Optionswert einer Investition zustande. Nach (6.47b) muß der Wert einer marginalen Investitionsoption gleich dem erwarteten Gegenwartswert einer zusätzlichen Kapitaleinheit abzüglich der direkten Kosten q der Kapitaleinheit sein. Die rechte Seite von (6.47b) stellt somit den Nettoauszahlungsstrom bei Realisierung der marginalen Investitionsoption dar. Durch Umstellen der Gleichung ergibt sich die folgende Interpretationsmöglichkeit: $V_{K_U}(K_U,\tau) = q + o(K_U,\tau)$. Demnach muß der erwartete Gegenwartswert einer marginalen Erhöhung des Kapitalstocks gleich den direkten Kosten der Vergrößerung des Kapitalstocks plus den sich aus dem Verlust des marginalen Optionswertes ergebenden Opportunitätskosten sein. Die auch als „smooth pasting condition" bekannte Optimalitätsbedingung (6.47c), die von einer Lösung der Differentialgleichung (6.44) ebenfalls erfüllt werden muß, verlangt eine Übereinstimmung der partiellen Ableitungen von marginaler Investitionsoption und erwartetem Gegenwartswert einer zusätzlichen Kapitaleinheit[43]. Zur Erleichterung der ökonomischen Intuition dieser Bedingung seien kurz die alternativen Fälle erläutert. Sofern $o_\tau(K_U,\tau) < V_{K_U\tau}(K_U,\tau)$, so bezeichnet dies eine Situation, in der sich weiteres Abwarten lohnt, da $V_{K_U}(K_U,\tau) - q < o(K_U,\tau)$, d. h. die mit einer Investition verbundene Emissionssteuerersparnis rechtfertigt noch nicht die Durchführung derselben. Unterstellt man dagegen $o_\tau(K_U,\tau) > V_{K_U\tau}(K_U,\tau)$, so hat man eine Situation, in der aus der Sicht des schadstoffemittierenden Unternehmens sofortige Investitionen in den umweltfreundlichen Kapitalstock angezeigt sind. Die Entscheidung, die die Durchführung der Investition rechtfertigt, muß somit der Bedingung (6.47c) genügen und kann als Tangentiallösung aufgefaßt werden, die sich anhand von Abbildung 6.1 veranschaulichen läßt. Dabei bezeichnet die gerade Linie den Nettoaus-

---

[43] Vgl. Malliaris, A. G. und W. A. Brock (1982), S.199 ff.; Dixit, A.K. (1993), S.35 ff. zur Bedeutung der „smooth pasting condition".

zahlungsstrom bei Realisierung der marginalen Investitionsoption, der linear in τ ist und für $\tau = 0$ einen Verlust in Höhe der Kapitalkosten q je investierter Kapitaleinheit aufweist. Für $\tau < \tau^*$ stellt sich die optimale Investitionsentscheidung durch weiteres Abwarten dar. Der Wert der Option in eine weitere Einheit des umweltfreundlichen Kapitalstocks zu investieren wird durch die konvexe Kurve, die im Ursprung des Diagramms beginnt, dargestellt. Obwohl der Nettoauszahlungsstrom (in Analogie zu den Finanzoptionen kann dieser Wert auch als „innerer Wert" der Option bezeichnet werden) für $\tau \geq \tau_1$ positiv wird, liegt die Investitionsschwelle bei τ^*. An dieser Stelle stimmen zum einen Nettoauszahlungsstrom und der Wert der marginalen Investitionsoption überein, d.h. $o(K_U, \tau) = V_{K_U}(K_U, \tau) - q$. Zum anderen wird im Punkt Z eine Tangentiallösung erreicht, d. h. die Steigungen der beiden Kurven stimmen überein („smooth pasting condition").

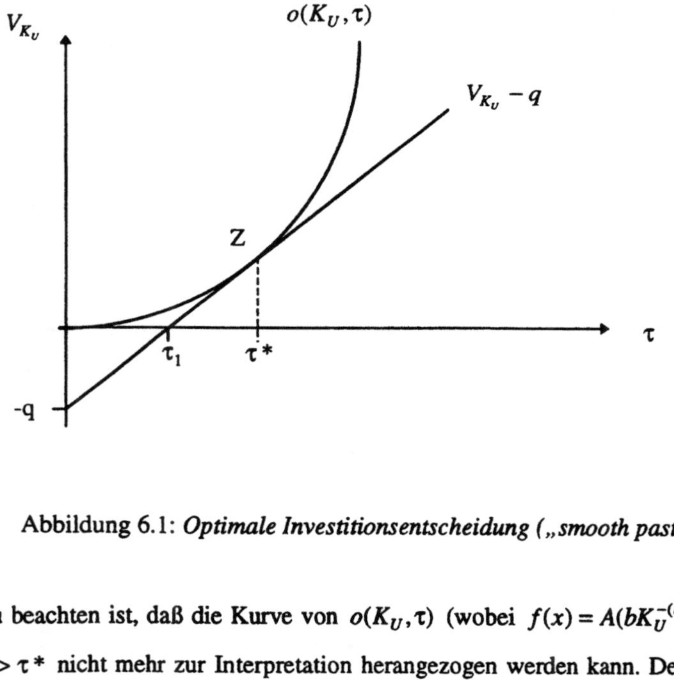

Abbildung 6.1: *Optimale Investitionsentscheidung („smooth pasting"-Bedingung)*

Zu beachten ist, daß die Kurve von $o(K_U, \tau)$ (wobei $f(x) = A(bK_U^{-(b+1)} Y\tau)^{\beta_1} = o(K_U, \tau)$) für $\tau > \tau^*$ nicht mehr zur Interpretation herangezogen werden kann. Der Optionswert steigt mit jeder weiteren Zunahme von τ. Das erreichte höhere Niveau verbessert die Aussichten auf ein weiterhin hohes Niveau von τ und läßt somit den Optionswert weiter ansteigen, ohne daß sich die Entscheidung zur Durchführung der Investition noch stellt. Im Bereich der Finanzmärkte wird dies als „spekulative Blase" bezeichnet. Relevant für die Identifikation der optimalen Investitionsentscheidung im Bereich $\tau > \tau^*$ ist somit der „rechte" Teil der linearen Kurve.

Eine allgemeine Lösung für (6.46) könnte wegen der Linearität der homogenen Differentialgleichung durch eine lineare Kombination von zwei unabhängigen Lösungen angegeben werden. Durch Einsetzen der Funktion Ax^{β} in (6.46) läßt sich diese als eine Lösung angeben, wobei β sich aus der sogenannten charakteristischen Gleichung ergibt[44]:

(6.48) $$1/2\sigma^2\beta(\beta-1)+\{\alpha+\varphi(b+1)\}\beta-(\varphi+\rho)=0.$$

Somit erhält man als allgemeine Lösung mit β_1, β_2 als die sich aus der quadratischen Gleichung (6.48) ergebende positive und negative Wurzel:

$$f(x)=A_1x^{\beta_1}+A_2x^{\beta_2}.$$

Durch Berücksichtigung von Bedingung (6.47a) vereinfacht sich die Lösung jedoch zu

(6.49) $$f(x)=Ax^{\beta_1}$$

mit $\beta_1>1$, sofern man für (6.49) $\varphi+\rho>\alpha+\varphi(b+1)$ fordern kann. Aufgrund von (6.45) ist diese Bedingung gegeben, da sich anderweitig ein negativer abdiskontierter Erwartungswert ergäbe. Diese Forderung ist auch durch ökonomische Intuition zu begründen, da die Nichterfüllung den Wert einer marginalen Investitionsoption ständig steigen ließe, und das Aufschieben der Investition somit immer die bessere Entscheidung wäre, was zur Konsequenz hätte, daß überhaupt nicht investiert würde. Die erwartete Zunahme der Emissionssteuer im Zeitverlauf wäre so groß, daß es aus der Sicht des Emittenten und Investors die optimale Strategie wäre, die Investition ständig aufzuschieben, da eine sofortige Investition nicht rentabel wäre bzw. die Opportunitätskosten einer nicht durchgeführten Investition (durch höhere Emissionssteuerzahlungen) zu niedrig sind. Zur Vereinfachung des weiteren Vorgehens sei die Differenz zwischen der Diskontrate des Investors ρ und der erwarteten Zunahme der Emissionssteuer α mit $\eta=\rho-\alpha$ bezeichnet. Daher ist nun zur Sicherstellung der Existenz einer Lösung $\eta>\varphi b$ zu fordern. Demnach sollte die Produktionselastizität b des zur Verminderung des Emissionskoeffizienten eingesetzten Kapitals sowie die Abschreibungsrate des Kapitalstocks φ hinrei-

[44] Vgl. z.B. Chiang, A.C. (1984), S. 505 ff.

chend klein im Verhältnis zur Differenz von Diskontrate und erwarteter Zunahme der Emissionssteuer sein.

Die aus dem Kostenminimierungskalkül des repräsentativen Unternehmens resultierende optimale Investitionsentscheidung vor dem Hintergrund einer stochastischen Entwicklung der Emissionssteuer kann im Kontext der stochastischen dynamischen Optimierung als „barrier control policy" aufgefaßt werden[45]. Bei der hier vorliegenden Fragestellung handelt es sich um ein „reflecting barrier"-Problem, da die stochastische Entwicklung der Emissionssteuer mit dem Erreichen eines bestimmten Niveaus weitere Investitionen in den Kapitalstock anstößt. Erneute Investitionen bleiben jedoch so lange aus, wie die Entwicklung der Emissionssteuer unterhalb eines Schwellenwertes („reflecting barrier") verläuft, bzw. bis der Prozeß der physischen Abschreibung des Kapitals weitere Investitionen rechtfertigt.

Durch Einsetzen der positiven Lösung von (6.48) in die Bedingung (6.47b) erhält man: $Ax^{\beta_1} = \frac{bK_U{}^{-b-1}Y\tau}{(\rho - \varphi b - \alpha)} - q$ sowie für die „smooth pasting condition" $Ax^{\beta_1 - 1} = \frac{1}{\beta_1(\rho - \varphi b - \alpha)}$.

Nach einigen Umformungen läßt sich aus diesen Bedingungen der kritische Wert der Emissionssteuer ermitteln, der die Investition in Vermeidungskapital anstößt:

$$\tau(K_U) = \frac{q(\rho - \varphi b - \alpha)}{bK_U{}^{-b-1}Y}\left(\frac{\beta_1}{\beta_1 - 1}\right). \tag{6.50}$$

Nach (6.50) beträgt die Emissionssteuerersparnis aufgrund der Durchführung einer (marginalen) Investition I bei gegebenem Kapitalstock K_U und gegebener Höhe der Emissionssteuer τ gleich $\tau(K_U)bK_U{}^{-b-1}Y(dI)$. Für den erwarteten Gegenwartswert dieser Ersparnis über den gesamten Betrachtungszeitraum ergibt sich aufgrund der erwarteten Zunahme der Emissionssteuer α sowie der Diskontierung der zukünftigen (ungewissen) Ersparnisse mit der Diskontrate ρ (unter Berücksichtigung der Abschreibungen des Kapitalstocks): $\frac{\tau(K_U)bK_U{}^{-b-1}Y(dI)}{(\rho - \varphi b - \alpha)}$ (vgl. (6.45)). Somit läßt sich für (6.50) bei Beachtung des in (6.41) gegebenen Zusammenhangs etwas anschaulicher schreiben:

$$V_{K_U}(K_U, \tau)(dI) = \left(\frac{\beta_1}{\beta_1 - 1}\right) q(dI). \tag{6.51}$$

[45] Vgl. Dixit, A.K. (1993), S.22ff.

Wegen $\beta_1 > 1$ muß der erwartete Gegenwartswert einer zusätzlichen Investitionseinheit die Kosten der Kapitaleinheit übersteigen, bzw. der Wert der laufenden Emissionssteuerersparnis die laufenden Kapitalkosten überschreiten. Bei Erreichen der Investitionsschwelle der Emissionssteuer beträgt der erwartete Gegenwartswert der zukünftigen Ersparnisse das $(\beta_1/\beta_1 - 1)$-fache der direkten Investitionskosten, da die Opportunitätskosten aus dem Verlust der marginalen Investitionsoption als weitere Kosten in das Investitionskalkül einzubeziehen sind. Insofern spiegelt der Faktor den Verlust der marginalen Investitionsoption bei Durchführung der Investition wider (vgl. auch (6.47b)).

Um eine Antwort auf die Frage nach der Größe des Fehlers bei Nichtberücksichtigung des Optionscharakters von Investitionen in den umweltfreundlichen Kapitalstock bei ungewisser Entwicklung der zukünftigen Emissionssteuer zu finden, ist offensichtlich die Größe des Optionswertes von entscheidender Bedeutung. Wie aus Gleichung (6.51) hervorgeht, hängt die Antwort von den Parametern ab, die die Größe von β_1, der positiven Lösung der quadratischen Gleichung (6.48), determinieren. Die sogenannte fundamentale quadratische Gleichung der Brownschen Bewegung[46] läßt sich hier als eine Funktion der Variablen β sowie der Parameter α, φ und ρ schreiben: $\phi(\beta) = 1/2\,\sigma^2\beta(\beta-1) + \{\alpha + \varphi(b+1)\}\beta - (\varphi + \rho) = 0$. Für die positive Lösung dieser Gleichung ergibt sich somit:

$$(6.52) \qquad \beta_1 = 1/2 - [\alpha + \varphi(b+1)]/\sigma^2 + \left[[\alpha + \varphi(b+1)/\sigma^2 - 1/2]^2 + \frac{2(\rho+\varphi)}{\sigma^2}\right]^{1/2}.$$

Intuitiv ist zu erwarten, daß eine Zunahme der Unsicherheit, gemessen an der Varianz σ^2 zu einer Zunahme des Optionswertes führt, da mehr Unsicherheit bezüglich der zukünftigen Entwicklung der Emissionssteuer den Anreiz, längerfristig Kapital zur Vermeidung von Emissionen zu binden, vermindert[47]. Eine Veränderung der Unsicherheit, die sich auf eine veränderte Einschätzung des staatlichen Planers hinsichtlich der relevanten Umweltschäden einer Emissionseinheit (Bewertungsunsicherheit, Unsicherheit in bezug auf die Höhe der natürlichen Assimilationskapazität) zurückführen läßt, mißt sich daher an der Höhe der Standardabweichung der zukünftigen Entwicklung der Emissionssteuer σ. Um den Einfluß einer Veränderung des Parameters σ auf die qualitative Veränderung des Optionswertes einer marginalen

[46] Vgl. Dixit, A.K. (1993), S. 11 ff.
[47] Dabei ist zu beachten, daß bislang keine Annahmen bezüglich der Risikoeinstellung der potentiellen Investoren getroffen wurden und somit Risikopräferenzen nicht zur Erklärung herangezogen werden können.

Investitionseinheit zu ermitteln, ist die fundamentale quadratische Gleichung total zu differenzieren, d.h. $d\phi=\left(\frac{\partial\phi}{\partial\beta_1}\frac{\partial\beta_1}{\partial\sigma}+\frac{\partial\phi}{\partial\sigma}\right)d\sigma=0$[48]. Da aufgrund von (6.47a) die Lösung auf die positive Wurzel $\beta_1>1$ beschränkt ist, gilt für $\frac{\partial\phi}{\partial\beta_1}>0$ und $\frac{\partial\phi}{\partial\sigma}=\sigma\beta_1(\beta_1-1)>0$, so daß für $\frac{\partial\beta_1}{\partial\sigma}<0$ gelten muß. Demnach führt eine Vergrößerung der Unsicherheit bezüglich der zukünftigen Entwicklung der Emissionssteuer zu einer Zunahme des marginalen Optionswertes der Investition in den umweltfreundlichen Kapitalstock, da mit einer Zunahme von σ ceteris paribus eine Verringerung von β_1 einhergeht und somit der Ausdruck $\beta_1/(\beta_1-1)$ steigt. Dies bedeutet jedoch, daß nach (6.50) der kritische Wert, welcher die Durchführung von Investitionen in Vermeidungskapital anstößt, mit zunehmender Unsicherheit ansteigt und letztlich somit weniger investiert wird. Investitionen zur Verringerung des Emissionskoeffizienten unterliegen somit dem Einfluß von Unsicherheit, unabhängig von den jeweiligen Risikopräferenzen der Investoren. Aufgrund der größeren Unsicherheit vergrößert sich der Wert des Wartens im Hinblick auf weitere Informationen bezüglich der Entwicklung der Emissionssteuer in der Zukunft, was den Aufschub von Investitionen zur Folge hat. Dagegen führt eine Vergrößerung der Diskontrate ρ zu einer Vergrößerung von β_1 und somit zu einer Verringerung des marginalen Optionswertes. Dies ist auf die mit einer höheren Diskontrate einhergehende geringere Gewichtung zukünftiger Zahlungsströme zurückzuführen, die den Wert des Wartens wegen der höheren Opportunitätskosten vermindert, und läßt sich durch die Bildung des totalen Differentials der quadratischen Gleichung an der Stelle β_1 zeigen: $d\phi=\left(\frac{\partial\phi}{\partial\beta_1}\frac{\partial\beta_1}{\partial\rho}+\frac{\partial\phi}{\partial\rho}\right)d\rho=0$.

Da sich für $\frac{\partial\phi}{\partial\beta_1}>0$ und für $\frac{\partial\phi}{\partial\rho}=-1$ ergibt, muß $\frac{\partial\beta_1}{\partial\rho}>0$ gelten.

Eine veränderte Einschätzung der Grenzschäden einer weiteren Emissionseinheit oder eine Neueinschätzung der natürlichen Assimilationskapazität des akkumulierten Schadstoffbestandes führt zu einer Revision der erwarteten Zunahme der Emissionssteuer in der Zeit. Eine höhere Trendwachstumsrate α vergrößert den erwarteten abdiskontierten Gegenwartswert der Emissionssteuerersparnis einer weiteren Kapitaleinheit, wie anhand von Gleichung (6.45) zu ermitteln ist. Gleichzeitig steigt jedoch der marginale Optionswert und damit der Wert des

[48] Vgl. Pindyck, R.S. (1991), S. 1123 f., Dixit, A.K. und R. S. Pindyck (1994), S. 142 ff.

Wartens. So läßt sich durch erneute Bildung des totalen Differentials $d\phi = \left(\frac{\partial\phi}{\partial\beta_1}\frac{\partial\beta_1}{\partial\alpha} + \frac{\partial\phi}{\partial\alpha}\right)d\alpha = 0$ mit $\frac{\partial\phi}{\partial\alpha} = \beta > 0$ zeigen, daß $\frac{\partial\beta_1}{\partial\alpha} < 0$.

Von besonderem Interesse ist schließlich der Einfluß der Abschreibungsrate ρ des eingesetzten Kapitals auf die Bedeutung des marginalen Optionswertes, da mit ihr die Dauerhaftigkeit bzw. der Grad der Irreversibilität von Investitionen festgelegt wird. Diese Eigenschaft ist wesentlich für die Existenz eines Optionswertes. Anhand der quadratischen Gleichung ist ersichtlich, daß die Abschreibungsrate letztlich zu einer Vergrößerung der Diskontrate führt. Im Ergebnis kommt es zu einer Vergrößerung der positiven Lösung β_1 der quadratischen Gleichung und somit zu einer Verringerung des marginalen Optionswertes. Dieses Ergebnis ist mit einer „schnelleren" Verfügbarkeit der realen Investitionsoption im Falle einer höheren Abschreibungsrate zu begründen.

Im Hinblick auf die Ausgestaltung einer Emissionssteuer, die eine Reduktion der klimarelevanten Kohlendioxidemissionen durch Investitionen zur Steigerung der Energieeffizienz bei der Nutzung fossiler Energieressourcen oder Investitionen in alternative emissionsfreie Technologien zum Ziel hat, sind die Besonderheiten der Energiewirtschaft, die durch hohe Kapitalintensität und jahrzehntelange Abschreibungsintervalle gekennzeichnet ist, zu beachten. Des weiteren ist zu bedenken, daß Investitionen in der Energiewirtschaft häufig mit Unteilbarkeiten verbunden sind, die die Betrachtung einer „marginalen Investitionseinheit" obsolet erscheinen lassen. Es ist offenkundig, daß dieser Sachverhalt die Bedeutung des Optionswertes einer realen Investition steigen läßt.

Die Investitionsentscheidung des Schadstoffemittenten kann vor dem Hintergrund einer ungewissen Entwicklung der Emissionssteuer und in Analogie zu Investitionen in Finanzanlagen als risikobehaftete Anlageentscheidung aufgefaßt werden, deren Ertrag die Emissionssteuerersparnis darstellt. Zur Illustration dieser Überlegungen läßt sich die Bellmansche Gleichung (6.39) auch wie folgt in diskreter zeitlicher Betrachtung mit der Zeitperiodenlänge Δt schreiben:

$$V(K_U,\tau) \cong -(\tau a(K_U)Y)\Delta t + (1+\rho\Delta t)^{-1} E\left[V(K_U + dK_U, \tau + d\tau)\right] \quad (6.39)`$$

Durch Multiplikation mit $(1+\rho\Delta t)$ und Umstellen der Gleichung erhält man:

$$\rho\Delta t V(K_U,\tau) = -(\tau a(K_U)Y)\Delta t(1+\rho\Delta t) + E\left[V(K_U + dK_U, \tau + d\tau)\right] - V(K_U,\tau).$$

Durch Zusammenfassen des zweiten und dritten Termes auf der rechten Seite läßt sich dafür auch schreiben:

$$\rho \Delta t V(K_U,\tau) = -(\tau a(K_U)Y)\Delta t(1+\rho\Delta t) + E[dV].$$

Nach Division durch Δt und anschließendem Grenzübergang für $\Delta t \rightarrow 0$ erhält man formal folgenden Zusammenhang:

(6.39)``
$$\rho V(K_U,\tau) = -(\tau a(K_U)Y) + E[dV]1/dt\ .$$

Demnach muß die Anlagemöglichkeit „Investitionen in Vermeidungskapital" die vom Investor gewählte, exogen bestimmte Ertragsrate ρ erbringen, die sich aus unmittelbarer Emissionssteuerersparnis und erwarteter Veränderung des „Anlagekapitalwertes" (capital gain) zusammensetzt. Die Investitionsentscheidung wird somit letztlich von der vom Investor gewählten Ertragsrate bestimmt, die aufgrund des mit der Durchführung von Investitionen verbundenen Risikos bei Aufgabe der Annahme der Risikoneutralität zusätzlich von dessen Risikopräferenzen abhängen kann. Da der bislang vorgegebene Modellrahmen die Möglichkeit des Handelns von risikobehafteten Investitionserträgen auf einem Markt nicht vorsieht, ist eine Bestimmung der adäquaten Risikoprämie und damit der risikoangepaßten Ertragsrate durch den Markt nicht möglich. Dies wird Gegenstand der nun folgenden Ausführungen sein.

6.2.2.2 Die Entscheidung des Konsumenten bei Ungewißheit

Unter 6.1.2 wurde aufgezeigt, wie nutzenmaximierende Konsumenten und ihren Gewinn maximierende Produzenten in einer dezentralisierten Marktökonomie ein intertemporales soziales Wohlfahrtsmaximum erreichen können. Durch die Einführung einer dynamischen Pigou-Steuer auf die Produktionsexternalität konnten die gleichen, für ein Wohlfahrtsmaximum erforderlichen Bedingungen erreicht werden, die ein staatlicher Planer erhalten würde. Der von den Individuen gewählte Konsumpfad folgt zu jedem Zeitpunkt einer modifizierten Keynes-Ramsey-Regel, der das mit der intertemporalen Budgetbeschränkung zu vereinbarende höchste Konsumniveau (unter Berücksichtigung des akkumulierten, bewerteten Schadstoffbestandes) erreicht.

Durch die Einführung von Unsicherheit bezüglich der mit der Produktion einhergehenden Schäden stellt sich die Frage, inwiefern dies zu einer Modifikation der Entscheidungen führt. Aus der Sicht eines wohlfahrtsmaximierenden staatlichen Planers ergibt sich daraus das Problem, die optimale Höhe der Emissionen für jeden Zeitpunkt festzulegen[49]. In dem hier vorliegenden Modellrahmen läßt sich dieser Sachverhalt auch als ein Entscheidungsproblem hinsichtlich des zu wählenden Umfangs an Investitionen in den umweltfreundlichen Kapitalstock K_U auffassen[50]. Daher ist die zukünftige Entwicklung einer optimalen Emissionssteuer ungewiß. So spielen in der Problematik einer drohenden globalen Erwärmung neben den vielfach diskutierten naturwissenschaftlichen Unsicherheiten[51] auch Aspekte der technologischen Entwicklung (alternative Energieformen, technische Möglichkeiten zur Steigerung der Energieeffizienz) sowie der weiteren ökonomischen Entwicklung (zukünftige Wachstumsraten) eine Rolle[52]. Wie im vorangehenden Abschnitt gezeigt wurde, stellt die unsichere Entwicklung der zukünftigen Emissionssteuer aus der Sicht der Emittenten, die vor der Entscheidung einer Emissionsverringerung durch Investitionen in umweltfreundliches Kapital stehen, ein Rentabilitätsrisiko dar. Für den Konsumenten ist die Verzinsung von Ersparnissen durch die Anlage in den umweltfreundlichen Kapitalstock im Unterschied zum Fall der vollständigen Information ebenfalls mit einem Risiko verbunden. Im folgenden Abschnitt 6.2.2.3 wird ausführlich auf die Erfordernisse bei der Ausgestaltung einer Umweltpolitik mit handelbaren Emissionsrechten eingegangen, die dem Konsumenten eine Investition in den umweltfreundlichen Kapitalstock (als risikobehaftete Anlagealternative) erlauben.

Eine Analyse des Entscheidungsproblems der optimalen intertemporalen Aufteilung von Konsum und Ersparnis bei Unsicherheit wurde von Samuelson (1969)[53] in einem Ansatz mit diskreter zeitlicher Betrachtung und von Merton (1969)[54] in einem stetigen Modellrahmen vorgenommen. Zur Verdeutlichung der nachfolgenden Ausführungen bezüglich der optimalen,

---

[49] Vgl. dazu etwa Nordhaus, W. (1991).

[50] Dabei wird unterstellt, daß die Emissionsmenge selbst bei unterschiedlichen Wachstumsraten des produktiven Kapitalstocks durch entsprechende Investitionen in den umweltentlastenden Kapitalstock bestimmt werden kann. D.h. das zwischen Wachstum und Umweltbelastung bestehende Konfliktpotential sei durch Kapitaleinsatz aufzulösen.

[51] Vgl. dazu z.B. Enquete-Kommission des Bundestages, Dritter Bericht (1992).

[52] Aus politischer Sicht wäre auch an die aus dem jeweiligen umweltpolitischen Regime herrührenden Unsicherheiten über den zukünftigen Kurs der Umweltpolitik zu denken.

[53] Vgl. Samuelson, P. A. (1969): Lifetime Portfolio Selection by Dynamic Stochastic Programming, Review of Economics and Statistics, Vol. 51,S. 239-246; vgl. auch Blanchard, O. J. und S. Fischer (1989), Kapitel 6.2 und Kapitel 10.1.

[54] Vgl. Merton, R.C. (1969): Lifetime Portfolio Selection under Uncertainty: The Continuous-Time Case, Review of Economics and Statistics, Vol. 51, S. 247-257.

intertemporalen Entscheidung eines repräsentativen Konsumenten in einer Situation der Ungewißheit werden zuvor die wesentlichen Ergebnisse bei nichtstetiger Betrachtung abgeleitet. Es wird somit dem Modell von Samuelson (1969) gefolgt, da dieser Ansatz zum einen den formalen Aufwand für die Ableitung der wesentlichen Ergebnisse reduziert und zum anderen für allgemeinere Wahrscheinlichkeitsverteilungen Gültigkeit besitzt. Im Modell von Merton (1969) folgt die Ertragsrate der risikobehafteten Anlagealternative dagegen einer geometrischen Brown´schen Bewegung. Zum besseren Verständnis der intertemporalen Optimierungsentscheidung werden nachfolgend auch bereits bekannte Zusammenhänge angeführt. Der Exkurs ist somit als in sich abgeschlossen zu sehen.

EXKURS: Optimale Aufteilung von Konsum und Ersparnis bei Unsicherheit

Wie bereits in 6.1.2 aufgezeigt, sei zunächst das einfachste intertemporale Nutzenmaximierungsproblem eines repräsentativen Konsumenten in einer Situation der vollständigen Information bei stetiger Betrachtung und endlichem Zeithorizont gegeben mit:

(a) $$\max_C \int_0^T U(C_t) e^{-\delta t}\, dt .$$

Dabei bezeichne δ die individuelle Diskontrate bzw. Zeitpräferenzrate. Bei Vernachlässigung des Faktors Arbeit und gegebenem Faktorpreis $r(t)$ unterliegt der Konsument der folgenden intertemporalen Budgetbeschränkung:

(b) $$\dot{K}_t = r_t K_t - C_t .$$

Samuelson (1969) und Merton (1969)[55] führen nun Unsicherheit durch die Erweiterung der Anlagemöglichkeit um eine risikobehaftete Anlage ein. Das Entscheidungsproblem des Konsumenten erweitert sich nun von der Aufteilung zwischen Konsum und Ersparnis um den Aspekt der optimalen Allokation (Portfolioentscheidung) zwischen risikobehafteter und sicherer Anlagemöglichkeit. Die risikolose Ertragsrate sei wie zuvor mit $r(t)$ bezeichnet, während die risikobehaftete Ertragsrate durch die Zufallsvariable $\tilde{r}(t)$ gegeben sei. Dabei kann für $\tilde{r}(t)$ eine

---

[55] Vgl. Samuelson, P.A. (1969), S. 239-246 und Merton, R.C. (1969), S. 247-257.

allgemeine Wahrscheinlichkeitsverteilung angenommen werden, d. h. $\Pr ob\{\tilde{r}(t) \leq z\} = P(z), z \geq 0$. Es wird unterstellt, daß der repräsentative Konsument ein Anfangsvermögen zum Zeitpunkt t=0 besitzt. Der Anteil des Gesamtvermögens, der in die risikobehaftete Anlage investiert wird, sei mit m bezeichnet. Wie im gewöhnlichen Ramsey-Modell habe der Konsument die Möglichkeit, zum risikolosen Zinssatz an einem perfekten Kapitalmarkt zu leihen. Aufgrund der risikobehafteten Anlagemöglichkeit wird Unsicherheit in die intertemporale Budgetgleichung eingeführt. Der Konsument maximiert daher seinen Erwartungsnutzen aus dem zukünftigen Konsum, da die Erträge aus der risikobehafteten Anlage unsicher sind. Für die Entscheidung bezüglich der Aufteilung von Konsum und Ersparnis sowie die Portfolioentscheidung zum Zeitpunkt null, stehen nur die zu diesem Zeitpunkt verfügbaren Informationen hinsichtlich der erwarteten Ertragsrate zur Verfügung. Bei diskreter Betrachtungsweise maximiert der Konsument den erwarteten diskontierten Nutzenstrom aller zukünftigen Perioden

(c) $$\max E_0 \left\{ \sum_{t=0}^{T} U(C_t)(1+\delta)^{-t} \right\}$$

unter Beachtung der modifizierten intertemporalen Budgetbeschränkung

(d) $$K_{t+1} = \left\{(1+\tilde{r}_t)m_t + (1+r_t)(1-m_t)\right\}\left[K_t - C_t\right].$$

Wie anhand von Gleichung (d) ersichtlich wird, ist die zukünftige Entwicklung des Budgets unsicher, da die Ersparnisse mit einer gewichteten, ungewissen Portfolioertragsrate verzinst werden. Somit liegt erneut ein dynamisches Maximierungsproblem bei Unsicherheit vor. Im Unterschied zu den bislang behandelten Fragestellungen handelt es sich hier um ein Optimierungsproblem, welches sich nicht über einen stetigen, unendlichen Zeithorizont erstreckt. Mit $W(K(t),t)$ sei daher die Wertfunktion bezeichnet, die den optimalen Wert der Zielfunktion (c), d.h. den abdiskontierten Gegenwartswert des Nutzens aller zukünftigen Perioden, bezogen auf die aktuelle Periode t mißt

(e) $$W(K_t) = \max E_t \left\{ \sum_{s=t}^{T} U(C_s)(1+\delta)^{-(s-t)} \right\}.$$

Der Grundidee des dynamischen Programmierens (Bellmansches Optimalitätsprinzip) folgend, teilt man die gesamte Sequenz aller zukünftigen Entscheidungen zwischen Konsum und Ersparnis sowie der Portfolioentscheidungen in eine aktuelle Entscheidung sowie die den restlichen Planungshorizont zusammenfassende erwartete Wertfunktion auf. Somit erhält man die folgende Bellman-Gleichung:

(f) $$W(K_t) = \max_{C,m}\left\{U(C_t) + (1+\delta)^{-1} E_t\left\{W(K_{t+1})\right\}\right\}.$$

Der optimale Wert des Zielfunktionals (c) in der Periode t kann demnach in zwei Summanden aufgespalten werden, nämlich in den Nutzen aus Konsum der aktuellen Periode t und den abdiskontierten Erwartungswert der Wertfunktion der Periode t+1, die alle verbleibenden Perioden zusammenfaßt. Durch Differenzieren der rechten Seite von (f) nach den beiden Entscheidungsvariablen ergeben sich (unter Beachtung der Budgetbeschränkung) die folgenden notwendigen Bedingungen erster Ordnung:

(g) $$U'(C_t) - (1+\delta)^{-1} E_t\left\{W'(K_{t+1})\left[(1+\tilde{r}_t)m_t + (1+r_t)(1-m_t\right]\right\} = 0,$$

(h) $$(1+\delta)^{-1} E_t\left\{W'(K_{t+1})\left[\tilde{r}_t - r_t\right]\right\} = 0 .$$

Da die explizite Form der Wertfunktion nicht bekannt ist und demnach auch nicht deren erste Ableitung, wird im folgenden die Veränderung der Wertfunktion bei Änderung des Vermögens mittels des Enveloppen-Theorems ermittelt. Dazu ist die rechte Seite von (f) nach $K(t)$ zu differenzieren:

$$\begin{aligned} W'(K_t) &= \frac{\partial\{\ldots\}}{\partial K_{t+1}}\frac{\partial K_{t+1}}{\partial K_t} \\ &= (1+\delta)^{-1} E_t\left\{W'(K_{t+1})\left[(1+\tilde{r}_t)m_t + (1+r_t)(1-m_t)\right]\right\}. \end{aligned}$$

Da dieser Ausdruck mit dem zweiten Term von (g) übereinstimmt, entspricht die erste Ableitung der Wertfunktion dem Schattenpreis einer Vergrößerung des Budgets und somit letztlich dem Grenznutzen aus Konsum: $W'(K_t) = U'(C_t)$. Durch Substitution der ersten Ableitungen der Wertfunktion lassen sich die für eine intertemporale Nutzenmaximierung notwendigen Bedingungen wie folgt vereinfachen:

(g)` $$U'(C_t) = (1+\delta)^{-1} E_t \left\{ U'(C_{t+1}) \left[(1+\tilde{r}_t) m_t + (1+r_t)(1-m_t) \right] \right\},$$

(h)` $$E_t \left\{ U'(C_{t+1}) \left[\tilde{r}_t - r_t \right] \right\} = 0.$$

Der Optimalitätsbedingung (g)` zufolge muß der Grenznutzen aus dem Konsum in einer Periode t gleich dem erwarteten abdiskontierten Grenznutzen der nachfolgenden Periode sein. Dabei ergibt sich der Grenznutzen des Konsums der nachfolgenden Periode durch die Verzinsung mit der erwarteten durchschnittlichen Ertragsrate (Portfolioertragsrate), deren Gewichte sich nach der Aufteilung zwischen risikobehafteter und risikoloser Anlagemöglichkeit ergeben. Zusammengenommen beschreiben beide Anlagemöglichkeiten die intertemporale Grenzrate der „Transformation" von Konsum zwischen beiden Perioden, die der rudimentäre Kapitalmarkt mit zwei Anlagealternativen bietet. Somit fordert (g)`, den Konsumpfad so zu wählen, daß Grenzrate der Transformation und Grenzrate der Substitution von Konsum zwischen zwei Perioden übereinstimmen.

Nach der zweiten Optimalitätsbedingung (h)` muß der erwartete Grenznutzen einer Änderung der Portfoliozusammensetzung, etwa zugunsten der risikobehafteten Anlagemöglichkeit, gleich null sein. Unter Berücksichtigung der Definition der Kovarianz von zwei Zufallsvariablen[56] läßt sich für (h)`auch schreiben:

$$E_t \left\{ U'(C_{t+1}) \left[\tilde{r}_t - r_t \right] \right\} = \mathrm{cov}\left[\tilde{r}_t - r_t, U'(C_{t+1}) \right] + E_t \left\{ U'(C_{t+1}) \right\} \left(E_t \left\{ \tilde{r}_t - r_t \right\} \right).$$

Durch Umstellen der Gleichung und Berücksichtigung von (h)` kann man folgende bekannte Form erhalten („Capital Asset Pricing Model", kurz CAPM)[57]

(i) $$E_t \left\{ \tilde{r}_t \right\} = r_t - \frac{1}{E\left\{ U'(C_{t+1}) \right\}} \mathrm{cov}\left[\tilde{r}_t, U'(C_{t+1}) \right].$$

[56] Für die Kovarianz zweier Zufallsvariablen gilt: $\mathrm{cov}(\tilde{x},\tilde{y}) = E\{\tilde{x}\,\tilde{y}\} - \bar{x}\,\bar{y}$, mit $\bar{x} = E\{\tilde{x}\}$ und $\bar{y} = E\{\tilde{y}\}$.

[57] Vgl. z.B. Varian, H. (1992), S. 371 ff.

Im Unterschied zur konventionellen Form der CAPM-Gleichung wird die Risikoprämie nicht durch die Kovarianz der risikobehafteten Ertragsrate mit dem Marktportfolio aller anderen risikobehafteten Anlagemöglichkeiten bestimmt, sondern durch die Kovarianz mit dem zukünftigen Grenznutzen aus dem Konsum. Sofern die Ertragsrate der risikobehafteten Anlagemöglichkeit positiv mit dem Konsum korreliert ist, muß die Ertragsrate dieser Anlagealternative die risikolose Ertragsrate in Höhe der angegebenen Risikoprämie übersteigen. Die Implikationen dieses Zusammenhangs werden bei den nun folgenden Ausführungen zu berücksichtigen sein.

Exkursende

Die intertemporale Nutzenmaximierungsentscheidung eines repräsentativen Konsumenten in dem bislang vorgezeichneten Modellrahmen ist aus portfoliotheoretischer Sicht durch eine risikobehaftete Anlagemöglichkeit in den umweltfreundlichen Kapitalstock[58] sowie eine als risikolos unterstellte Anlagemöglichkeit in den „produktiven" Kapitalstock gekennzeichnet. Wie bereits in dem vorangehenden Exkurs aufgezeigt wurde, wird ein Investor nur dann Kapital in einer Anlage halten, sofern die erwartete Ertragsrate hinreichend hoch ist. Nach Gleichung (6.39)`` ist die erwartete Ertragsrate einer Investition in den umweltfreundlichen Kapitalstock gleich der exogen bestimmten Diskontrate ρ, welche die Opportunitätskosten des eingesetzten Kapitals bezeichnet. Die erwartete Rendite des emissionsmindernden Kapitalstocks setzt sich dabei aus dem erwarteten „capital gain" (aufgrund der erwarteten Zunahme der Emissionssteuer) sowie den Opportunitätskosten der Emissionssteuerersparnis zusammen, die als eine Art Dividende aufgefaßt werden kann. Aus der Sicht des Konsumenten kommt die Investition in die risikobehaftete Anlage nur dann in Betracht, wenn die erwartete Rendite mindestens so hoch ist wie die Rendite alternativer Anlagemöglichkeiten mit vergleichbarem Risiko. Da der bislang vorgegebene Modellrahmen eine Ermittlung der risikoadäquaten Prämie dieser Investitionen nicht zuläßt (vgl. dazu den folgenden Abschnitt), bleibt zunächst nur die den (subjektiven) Risikopräferenzen des Investors entsprechende exogene Bestimmung der Diskontrate ρ .

Aus der Sicht des Konsumenten, der zum einen vor der Aufgabe der optimalen intertemporalen Allokation von Konsum und Ersparnis steht, und zum anderen eine portfoliotheoretische Entscheidung bezüglich der Aufteilung seiner Ersparnisse auf die beiden zur Verfügung ste-

[58] Wie im weiteren (vgl. insbesondere das folgende Kapitel) noch aufgezeigt wird, erlaubt eine Politik der handelbaren Emissionsrechte die Bestimmung einer risikoadäquaten Ertragsrate für Investitionen in den umweltfreundlichen Kapitalstock.

henden Anlagemöglichkeiten treffen muß, stelle sich die risikobehaftete Anlage von Ersparnissen in den umweltfreundlichen Kapitalstock zunächst wie folgt dar:

(6.53) $$dP = \xi P\,dt + \tilde{\sigma} P\,dz .$$

Der Preis P einer Einheit der Anlageform umweltfreundlicher Kapitalstock sei durch die geometrische Brownsche Bewegung (6.53) gegeben, die die individuelle Einschätzung eines Investors bezüglich der erwarteten Wertentwicklung bzw. Renditeentwicklung wiedergibt[59]. Die stochastische Komponente ist dabei auf die Ungewißheit des zukünftigen Schattenpreises einer Schadstoffeinheit und damit auf die Ungewißheit im Hinblick auf die Entwicklung der optimalen Emissionssteuer zurückzuführen, d.h. die stochastischen Prozesse (6.37) und (6.53) sind vollständig miteinander korreliert. Ein potentieller Investor muß daher eine Reihe von Determinanten der zukünftigen Preisentwicklung, wie zukünftige ökonomische und technische Entwicklungen, Veränderungen der zukünftigen Umweltpolitik und nicht zuletzt ökologische Unsicherheiten berücksichtigen[60]. Die erwartete Ertragsrate der risikobehafteten Anlagealternative ist somit gleich ξ, wogegen die risikolose Ertragsrate weiterhin mit $r(t)$ bezeichnet sei und gleichzeitig den Zinssatz für Ausleihungen angebe. Es ist davon auszugehen, daß Schadstoffemittenten und Investoren gleichermaßen Zugang zu Informationen über die erwartete Ertragsrate des umweltfreundlichen Kapitals besitzen. Daher unterliegt die Entwicklung des Preises P dem gleichen Trend wie die stochastische Entwicklung der Emissionssteuer (vgl. (6.37)), d.h. $\xi = \alpha$. Für die intertemporale Budgetbeschränkung des Konsumenten ergibt sich nun mit m als dem Anteil des Gesamtvermögens K, der in die risikobehaftete Anlagealternative investiert wird, folgende stochastische Differentialgleichung:

(6.54) $$dK = \left[m(t)\alpha(t)K(t) + (1-m(t))\,r(t)K(t) - C(t)\right]dt + m(t)K(t)\sigma\,dz .$$

Die Zielfunktion des Konsumenten kann wie folgt angegeben werden:

(6.55) $$\max_{C,m} E\int_0^{\infty}[B(C(t))]e^{-\delta t}\,dt .$$

[59] Dies ist zugleich die in Kapitalmarktmodellen gewöhnlich verwendete Form der Preisentwicklung eines risikobehafteten Assets. Vgl. etwa Merton (1969).

[60] Vgl. zu den Unsicherheiten des anthropogenen Treibhauseffektes z.B. Cline, W. (1992), S. 11 ff. sowie Kapitel 2.2.

Bei gegebenem Anfangsvermögen $K(0) = K_0$ versucht der Konsument, den abdiskontierten Erwartungswert des Nutzens aus dem Konsum durch geeignete intertemporale Aufteilung von Konsum und Ersparnis und portfoliotheoretische Aufteilung der Ersparnis zwischen den beiden Anlagealternativen zu maximieren. Dabei sind die bewerteten Umweltschäden von dem Nutzen aus Konsum abzuziehen. Es sei zunächst unterstellt, daß diese Größe aus der Sicht des Konsumenten exogener Natur ist, da sie außerhalb seines Entscheidungsbereichs liegt.

Somit läßt sich für das stochastische dynamische Optimierungsproblem folgende modifizierte Hamilton-Funktion[61] bilden:

(6.56) $$\mathsf{H} = B(C) + \upsilon\left[m\xi K + (1-m)\mathsf{r}K - C\right] + \mathrm{H}mK\sigma \ .$$

Dabei gibt der Term $\mathrm{H}mK\sigma$ die mit der Anlage von Ersparnissen in den umweltfreundlichen Kapitalstock einhergehenden Risikokosten wieder, da im Falle der Risikoaversion $\mathrm{H} < 0$. Die Kozustandsvariable $\upsilon(t)$ bezeichnet den Schattenpreis der Kapitalbildung, d.h. den Wert des Sparens aus der Sicht des Konsumenten. Durch das Differenzieren der modifizierten Hamilton-Funktion nach den beiden Entscheidungsvariablen m und C erhält man folgende, für ein intertemporales Nutzenmaximum notwendige, Bedingungen:

(6.57) $$\frac{\partial \mathsf{H}}{\partial C} = B'(C) - \upsilon = 0,$$

(6.58) $$\frac{\partial \mathsf{H}}{\partial m} = \upsilon\xi K - \upsilon\,\mathsf{r}K + \mathrm{H}K\sigma = 0,$$

(6.59) $$\lim_{t\to\infty} \upsilon(t)K(t) = 0 \ .$$

Gleichung (6.57) liefert die Bedingung, die den Ausgleich zwischen Grenznutzen aus dem Konsum und dem Wert der Kapitalbildung fordert. Die Transversalitätsbedingung (6.59) ist hier, wie bereits unter 6.1.2 erläutert, als „No-Ponzi-Game-Bedingung" aufzufassen.

Für die Entwicklung der Kozustandsvariablen Schattenpreis der Kapitalbildung $\upsilon(t)$ erhält man:

---

[61] Vgl. dazu Bismut, J.-M. (1975).

(6.60) $$d\upsilon = \{-[\upsilon m\xi + \upsilon(1-m)r] - \mathrm{H}m\sigma + \upsilon\delta\}dt + \mathrm{H}dz \ .$$

Der Term $\mathrm{H}m\sigma$ gibt in diesem Zusammenhang die Risikokosten pro Kapitaleinheit bei Investition bzw. Anlage des Vermögens in den umweltfreundlichen Kapitalstock an. Aufgrund des Arbitragekalküls ist dieser Term als die von einem Investor geforderte Risikoprämie aufzufassen. Die stochastische Differentialgleichung (6.60) ist Teil der Lösung des intertemporalen Maximierungsproblems des Konsumenten, da sie die Möglichkeiten der Umwandlung von aktuellem Konsum in zukünftigen Konsum beschreibt. Die intertemporale Grenzrate der Substitution stellt sich dabei jedoch aus der Sicht des Konsumenten als ein Portefeuille dar, welches neben der optimalen Allokation zwischen Konsum und Ersparnis zusätzlich die Aufteilung zwischen den beiden Anlagemöglichkeiten unter Berücksichtigung des daraus resultierenden Budgetrisikos verlangt. Die intertemporale Grenzrate der Substitution von Konsum wird durch die Diskontrate bzw. Zeitpräferenzrate δ sowie die Gestalt der Nutzenfunktion determiniert. Dabei beschreibt sie neben der intertemporalen Substitutionselastizität zusätzlich die Risikoaversion des Konsumenten.

Aus (6.58) läßt sich für die vom Investor verlangten Kosten der Risikoübernahme je Kapitaleinheit angeben:

(6.61) $$\mathrm{H} = -\frac{\upsilon(\xi - r)}{\sigma} \ .$$

Für die erwartete Ertragsrate der risikobehafteten Anlagealternative muß aus der Sicht eines Investors somit folgendes Verhältnis zur risikolosen Ertragsrate gelten:

(6.61)` $$\xi = r - \frac{\mathrm{H}\sigma}{\upsilon} \ .$$

Demnach steigt der Abstand zwischen risikoloser und risikobehafteter Ertragsrate mit einer Zunahme der durch die Standardabweichung gemessenen Unsicherheit der risikoreichen Anlagemöglichkeit. Aus der Sicht des Konsumenten, der in die risikobehaftete Anlagealternative investiert stellt dieser Abstand das Entgelt für die Risikoübernahme bzw. die Risikoprämie dar.

Die Sicht des Unternehmens kann nochmals wie folgt zusammengefaßt werden. Die optimale Investitionsentscheidung eines Schadstoffemittenten bei Ungewißheit verlangt aufgrund der

Irreversibilität des einmal investierten Kapitals die Berücksichtigung des Optionswertes. Vor dem Hintergrund einer ungewissen zukünftigen Entwicklung der Emissionssteuer erscheint die optimale weitere Akkumulation und damit dauerhafte Bindung von Kapital zur Reduktion von Emissionen aus der Sicht des Unternehmens ungewiß. Nach (6.47b) sind daher neben den direkten Kosten q für jede Kapitaleinheit zusätzlich die sich aufgrund des Zusammenspiels von Irreversibilität und Unsicherheit ergebenden Kosten aus dem Verlust des Optionswertes zu berücksichtigen. Von entscheidender Bedeutung für die Durchführung von Investitionen in den umweltfreundlichen Kapitalstock ist jedoch die Höhe der bislang exogen bestimmten und im Zeitverlauf konstanten Diskontrate ρ, mit welcher die erwarteten zukünftigen Erträge der Investition abdiskontiert werden, und die somit die subjektiven Risikopräferenzen des Investors zum Ausdruck bringt. Zu hinterfragen ist aber zum einen, wie sich die Diskontrate bestimmen läßt und zum anderen, ob sie in Anbetracht einer Veränderung von Unsicherheit im Zeitverlauf konstant bleiben sollte.

Eine Erklärung des optimalen Investitionsverhaltens der Schadstoffemittenten, die ohne die von den subjektiven Risikopräferenzen der Investoren bestimmte exogene Festlegung der Diskontrate auskommt und zugleich eine risikoadäquate Beurteilung der Investitionen ermöglicht, setzt die Schaffung eines Risikomarktes voraus, auf welchem der Ertrag der Investitionstätigkeit gehandelt werden kann. Dies ist aus der Sicht der Konsumenten zugleich die Voraussetzung für das bisherige Vorgehen, das eine Kapitalbildung in der risikobehafteten Anlagealternative mit einer marktdeterminierten, erwarteten Ertragsrate voraussetzte.

Im folgenden wird aufgezeigt, wie den im Zusammenhang mit Unsicherheit sich ergebenden Schwierigkeiten der Steuerung optimaler Emissionsreduktionsmengen im Zeitverlauf durch eine entsprechend ausgestaltete Umweltpolitik mit handelbaren Emissionsrechten begegnet werden kann.

6.2.2.3 Die Umsetzung einer Marktlösung mittels einer Politik handelbarer Emissionsrechte

In den vorangegangenen Überlegungen wurde unterstellt, daß der staatliche Planer das anvisierte Emissionsreduktionsziel mittels einer Emissionssteuer in Höhe des Schattenpreises der Umweltbelastung zu erreichen sucht. In der umweltökonomischen Theorie und zunehmend auch in der wirtschaftspolitischen Diskussion besteht ein allgemeiner Konsens bezüglich der Überlegenheit des Einsatzes marktwirtschaftlicher Instrumente (wie etwa Steuern, Subventionen, Emissionszertifikate) über die Anwendung des ordnungsrechtlichen Instrumentariums (Genehmigungen, Auflagen). In einer Situation der vollständigen Information sind die zur Verfügung stehenden marktwirtschaftlichen Instrumente aus allokativer Perspektive äquivalent. Durch die Ausgabe von Emissionszertifikaten in Übereinstimmung mit dem vorgegebenen Emissionshöchstniveau übernimmt der Marktmechanismus durch die Herausbildung eines Zertifikatspreises die ökonomisch effiziente Allokation des nunmehr knappen Angebotes an zulässiger Umweltbelastung auf die als Nachfrager am Markt auftretenden Schadstoffemittenten. Da sich ein der Emissionssteuer entsprechender Zertifikatspreis herausbildet, führt dies modelltheoretisch zu übereinstimmenden, individuellen Grenzvermeidungskosten bei den Schadstoffemittenten und somit zu einer Minimierung der gesamtwirtschaftlichen Vermeidungskosten. Im Ergebnis wird das gleiche Reduktionsziel erreicht.

Die Äquivalenz zwischen beiden marktwirtschaftlichen Instrumenten (Preis- und Mengenlösung) im Hinblick auf die Allokationseffizienz geht jedoch bei unvollständiger Information verloren[62]. Ferner ist die Eigenschaft der allokativen Effizienz an die Voraussetzung der vollkommenen Konkurrenz geknüpft. Dagegen spielt die Frage der anfänglichen Verteilung der Emissionszertifikate keine Rolle für das Erreichen der gesamtwirtschaftlich kostenminimalen Emissionsreduktion. Insofern werden Emissionszertifikate und Abgaben etwa unter Marktunvollkommenheitsaspekten, fiskalischen und Verteilungsaspekten sowie hinsichtlich der allokativen Effizienz bei Unsicherheit verglichen[63].

Emissionszertifikate statten ihre Besitzer mit dem Recht zur Nutzung der Umwelt als Aufnahmemedium für Schadstoffe aus und weisen somit Gemeinsamkeiten mit Aktien oder festverzinslichen Wertpapieren auf, da sie für den Besitzer ebenfalls ein Eigentumsrecht darstellen. Durch die Implementierung eines Systems handelbarer Emissionsrechte, die ihren Besitzern das Recht zur Emission einer bestimmten Schadstoffmenge innerhalb eines gegebenen Zeitraumes

---

[62] Vgl. dazu Kap 3.

[63] Vgl. dazu z.B. Cropper, M.L. und W.E. Oates (1992): Environmental Economics, Journal of Economic Literature, Vol. 30, S. 675-740.

einräumen, ist eine Analogie zu konventionellen Aktien- oder Wertpapiermärkten herzustellen. Im Unterschied zu gewöhnlichen Finanzanlagen entfällt auf die Emissionszertifikate keine Dividende. Entscheidend für das Halten von Emissionsrechten sind somit erwartete Wertsteigerungen aufgrund von zukünftigen Preisänderungen der Zertifikate. Der Zertifikatspreis wird daher durch die von den Marktteilnehmern angestellten Erwartungen bezüglich der zukünftigen Wertentwicklung von Emissionszertifikaten determiniert. Insofern sollte eine Analyse der Zertifikatslösung in einem dynamischen Modellrahmen, der die intertemporalen Aspekte der Bestimmung des Zertifikatspreises einzubeziehen vermag, erfolgen. Diesem dynamischen Aspekt wurde bislang in der Literatur nicht hinreichend Rechnung getragen, wenngleich er den modelltheoretischen Vergleich zwischen Preis- und Mengenlösungen um die dynamische Komponente erweitern kann.

Eine Einbeziehung der zeitlichen Komponente in die Analyse einer Zertifikatmarktlösung erscheint jedoch auch vor dem Hintergrund der explizit dynamischen Natur des hier betrachteten Umweltallokationsproblems, das die ungewisse Akkumulation von Schadstoffen in der Zeit zum Gegenstand hat, geboten. Abhängig von der Fähigkeit des Umweltsystems, zum Abbau akkumulierter Schadstoffe beizutragen, bieten sich zunächst grundsätzlich zwei Verfahren zur Verteilung von Emissionszertifikaten an[64]. Im Falle von nichtabbaubaren Schadstoffen (z.B. Schwermetalle, DDT) ist das System Umwelt in seiner Funktion als Aufnahmemedium für Schadstoffe wie eine erschöpfbare Ressource zu betrachten, und es kann nur eine bestimmte Menge an Emissionsrechten ausgegeben werden. Diese berechtigen den Besitzer zur Emission einer bezeichneten Menge von Schadstoffen ohne zeitliche Beschränkung der Gültigkeit dieses Rechts. Kann man dagegen von einer positiven, signifikanten Assimilationskapazität des Umweltsystems ausgehen, so ist eine periodische, im Einklang mit der Abbaukapazität stehende Ausgabe von Emissionsrechten möglich.

Nach dem ersten Verfahren wäre die Schadstoffaufnahmekapazität der Umwelt als erschöpfbare, sich nicht erneuernde Ressource zu betrachten, deren intertemporale Allokation vollständig den Mechanismen des Marktes unterläge. Im einfachsten Fall ergäbe sich ein Nutzungsprofil in der Zeit, das sich auf ein privatwirtschaftliches intertemporales Gewinnmaximierungskalkül zurückführen ließe. In Abhängigkeit von dem durch die Marktteilnehmer gewählten Zeithorizont sowie deren privater Diskontrate erhielte man modelltheoretisch das bekannte Ergebnis, wonach der mit der privaten Diskontrate berechnete Gegenwartswert der Nutzungskosten der Umwelt als Schadstoffaufnahmemedium für Emissionen in allen Perioden gleich

[64] Vgl. dazu Tietenberg, T. (1985): Emissions Trading, Washington, S.149 ff. sowie insbesondere Heister, J. und P. Michaelis et. al. (1991): Umweltpolitik mit handelbaren Emissionsrechten, Tübingen, S. 70 ff. zu einer praktischen Umsetzung der Zertifikatslösung.

wäre (Hotelling-Regel)[65]. Eine Modifikation dieses Ergebnisses ergibt sich durch die Berücksichtigung sogenannter Backstop-Technologien[66], die bei hinreichendem Preisanstieg der knappen Ressource als Substitute in Frage kommen. Vor dem Hintergrund der hier diskutierten Fragestellung der Nutzung des Umweltsystems als Schadstoffempfänger sind damit die technologischen Möglichkeiten der Verringerung und Vermeidung von Emissionen angesprochen.

Die aus dem privatwirtschaftlichen intertemporalen Gewinnmaximierungskalkül resultierende Allokation von Emissionsrechten in der Zeit ist aber im allgemeinen nicht mit ökologischen und gesellschaftlichen Zielvorstellungen zu vereinbaren[67]. Zum einen ist das jeweilige Profil des Emissionspfades, das die Höhe von Emissionen im Zeitverlauf wiedergibt, empirisch sehr häufig von ökologischer Relevanz, d.h. es ist nicht gleichgültig, wann wieviel Emissionen an die Umwelt abgegeben werden und die Ausgabe von zeitlich befristeten Emissionsrechten wäre angezeigt. Dies hätte zur Konsequenz, daß intertemporale externe Kosten in das Nutzungskalkül einzubeziehen wären. Eine Erhöhung des akkumulierten Schadstoffbestandes in einer Periode t würde zu einer Erhöhung des Schattenpreises der Umweltnutzung für alle nachfolgenden Perioden führen. Zum anderen verhindert das Auseinanderklaffen zwischen dem vom staatlichen Planer zugrundegelegten Planungshorizont und dem tendenziell kürzeren privatwirtschaftlichen Zeithorizont sowie zwischen privater und sozialer Diskontrate die verursachergerechte Zuordnung der vollständigen intertemporalen externen Kosten. Schließlich ist es aufgrund von unvollständiger Information im Hinblick auf die Komplexität von Ökosystemen gewöhnlich nicht möglich, die Höhe der langfristig zumutbaren Emissionen zu Beginn des Planungszeitraumes festzulegen.

Eine Realisierung des vom staatlichen Planer gewünschten Emissionspfades ist durch die Festlegung der in jeder Periode neu auszugebenden Emissionsscheine, deren Gültigkeit zeitlich befristet ist, möglich. In Anbetracht der nicht vorhandenen vollständigen Information, die etwa in der Klimaproblematik nicht nur die ökologischen Unsicherheiten, sondern auch die ungewisse zukünftige wirtschaftliche Entwicklung und deren kaum vorhersehbare technologische Rahmenbedingungen umfaßt, erscheint die längerfristige Vorgabe eines optimalen Emissionspfades allenfalls in einem breiten Zielkorridor sinnvoll. Insbesondere ist auch zu beachten, daß mit zunehmender Einschränkung der intertemporalen Flexibilität des Emissionsscheinesystems die Vorteile einer Zertifikatlösung vermindert werden und langfristige Investitionsent-

---

[65] Vgl. Hotelling, H. (1931): The Economics of Exhaustible Resources, Journal of Political Economy, Vol. 39, S. 137-175.

[66] Unter dem Begriff Backstop-Technologie sind alternative technologische Verfahren zu subsumieren, die bei einem hinreichenden Preisanstieg der knappen natürlichen Ressource als wettbewerbsfähiges Substitut die Ressource ablösen können.

[67] Vgl. Heister,J. und Michaelis, P. et. al. (1991), S. 70 ff.

scheidungen in umweltfreundliche Technologien damit erschwert werden So verhindert eine kurzfristig orientierte und stark reglementierte Verteilung von Emissionsrechten eine langfristige und gleichgewichtige Preisentwicklung, in die alle verfügbaren Informationen und Erwartungen der Marktteilnehmer eingehen. Des weiteren vermindert eine zu kurze Laufzeit der Emissionsscheine die Attraktivität von Zertifikaten als Kapitalanlage für nichtzertifikatpflichtige Anleger auf dem sogenannten Sekundärmarkt, die Emissionsscheine in Erwartung steigender Kurse zur Realisierung von Kursgewinnen erwerben. Somit wird die Liquidität des Marktes für Emissionsscheine unter anderem von der Laufzeit dieser mitbestimmt. Eine hohe Liquidität des spezifischen Marktes für Emissionsscheine kann Gewähr für eine gute Performance[68] des Marktes im Sinne allokativer Effizienz sein. Dabei ist auch ein Zertifikatsystem mit Emissionsscheinen unterschiedlicher Laufzeiten denkbar, wenngleich dies die Mengensteuerung von Emissionen im Zeitverlauf wiederum erschweren kann.

Grundsätzlich führt die Schaffung von Voraussetzungen, die einen börsenfähigen Handel mit Emissionsrechten bei hinreichender Liquidität des Marktes ermöglichen, zu einer Preisbildung, die die zukünftige erwartete wirtschaftliche Entwicklung sowie die Entwicklung von Vermeidungstechnologien und Substitutionskosten und nicht zuletzt die Einschätzung der ökologischen (und daraus resultierenden umweltpolitischen) Rahmenbedingungen einzubeziehen vermag. Dies ermöglicht die Einbeziehung aller für eine optimale intertemporale Allokation der Emissionsrechte erforderlichen und verfügbaren Informationen zu vergleichsweise niedrigen Kosten der Information und Transformation[69].

Demnach wird den Marktteilnehmern ein großes Maß an Voraussicht im Hinblick auf die Einschätzung der zukünftigen Angebot-Nachfrage-Konstellationen abverlangt, da im Unterschied zu konventionellen Finanzanlagen die Entwicklung des Preises für Emissionsscheine nicht alleine durch die wirtschaftliche Entwicklung bestimmt wird. Vor allem die zukünftige exogen determinierte Umweltpolitik sowie technologische Entwicklungen zur Vermeidung oder Verringerung von Emissionen nehmen Einfluß auf die aktuellen und zukünftigen Preise für Emissionsscheine.

Insbesondere das Problem der globalen Erwärmung ist jedoch durch ein großes Maß an Ungewißheit hinsichtlich der involvierten naturwissenschaftlichen Effekte und der zu erwartenden sekundären Effekte, wie etwa ein Ansteigen der Meeresspiegel und regionale Verschiebungen der Klimazonen, gekennzeichnet, die eine zuverlässige Abschätzung bewerteter Schäden erschweren. Ebenso ist eine Abschätzung des Potentials sowie der Kosten für alternative, emis-

---

[68] vgl. z.B. Cox, J.C. und M. Rubinstein (1985): Options Markets, Englewood Cliffs, S. 82ff.
[69] vgl. Heister,J. und Michaelis, P. et. al. (1991) zu einer detaillierten Beschreibung der institutionellen Ausgestaltung eines Emissionsscheinsystems.

sionsfreie Methoden der Energieerzeugung wie auch die technologischen und sonstigen Möglichkeiten (vgl. dazu die Deregulierungsdebatte in der Elektrizitätswirtschaft[70]) einer Steigerung der Energieeffizienz mit vielen Unwägbarkeiten verbunden. Nicht zuletzt sind die ökonomischen Kosten einer signifikanten Reduktion der relevanten Treibhausgase sehr umstritten[71]. All diese Unsicherheiten haben zur Konsequenz, daß ein optimaler Emissionsreduktionspfad bzw. ein Pfad, der die Menge an zukünftig tolerierbaren Emissionen vorzeichnet, ebenfalls umstritten ist und letztlich aus gegenwärtiger Sicht allenfalls in einem breiten Korridor angegeben werden kann. Aufgrund des Risikos der möglichen Irreversibilität verbietet sich jedoch ein Aufschieben der Entscheidung über den endgültigen Emissionspfad.

Aus der Sicht des staatlichen Planers oder einer Zertifikatbehörde ist es somit nicht möglich, die genaue Menge der in den zukünftigen Perioden auf den Markt zu bringenden Emissionsscheine anzugeben. Dieser Sachverhalt entspricht damit der im vorangegangenen Abschnitt diskutierten Problematik der ungewissen zukünftigen Entwicklung der optimalen Emissionssteuer, da Veränderungen der als optimal erachteten Emissionsminderungen sich in einer Variation der Emissionssteuer widerspiegeln. Im Unterschied zur Emissionssteuerlösung setzt der Steuerungsmechanismus eines Konzeptes handelbarer Emissionsrechte auf der Mengenseite an, d.h. eine Korrektur des eingeschlagenen Emissionsreduktionspfades erfolgt durch eine Variation der ausgegebenen Menge an Emissionsscheinen.

Insofern läßt sich die Fragestellung der intertemporalen Mengensteuerung der Emissionen vor dem Hintergrund der angesprochenen Effekte der Unsicherheit modelltheoretisch durch einen das Angebot an Emissionsscheinen im Zeitverlauf bezeichnenden stochastischen Prozeß darstellen. So führen veränderte Einschätzungen bezüglich der ökologischen Unsicherheiten oder Fortschritte in der Vermeidungs- oder Substitutionstechnologie zu einer Korrektur der von der Zertifikatbehörde periodisch (und von den Marktteilnehmern) auf den Markt gebrachten Menge an Emissionsscheinen[72].

Aufgrund der ungewissen Entwicklung des zukünftigen Angebots an Emissionsscheinen unterliegt der Marktpreis für Emissionszertifikate P^z einem stochastischen Einfluß und läßt sich in Analogie zu den Preisen für Wertpapiere (oder etwa Preisen für Rohstoffe) durch folgende geometrische Brownsche Bewegung darstellen:

---

[70] Vgl. Bartmann, H. (1996): Umweltökonomie - ökologische Ökonomie, Stuttgart, S. 262 ff.

[71] Vgl. z.B. Nordhaus, W. (1991): Economic Approaches to Greenhouse Warming, in: Dornbusch, R. and J. Poterba (Hrsg.): Economic Policy Responses to Global Warming, MIT Press, Boston, zu einer Schätzung für die USA.

[72] Wenngleich die globale Dimension in dem bisherigen Kontext wenig Berücksichtigung fand, so können eventuell erzielte Vereinbarungen über Emissionsreduktionsziele ebenfalls zu einer Veränderung des anvisierten Emissionspfades führen.

(6.62) $$dP^Z / P^Z = \alpha(P^Z, t)\,dt + \sigma(P^Z, t)\,dz\,.$$

Dabei spiegelt der Trend des stochastischen Prozesses die langfristige Einschätzung der zukünftigen Preisentwicklung von Emissionsscheinen wider, während die Volatilität des Preises durch die oben angesprochenen Unsicherheitselemente bestimmt wird. Der in (6.62) bezeichnete Prozeß stellt einen verallgemeinerten Brownschen Prozeß dar, dessen Trend und Volatilität von der jeweils aktuellen Höhe des Zertifikatspreises abhängig sind. Zur Vereinfachung des weiteren Vorgehens sei der wichtigste Spezialfall des allgemeinen Diffusionsprozesses, nämlich der Fall konstanter Koeffizienten betrachtet[73].

Ein schadstoffemittierendes und daher zertifikatpflichtiges Unternehmen sieht sich, ähnlich wie in der bisherigen Betrachtung, einem Investitionsproblem bei unvollständiger Information gegenüber. In Anbetracht eines schwankenden Preises für Emissionsscheine steht das Unternehmen vor der Entscheidung, mit der Durchführung von realen Investititionen Kapital langfristig zur Verminderung der zertifikatpflichtigen Emissionstätigkeit zu binden. Das Rentabilitätsrisiko der durchgeführten Investitionen hängt dabei von der Volatilität des Preises für Emissionsscheine ab. Dabei steht dem Investor aber auch die Möglichkeit des Aufschiebens der Investitionsentscheidung durch den Erwerb einer ausreichenden Menge von Emissionszertifikaten offen. Wenngleich eine Verschiebung der Investitionen zur Verringerung des Emissionskoeffizienten mit den sich aus dem Erwerb von Emissionscheinen ergebenden Opportunitätskosten einhergeht, ist die Entscheidung des Aufschiebens - wie bereits oben ausgeführt und gezeigt - mit einem Wert, dem Optionswert, zu belegen. Dieser Optionswert der Durchführung einer zukünftigen Investition in reales Kapital entspricht letztlich einer an den Wertpapiermärkten gehandelten Kaufoption, die dem Unternehmen das Recht, aber nicht die Pflicht zum Erwerb des Anlagetitels „umweltfreundliches Kapital" gibt. Aufgrund der Irreversibilitätseigenschaft des einmal investierten Kapitals geht mit der Ausführung von Investitionen dieser Optionswert verloren. So kann etwa bei einem starken Rückgang des Preises für Emissionsscheine die durchgeführte Investition nicht rückgängig gemacht werden.

Im Unterschied zu einer Emissionssteuerlösung bietet eine Marktlösung mittels einer Politik handelbarer Emissionsrechte dem Investor jedoch die Möglichkeit, sein investiertes Kapital auf dem derivativen Markt für Emissionsscheine gegen das Preisänderungsrisiko abzusichern (sogenanntes „Hedging"). Auf der Basis eines etablierten Kassamarktes für Emissionsscheine läßt sich analog zu Aktien-, Renten- und Devisenmärkten ein Markt für derivative Produkte,

[73] Vgl. dazu etwa Dixit, A.K. (1993).

die sich auf Emissionsscheine beziehen, einrichten[74]. Somit kann aus der Sicht des zertifikatpflichtigen Unternehmens mit Hilfe des Kapitalmarktes ein risikofreies, dynamisches Portefeuille konstruiert werden, welches die Risiken von Umweltschutzinvestitionen absichert. Aus dem Wert dieses Portefeuilles ließe sich dann zum einen der Optionswert der realen Investition ermitteln, und zum anderen eine durch den Marktmechanismus determinierte, dem Risiko angepaßte Ertragsrate der Umweltschutzinvestitionen angeben, die nicht willkürlich durch die Risikopräferenzstruktur des jeweiligen Investors festgelegt ist. Da die Ableitung der optimalen Investitionsentscheidung nach der zur Ermittlung von Optionspreisen üblichen Methode erfolgt, wird die Analogie zwischen einer realen Investitionsoption und der Option auf ein Wertpapier nochmals deutlich.

Die genaue Bestimmung des Optionswertes ist durch eine Reihe von Optionsbewertungsmodellen möglich[75]. Am bekanntesten dürfte das von Black und Scholes (1973)[76] abgeleitete Modell eines risikolosen Portefeuilles, bestehend aus einer Kombination von Aktien und Optionen, sein. Dabei wird angenommen, daß die erwartete Rendite des Hedge-Portefeuilles der risikofreien Ertragsrate entspricht. Die mengenmäßige Zusammensetzung des Portefeuilles ergibt sich aus der Hedge-Forderung der risikolosen Anlage. Zu den weiteren Annahmen gehört die Unterstellung, daß die Aktienkurse einer geometrischen Brownschen Bewegung folgen, und die daraus resultierenden Renditen somit lognormalverteilt sind. Bei bekannter Rendite der risikolosen Anlagealternative und bekanntem aktuellen Aktienkurs läßt sich der Wert des Optionsrechtes aus dem risikofreien Portefeuille bestimmen.

Die Ermittlung der dem Risiko angemessenen Ertragsrate ist ebenfalls durch Rückgriff auf die fundamentalen Zusammenhänge des Kapitalmarktes möglich. So setzt sich die erwartete Rendite einer Aktienanlage aus der erwarteten Wertsteigerung bzw. dem Kursgewinn plus einer Dividendenzahlung zusammen. Die Realisierung der Dividendenzahlung ist aus der Sicht des Halters einer Option auf die Aktie jedoch nur durch das Ausüben des Optionsrechtes möglich. Sie stellt somit die Opportunitätskosten der Nichtrealisierung des Optionsrechtes dar, die es bei der Bewertung der Option zu berücksichtigen gilt. Dagegen wäre bei fehlender Dividendenzahlung das Halten einer Option nicht mit Opportunitätskosten verbunden, und der Halter würde sein Optionsrecht nicht vor dem Fälligkeitstermin ausüben, da der Wert der Option vollständig durch den erwarteten Kursgewinn bestimmt wird. Die erwartete, dem Risiko angemessene Ertragsrate einer Aktienanlage setzt sich aus beiden Komponenten zusammen und

---

[74] Vgl. auch Heister, J. und P. Michaelis, et. al. (1991).

[75] Vgl. dazu Cox, J.C. und M. Rubinstein (1985).

[76] Vgl Black, F. und M. Scholes (1973): The Pricing of Options and Corporate Liabilities, Journal of Political Economy, Vol. 81, S. 637-659; sowie die einschlägige Literatur zur Kapitalmarkttheorie, z.B. Loistl, O. (1994): Kapitalmarkttheorie, München, oder speziell: Cox, J.C. und M. Rubinstein (1985).

muß die risikolose Ertragsrate in Höhe einer dem Risiko entsprechenden Risikoprämie übersteigen, um dem Investor einen Ausgleich für das Renditerisiko zu bieten. Nach dem Capital Asset Pricing-Modell ist die Risikoprämie einer risikobehafteten Anlage im Kapitalmarktgleichgewicht durch die Kovarianz der risikobehafteten Ertragsrate mit dem Marktportfolio aller anderen risikobehafteten Anlagemöglichkeiten bestimmt und gibt somit den systematischen Teil des Risikos wieder, der nicht durch Diversifikationsstrategien zu eliminieren ist.

Für das schadstoffemittierende Unternehmen, das sich einer Umweltpolitik der handelbaren Emissionsrechte einschließlich der Möglichkeit des Einsatzes derivativer Instrumente gegenübersieht, stellt sich das Problem der Investition in umweltfreundliches Kapital wie folgt dar. Es investiert in den umweltfreundlichen Kapitalstock in Abhängigkeit von den Grenzvermeidungskosten und dem aktuellen Preis für Emissionszertifikate sowie dessen zukünftiger erwarteter Entwicklung und erwirbt gleichzeitig Put-Optionen auf Emissionsscheine. Diese gewähren dem Investor als bedingtes Termingeschäft das Recht, innerhalb einer bestimmten Laufzeit (Option amerikanischen Typs) oder zu einem festgelegten Zeitpunkt (Option europäischen Typs) eine bestimmte Menge an Emissionsscheinen zu einem festgelegten Preis (Basispreis) an den Stillhalter zu verkaufen. Für die Gewährung dieses Optionsrechts zahlt der Käufer den Optionspreis (bzw. Optionsprämie) an den Verkäufer der Option, der im Gegenzug die Pflicht hat, im Falle der Ausübung des Optionsrechts die vereinbarte Menge an Emissionsscheinen zum Basispreis zu kaufen. Der Preis der Option hängt dabei von dem Kassakurs für Emissionsscheine und dessen weiterer Kursentwicklung sowie der Volatilität des Preises für Emissionsscheine und der Restlaufzeit ab.

Grundsätzlich ist in Abhängigkeit von den Risikopräferenzen und der Einschätzung des Investors über die zukünftige Preisentwicklung für Emissionsscheine eine Fülle von „Tradingstrategien" mit Optionen denkbar, die zu unterschiedlichen Portfoliorenditen bei unterschiedlichen Risiken führen[77]. Zur Bestimmung des Optionswertes der Investition in umweltfreundliches Kapital soll im folgenden jedoch ein risikoloses Hedge-Portefeuille gebildet werden, dessen Rendite der risikolosen Anlagemöglichkeit entsprechen soll und somit unabhängig von den Risikopräferenzen des Investors die Ermittlung des Optionswertes erlaubt[78].

In Anlehnung an Kapitel 6.2.2.1 bezeichne $O(K_U, P^Z)$ den Optionswert von Investitionen in den umweltfreundlichen Kapitalstock bei gegebenem aktuellen Kapitalstock K_U und gegebenem Preis für Emissionsscheine P^Z. Zur Bildung eines risikolosen und arbitragefreien Portefeuilles muß das Halten der Option durch den Erwerb von Put-Optionen auf Emissionsscheine

---

[77] Vgl. Cox, J.C. und M. Rubinstein (1985), S. 8 ff.
[78] Vgl. dazu auch Pindyck, R.S. (1991).

gesichert („gehedged“) werden. Dabei ist zu beachten, daß die ungewisse Entwicklung der Rentabilität der Investition und somit die Entwicklung des Optionswertes derselben perfekt mit der Preisentwicklung der Emissionsscheine korreliert. Dies ermöglicht erst die Bildung eines risikofreien, dynamischen Portefeuilles, dessen Wertentwicklung über einen „kleinen“ Zeitraum (t, t+dt) betrachtet werden soll. Der Investor muß als Käufer der Verkaufsoption, d.h. für den Erwerb des Rechts, Emissionsscheine zum vereinbarten Preis an den Stillhalter verkaufen zu können, eine Prämie bzw. den Preis der Put-Option zahlen. Aus der Sicht des Stillhalters ist das Halten dieser Anlage mit einem Risiko verbunden, und er verlangt für die Übernahme dieses Ertragsrisikos eine dem Risiko angemessene Ertragsrate $\tilde{r}$. Der Ertrag des Stillhalters setzt sich somit aus der erwarteten Wertsteigerung infolge des erwarteten Anstiegs des Preises für Emissionsscheine αP^Z und der Zahlung des Kaufpreises der Put-Option ϑP^Z seitens des Investors zusammen, d. h. $\tilde{r} = \alpha + \vartheta$. Aus der Sicht des schadstoffemittierenden Unternehmens stellt ϑP^Z die Opportunitätskosten für die Aufrechterhaltung der Option, in Zukunft in den umweltfreundlichen Kapitalstock zu investieren, dar, während der Zeichner der Put-Option diesen Teil als die Dividende auf die risikoreiche Anlage bzw. als Entgelt für die Übernahme der Stillhalterposition im Optionshandel betrachtet. Dabei ist zu beachten, daß die Dividendenzahlung mit dem Anstieg des Preises für Emissionsscheine zunimmt. Für den Halter der Investitionsoption bedeutet dies eine Zunahme der Opportunitätskosten, oder anders ausgedrückt, eine Zunahme der Kosten des Aufschiebens der realen Investition. Mit dem Steigen des Preises für Emissionsscheine steigen die Opportunitätskosten der Nichtdurchführung der Investition, und der potentielle Investor verzichtet auf die Rendite -in Form von anderweitig notwendigen Zahlungen für Emissionszertifikate von Investitionen in den umweltfreundlichen Kapitalstock.

Es ergibt sich somit das folgende (Hedge-) Portefeuille, wobei n die Zahl der vom Investor gehaltenen Put-Optionen und Π^h den Wert des Portefeuilles bezeichnet:

(6.63) $$\Pi^h = O(K_U, P^Z) - nP^Z.$$

Die Besonderheit dieses Portefeuilles liegt jedoch in seiner dynamischen Natur, da mit Verstreichen eines kleinen Zeitintervalls dt sowohl der Preis für Emissionszertifikate als auch die Größe des umweltfreundlichen Kapitalstocks (infolge des Abschreibungseffekts) sich verändern. Das Portefeuille erfährt in diesem Zeitraum eine Wertveränderung, für die sich unter Verwendung von Ito´s Lemma schreiben läßt:

$$(6.64)\quad dO(K_U,P^Z)-ndP^Z=\left[O_{P^Z}(K_U,P^Z)\alpha P^Z\right]dt+\left[1/2\sigma^2(P^Z)^2O_{P^ZP^Z}(K_U,P_Z)\right]dt$$
$$+O_{K_U}(K_U,P^Z)(dK_U)+O_{P^Z}(K_U,P^Z)\sigma P^Z(dz)-n\left[\alpha P^Z dt+\sigma P^Z dz\right].$$

Da der potentielle Investor Put-Optionen in seinem Portefeuille hält, muß er die an den Stillhalter des Optionsgeschäftes zu zahlende Optionsprämie in Höhe von ϑP^Z bei der Ermittlung der Ertragsrate berücksichtigen. Somit ergibt sich unter Einbeziehung der aus der Hedge-Forderung resultierenden Kosten für die Ertragsrate des gesamten Portefeuilles:

$$(6.65)\quad \left\{\alpha P^Z\left[O_{P^Z}(K_U,P^Z)-n\right]+O_{K_U}(K_U,P^Z)(dK_U/dt)+1/2\sigma^2(P^Z)^2O_{P^ZP^Z}(K_U,P^Z)\right\}dt$$
$$\left[-n\vartheta P^Z\right]dt+\left[O_{P^Z}(K_U,P^Z)-n\right]\sigma P^Z dz.$$

Der Optionswert der Investition in den umweltfreundlichen Kapitalstock verändert sich fortwährend, zum einen aufgrund der Abschreibungen des Kapitalstocks, zum anderen wegen des dem Preis für Emissionszertifikate zugrundeliegenden stochastischen Prozesses. Die Sicherstellung eines risikofreien Hedge-Portefeuilles verlangt daher eine dynamische Strategie, die die Zahl der gehaltenen Put-Optionen fortwährend anpaßt. Aus der Sicht des schadstoffemittierenden Unternehmens wird somit die mit der Durchführung von realen Investitionen verbundene Unsicherheit in den finanzwirtschaftlichen Bereich übertragen und kalkulierbar gemacht. Geht man davon aus, daß das Zeitintervall dt hinreichend klein ist, so wird innerhalb dieses Zeitraums die Menge der Put-Optionen nicht verändert[79]. Aus Gleichung (6.65) ist daher leicht ersichtlich, daß die Gewährung eines risikofreien Portefeuilles eine bestimmte Menge an gehaltenen Put-Optionen erfordert. Demnach ist n so zu wählen, daß der stochastische Term in (6.65) gleich null wird, d.h. $n=O_{P^Z}(K_U,P^Z)$.

Das so gewonnene risikofreie Hedge-Portefeuille sei arbitragefrei und erbringt somit die Ertragsrate r einer sicheren Anlage[80], also:

$$r\Pi^h dt=r\left[O(K_U,P^Z)-nP^Z\right]dt=r\left[O(K_U,P^Z)-O_{P^Z}(K_U,P^Z)P^Z\right]dt.$$

[79] Vgl. Cox, J.C. und M. Rubinstein (1985), S. 196 ff. zu dieser Annahme und den Auswirkungen einer stetigen Formulierung des Optionshandels.
[80] Vgl. die Kritik in Loistl, O. (1994), S. 195 f. zu der Annahme der Verwendung einer sicheren Ertragsrate.

Für die in (6.65) angegebene stochastische Ertragsrate läßt sich somit unter Berücksichtigung der Abschreibungsrate des Kapitalstocks $dK_U/dt = -\varphi K_U$ sowie durch Einsetzen von $n = O_{P^Z}(K_U, P^Z)$ und anschließendes Zusammenfassen zunächst die folgende Beziehung angeben:

$$\mathrm{r}\left[O(K_U, P^Z) - O_{P^Z}(K_U, P^Z)P^Z\right]dt$$
$$= \left\{-O_{K_U}(K_U, P^Z)\varphi K_U + 1/2\sigma^2(P^Z)^2 O_{P^Z P^Z}(K_U, P^Z) - O_{P^Z}(K_U, P^Z)\mathrm{d}P^Z\right\}dt,$$

die sich nach einer Division durch dt auch wie folgt schreiben läßt:

(6.66)
$$(\mathrm{r} - \vartheta) P^Z O_{P^Z}(K_U, P^Z) + 1/2\sigma^2(P^Z)^2 O_{P^Z P^Z}(K_U, P^Z) - \varphi K_U O_{K_U}(K_U, P^Z) = \mathrm{r}O(K_U, P^Z).$$

Der potentielle Investor hält ein risikofreies dynamisches Portefeuille, das so zu steuern ist, daß die sich daraus ergebenden Auszahlungen über die Zeit maximiert werden. Zur Verdeutlichung dieser Tatsache läßt sich die Gleichung (6.66) auch als Hamilton-Jacobi-Bellman-Gleichung schreiben, wobei das risikofreie Portefeuille Π^h in diesem Fall die Wertfunktion darstellt. Weiterhin ist zu beachten, daß aufgrund der Zusammensetzung des hier betrachteten Portefeuilles die unmittelbare Auszahlung negativ ist, da der Investor lediglich die Option auf die Durchführung einer Investition hält und infolge der Hedge-Forderung Zahlungen in Form der Optionsprämie an den Stillhalter der Put-Option leisten muß. Für das Halten dieses Portefeuilles spricht aus der Sicht des Investors somit lediglich die erwartete Wertsteigerung, da der Investor keine Dividende aus dem Portefeuille erzielen kann.

Es läßt sich somit folgende Hamilton-Jacobi-Bellman-Gleichung angeben:

(6.67) $$\mathrm{r}\Pi^h = -\vartheta P^Z O_{P^Z}(K_U, P^Z) + E(d\Pi^h/dt),$$

wobei wir für die erwartete Wertsteigerung nach Anwendung von Ito´s Lemma erhalten: $E(d\Pi^h/dt) = -\varphi K_U O_{K_U}(K_U, P^Z) + O_{P^Z}(K_U, P^Z)\alpha P^Z + 1/2\sigma^2(P^Z)^2 O_{P^Z P^Z}(K_U, P^Z)$. Da die Gleichung (6.67) dem Optimierungskalkül des Investors entspringt, das sich aufgrund einer Zielfunktion mit exogener Vorgabe der Diskontrate (hier der risikofreien Ertragsrate) nach der Methode der dynamischen Programmierung ergibt, wird der Investor für das Halten der Option (bzw. die Durchführung der realen Investition) eine dem Risiko der Anlagemöglichkeit entsprechende Ertragsrate verlangen. Dagegen ergibt sich Gleichung (6.66) aufgrund eines auf dem Kapitalmarkt unterstellten umfassenden Gleichgewichts, welches einen Gleichgewichtspreis für die gehandelten Emissionsscheine, ebenso wie für den Optionspreis liefert. Eine gemäß den obigen Ausführungen konzipierte Politik der handelbaren Emissionsrechte ermöglicht daher, daß der Wert der Option, in umweltfreundliches Kapital zu investieren, gehandelt werden kann und die Herausbildung eines Optionspreises möglich ist. Dies bedeutet gleichzeitig, daß bei der Durchführung realer Investitionen in den umweltfreundlichen Kapitalstock eine über den Kapitalmarkt ermittelte risikoangepaßte Ertragsrate, die sich im Zeitverlauf verändern kann, zugrundegelegt werden muß.

So kann ein schadstoffemittierendes Unternehmen, dessen risikobehaftetes „Portefeuille" Π^{nh} bei Vernachlässigung des Abschreibungseffektes lediglich aus einem umweltfreundlichen Kapitalstock bestehe, mit folgender stochastischer Ertragsrate rechnen:

(6.68) $$d\Pi^{nh} = \tilde{r}\Pi^{nh}dt + \sigma\Pi^{nh}dz\,.$$

Das Rentabilitätsrisiko des investierten Kapitals ist auf die ungewisse zukünftige Entwicklung des Preises für Emissionsscheine zurückzuführen. Daher ist die Wertentwicklung des realen Portefeuilles in einem System der handelbaren Emissionsrechte, das gemäß den obigen Ausführungen zu konzipieren wäre, perfekt mit der Wertentwicklung der gehandelten Emissionsscheine korreliert, d.h. $\rho^{P^zM} = \rho^{\Pi^{nh}M}$. Dabei bezeichne ρ^{P^zM} den Korrelationskoeffizienten zwischen der Wertentwicklung der Emissionsscheine und dem Marktportefeuille. Da beide Anlageformen somit das gleiche Risiko aufweisen, müssen sie nach dem Capital Asset Pricing Modell[81] auch die gleiche risikobehaftete Ertragsrate $\tilde{r}$ erbringen, die sich mit Berücksichtigung des Risikopreises $\pi = \frac{(r^M - r)}{\sigma^M}$ wie folgt zusammensetzt: $\tilde{r} = r + \pi\rho^{P^zM}\sigma$.

Ein Investor muß jedoch, entgegen der statischen Natur des sich aus dem Capital Asset Pricing Modell ergebenden Risikozuschlags, auf die risikolose Ertragsrate zum einen die mögliche Veränderung der Ertragsrate in der Zeit und zum anderen den Grad der Irreversibilität der vorgenommenen Investition berücksichtigen. Dies setzt, wie bereits oben gezeigt, die Lösung des Optionsbewertungsproblems voraus.

---

[81] Vgl. etwa Varian, H. (1992), S.371 ff.

Des weiteren ist zu berücksichtigen, daß die von dem umweltfreundlichen Kapitalstock geforderte Ertragsrate kleiner ist als der erwartete Preisanstieg für Emissionsscheine, der sich als Wertsteigerungsgewinn für das investierte Kapital niederschlägt, d.h. $\tilde{r} < \alpha$. Wie bereits oben erläutert, würde das Unternehmen nie investieren, wenn der erwartete Anstieg des Preises für Emissionsscheine oberhalb der Ertragrate für Risikokapital läge. Dagegen ist zu berücksichtigen, daß der Kapitalstock zur Verringerung von Emissionen aus der Sicht des zertifikatpflichtigen Unternehmens eine implizite Dividende in Form von vergleichsweise geringeren Ausgaben für den Kauf von Emissionsscheinen erwirtschaftet.

Verzichtet ein Investor auf eine dynamische Hedging-Strategie, so kann er zum einen die mit der Risikoabsicherung verbundenen Kosten für die Optionsprämien an den Stillhalter in Höhe von $-\vartheta P^Z O_{p^z}(K_U, P^Z)$ einsparen (vgl. Gleichung (6.67)), zum anderen muß er eine sich aus dem Markt (Capital Asset Pricing-Modell) ergebende risikobehaftete Ertragsrate $\tilde{r}$ seinem Investitionskalkül zugrundelegen (vgl. (6.68)). Aus den Gleichungen (6.67) und (6.68) folgt daher:

$$\tilde{r}\Pi^{nh} = E(d\Pi^{nh}/dt)\,. \tag{6.69}$$

Anlagemöglichkeiten mit dem gleichen Risiko müssen die gleiche Ertragsrate bringen. Aus der Sicht des schadstoffemittierenden Unternehmens, welches vor der Option, in Vermeidungskapital zu investieren, steht, stellt der Term $-\vartheta P^Z O_{p^z}(K_U, P^Z)$ die mit dem Aufschieben der Investition verbundenen Opportunitätskosten in Form von Ausgaben für Emissionsscheine dar, und ϑ entspricht somit der unter 6.2.2.1 verwendeten Größe η, d.h. der Differenz zwischen der exogen bestimmten Diskontrate ρ und der erwarteten Veränderungsrate der Emissionssteuer α.

Sofern man unterstellen kann, daß der sich am Markt herausbildende Preis für Emissionsscheine P^Z mit der optimalen Emissionssteuer τ übereinstimmt, erhält man mit (6.66) eine die Entwicklung des Optionswertes beschreibende Differentialgleichung, die mit der in (6.43) angegebenen bis auf die Ertragsrate übereinstimmt. Da bei Ableitung der letztgenannten Gleichung die Diskontrate exogen vorgegeben wurde, ist es nun möglich, eine Fundierung der Ertragsrate von Risikokapital über die Kapitalmärkte zu erreichen, da eine Politik der handelbaren Emissionsrechte eine Bestimmung des Risikopreises für risikobehaftete Investititionen ermöglicht. Für einen risikoneutralen Investor sind die beiden Differentialgleichungen identisch, da er auch im Fall einer ungewissen Entwicklung der Emissionssteuer eine Diskontrate in Höhe der risikolosen Ertragsrate wählt, also $\rho = r$. Die beiden Ansätze führen daher zum gleichen Ergebnis, d.h. zur Berechnung des gleichen Optionswertes. Insofern gelten die oben angeführten Schlußfolgerungen hinsichtlich des Einflusses der Determinanten für die Berechnung des Optionswertes.

6.2.3 Wohlfahrtsoptimum und Marktlösung

Wie unter Kapitel 6.2.1 gezeigt, ergibt sich das soziale Wohlfahrtsmaximum bei ungewisser Entwicklung der Assimilationskapazität als Ergebnis der Maximierung einer modifizierten Hamilton-Funktion unter Beachtung der stochastischen Entwicklung des Schattenpreises der Emissionen. Sofern der staatliche Planer eine Erreichung dieses Wohlfahrtsoptimums mittels einer dem Schattenpreis der Emissionen entsprechenden optimalen Emissionssteuer versucht, sieht er sich einer ungewissen zukünftigen Entwicklung derselben gegenüber. Da die Emissionen den Charakter einer Bestandsexternalität besitzen, muß der Planer, neben der Abschätzung der mit einer Reduktion von Emissionen verbundenen Vermeidungskosten und den aktuellen Grenzschäden, insbesondere eine Abschätzung der zukünftigen Schäden sowie deren Bewertung durch zukünftige Generationen vornehmen.

Aus der Sicht der schadstoffemittierenden Unternehmen stellt die Einführung einer Emissionssteuer zunächst einen Anreiz zur Durchführung von Investitionen in Vermeidungskapital dar. Aufgrund der ungewissen zukünftigen Entwicklung der Emissionssteuer ist mit der dauerhaften Bindung von Kapital zur Reduktion von Emissionen ein Optionswert verbunden, der in die optimale Investitionsentscheidung einzubeziehen ist. Wie diese Investitionsentscheidung letztlich ausfällt, ist zusätzlich abhängig von den Risikopräferenzen sowie der individuellen Einschätzung der Investoren bezüglich der weiteren Entwicklung der Emissionssteuer. Für den staatlichen Planer ist es daher kaum möglich, eine zuverlässige Schätzung der gesamten Reduktionsmenge durchzuführen. Die durch Einführung einer optimalen Emissionssteuer resultierende Marktallokation kann somit nicht das Erreichen des angestrebten wohlfahrtsoptimalen Emissionspfades sicherstellen.

Ferner erlaubt eine Emissionssteuerlösung nicht die Bewertung der mit der Reduktion von Emissionen einhergehenden Opportunitätskosten des Konsumverzichts über den Marktmechanismus für Investitionen in Vermeidungskapital.

Dagegen ermöglicht eine Politik der handelbaren Emissionsrechte die Schaffung von Risikomärkten, mit deren Hilfe eine Bewertung des mit Investitionen in Vermeidungskapital verbundenen Risikos möglich ist. Für Unternehmen, die in Vermeidungskapital investieren, steht über den derivativen Markt, auf dem Options- und Termingeschäfte getätigt werden können, die Möglichkeit der Risikoabsicherung des gebundenen Realkapitals offen. Insofern ist eine sichere Kalkulationsgrundlage für langfristige Investitionsentscheidungen gegeben und die Ermittlung einer risikoangepaßten Ertragsrate über den Risikomarkt möglich[82]. Im Vergleich zu einer Emissionssteuerlösung tragen diese Faktoren zu einer Erhöhung der dynamischen Anreizwirkung eines Systems der handelbaren Emissionsscheine bei.

Von allen Marktteilnehmern des Zertifikatmarktes wird ein großes Maß an Voraussicht zur Bestimmung des gleichgewichtigen Preises für Emissionsscheine verlangt. Anbieter und Nachfrager richten ihre Entscheidungen an den Erwartungen hinsichtlich der zukünftigen Entwicklung des Preises für Emissionsscheine aus und lassen in diese Entscheidungen alle die zukünftige Preisentwicklung beeinflussenden Informationen einfließen. Damit wird erreicht, daß alle verfügbaren Informationen, die aktuelle und zukünftige Angebots- und Nachfragedeterminanten betreffen, in die Kursentwicklung der Emissionsscheine Eingang finden.

Von entscheidender Bedeutung für die Preisentwicklung der Emissionsscheine sind die Entscheidungen des staatlichen Planers, dem die Mengensteuerung der umlaufenden Emissionsscheine über die Zeit obliegt. Dabei ist jedoch zu beachten, daß die in der Mengensteuerung zum Ausdruck kommende aktuelle Umweltpolitik nur einen Faktor für die Bestimmung des Marktpreises für Emissionsscheine darstellt. Ähnlich wie dies im Zusammenhang des Konzeptes der Geldmengensteuerung diskutiert wird, spielen dagegen die längerfristigen Erwartungen hinsichtlich der zukünftigen Umweltpolitik sowie andere angebots- und nachfrageseitige Faktoren des Emissionsscheinmarktes eine Rolle für die Preisentwicklung. Die ungewisse Entwicklung des Schadstoffbestandes und der damit einhergehenden ungewissen Schäden schlägt sich somit in der vom staatlichen Planer gesteuerten Angebotsmenge an Emissionsscheinen nieder. Aufgrund von wissenschaftlichen Unsicherheiten und auftretenden Lerneffekten bezüglich der zukünftigen Schadstoffbestandsentwicklung stellt die vom staatlichen Planer im zeitlichen Verlauf bereitgestellte Menge eine stochastische Zeitreihe dar, die aus der Sicht der Marktteilnehmer zu der in (6.62) dargestellten Preisentwicklung führt. Somit kann der staatliche Planer flexibel auf neue Einschätzungen mittels eines Instrumentariums, das den Offenmarktoperationen im Bereich des Konzeptes der Geldmengensteuerung entsprechen könnte, reagieren.

---

[82] Grundsätzlich sind Optionsgeschäfte und Termingeschäfte mit einer Laufzeit von mehreren Jahren denkbar. Die maximale Laufzeit auf Optionsmärkten denen Wertpapier- und Devisengeschäfte zugrundeliegen beträgt jedoch lediglich neun Monate. In Abhängigkeit von der Nachfrage der Marktteilnehmer steht einer Ausweitung der Laufzeit ebenso wie der individuellen Gestaltung der Termin- und Optionsgeschäfte nichts im Wege. Um einen gewissen Liquiditätsgrad der gehandelten Titel sicherzustellen, wäre eine Standardisierung in engeren Grenzen sinnvoll.

Im Unterschied zu einem System der handelbaren Emissionsscheine führt eine Emissionssteuer zu einem Investitionsrisiko, welches eine Risikoabsicherung nicht zuläßt. Da risikoaverses Verhalten als Normalfall unterstellt werden kann, wird der Investor zusätzlich zu dem bei Risikoneutralität zu beachtenden Optionswert einen von der individuellen Risikoeinstellung abhängigen Risikoabschlag auf den Kapitalwert der Vermeidungsinvestition vornehmen. Dies hat zur Konsequenz, daß das Investitionsvolumen in den umweltfreundlichen Kapitalstock[83] geringer ausfällt, bzw. aus gesamtwirtschaftlicher Perspektive weniger rentable Investitionen nicht durchgeführt werden. Somit kann die Emissionssteuer das gesteckte Emissionsvermeidungsziel nicht gewährleisten. Zur Realisierung desselben müßte es dem staatlichen Planer gelingen, die Emissionssteuer um den Effekt der Risikoprämie zu erhöhen. Aus der Sicht des Emittenten stellt das Risiko einen zusätzlichen Kostenfaktor dar. Aus gesamtwirtschaftlicher Sicht liegen volkswirtschaftliche Kosten vor, die wegen eines fehlenden Marktes nicht effizient alloziiert werden können. Ein gemäß den obigen Ausführungen konzipiertes System der handelbaren Emissionsrechte trägt daher dem ökologischen Risiko als auch dem ökonomischen Risiko zu gesamtwirtschaftlich minimalen Kosten Rechnung.

---

[83] Zu beachten ist, daß letztlich auch produktive Investitionen mit einer Risikoprämie zu belegen sind, da eine höhere Produktion bei unverändertem Emissionsziel zusätzliche Vermeidungskosten mit sich bringt.

Schlußbetrachtungen

Thema der vorliegenden Arbeit war die Bedeutung von Unsicherheit über zukünftige Schadenskosten umweltbelastender Aktivitäten für die Ableitung geeigneter umweltpolitischer Maßnahmen. Als Ausgangspunkt der Überlegungen kann die Beobachtung angesehen werden, daß in der einschlägigen Literatur die Konsequenzen von Umweltnutzungs- bzw. Emissionsentscheidungen gewöhnlich als bekannt vorausgesetzt werden, und demnach eine Bewertung der zur Verfügung stehenden Handlungsalternativen bei Sicherheit möglich ist. Dagegen ist für die weitaus meisten Umweltprobleme ein Defizit an Informationen hinsichtlich der Auswirkungen von Emissionen auf das komplexe System Umwelt, wie auch bezüglich der ökonomischen Bewertung dieser Umweltauswirkungen, kennzeichnend. Das Problem einer drohenden globalen Klimaveränderung als Folge der Emission klimarelevanter Treibhausgase kann dabei als eines der in der Literatur am häufigsten zitierten Beispiele angeführt werden. Angesichts erheblicher Unsicherheit über die zukünftigen Umweltschadenskosten sowie die Kosten einer signifikanten Verringerung der Emissionen ist die unreflektierte Ableitung eines langfristigen, optimalen Emissionspfades anhand einer traditionellen Nutzen-Kosten-Analyse zu hinterfragen.

Im ersten Kapitel wurden zunächst die wohlfahrtstheoretischen Grundlagen umweltpolitischer Maßnahmen dargestellt. Die Idee einer Verwendungskonkurrenz von Umwelt als öffentliches Konsumgut und Umwelt als Medium zur Ablagerung von Schadstoffen wurde dabei als Ausgangspunkt zur Ableitung einer optimalen Umweltpolitik genommen. Aus der Sicht der Emittenten von Schadstoffen besitzt die Nutzung von Umwelt als Schadstoffaufnahmemedium die Eigenschaften eines privaten Gutes, für das er allerdings keinen Preis zahlen muß. Für die Nutzer des öffentlichen Konsumgutes Umwelt sind Maßnahmen zur Vermeidung von Emissionen als Beiträge zum öffentlichen Gut Umweltqualität zu sehen. Die im Sinne einer first-best-Lösung optimale Bereitstellung des Gutes Umweltqualität muß daher gemäß der Samuelson-Regel erfolgen. Es wurde deutlich, daß die zur Realisierung eines pareto-effizienten Allokationsoptimums mittels einer Pigou-Steuer erforderlichen Informationsvoraussetzungen mit der Bedingung für die optimale Bereitstellung eines öffentlichen Gutes übereinstimmen. Zudem wurde auf das normative Gerüst der paretianischen Wohlfahrtsökonomie eingegangen.

In Kapitel zwei wurden die Besonderheiten des vieldiskutierten Treibhauseffektes erläutert. Neben den naturwissenschaftlichen Grundlagen wurden die Facetten der Unsicherheit angerissen, die Anlaß zu kontroversen Schlußfolgerungen hinsichtlich der adäquaten umweltpolitischen Strategien geben. Sofern geeignete umweltpolitische Maßnahmen abgeleitet werden können, bleibt die Implementierung dieser Anstrengungen auf internationaler Ebene, die wegen der globalen Dimension des Problems erforderlich wäre, fraglich. Da das weltweite Klima als ein typisches internationales öffentliches Gut angesehen werden kann, verlangt die optimale Bereitstellung dieses Gutes kooperatives Verhalten der beteiligten Länder. Spieltheoretische Modelle, die das Kooperationsverhalten der beteiligten Länder beschreiben, lassen im allgemeinen wenig Kooperationsbereitschaft erwarten. Vor dem Hintergrund eines unendlichen Zeithorizontes und bei Unsicherheit ist diese Aussage zu relativieren.

Da die Folgen einer Nutzungsentscheidung vom künftig relevanten Umweltzustand abhängen, der im allgemeinen zum Zeitpunkt der Entscheidung nicht bekannt ist, lassen sich die zukünftigen Ergebnisse von Handlungsalternativen nicht mit Sicherheit angeben. Für den Fall, daß die Ungewißheit sich auf das öffentliche Gut Umweltqualität erstreckt, kann die Unsicherheit über die Konsequenzen von Entscheidungen als soziales Risiko eingestuft werden, das den Charakter eines öffentlichen Gutes besitzt. Daher sind Maßnahmen zur Streuung des Risikos und die Anwendung des Versicherungsprinzips nicht möglich. Die Auswahl des umweltpolitischen Entscheidungsträgers über die zur Verfügung stehenden Handlungsalternativen müßte somit die unterschiedlichen Risikopräferenzen der Individuen berücksichtigen. Anhand des Erwartungsnutzenmodells sowie des Standardmodells der Portfoliotheorie (μ, σ-Modell) ist eine Abwägung zwischen der Maximierung des Erwartungswertes von sozialer Wohlfahrt und sozialem Risko für einen risikoaversen Entscheidungsträger möglich. Es wurde aufgezeigt, daß die Grenzkosten der Risikominderung als Risikoprämie aufgefaßt werden können, welche dem Grenznutzen der erreichten höheren Sicherheit entsprechen. Auch bei Annahme von Risikoneutralität kann eine gegenüber dem Erwartungswertkriterium vorsichtige Emissionsentscheidung angezeigt sein. Dies wurde für den Fall der irreversiblen Akkumulation von Emissionen und einer im zeitlichen Verlauf verbesserten Informationslage erläutert. Den sogenannten Quasi-Optionswert gilt es daher bei Ableitung der optimalen Emissionsentscheidung zu berücksichtigen.

In Kapitel vier wurden effiziente Strategien zur optimalen Kontrolle von Bestandsexternalitäten eingeführt. Der dynamische Pfad einer optimalen Emissionssteuer, die sich auf akkumulierende Emissionen bezieht, ist an der sozialen Diskontrate sowie an der Höhe der natürlichen Abbaurate zu orientieren. Im Rahmen einer Steady State-Lösung müssen die aktuellen Grenzvermeidungskosten dem marginalen Gesamtperiodenschaden einer Emissioneinheit entsprechen. Die Implikationen einer oftmals zu beobachtenden verzögerten Akkumulation von Schadstoffen für die Ableitung einer optimalen Emissionssteuer wurden ebenfalls anhand eines kontrolltheoretischen Ansatzes aufgezeigt. Gegen die Anwendung einer langfristigen Gleichgewichtslösung spricht zum einen, daß die Anpassung an langfristig optimale Werte zu lange dauern kann, und zum anderen der Umstand, daß neue Erkenntnisse zu einer Revision der bislang angestrebten Gleichgewichtslösung führen können. Dies führte zur Ableitung einer effizienten Strategie bei Annahme eines endlichen Zeithorizontes.

Im fünften Kapitel wurde Unsicherheit über die Höhe der natürlichen Assimilationskapazität sowie über die Bewertung zukünftiger Umweltschäden in einem dynamischen Kontext eingeführt. Dabei wurden die Auswirkungen auf die optimale Emissionssteuer und die Konsequenzen für optimale Emissionsvermeidungsstrategien aufgezeigt. Zudem konnten Bedingungen für das Zustandekommen eines Quasi-Optionswertes in einem stetig formulierten Modell der optimalen Kontrolle eines Schadstoffbestandes identifiziert werden. Die sich daraus ergebenden wirtschaftspolitischen Schlußfolgerungen für eine präventive Umweltpolitik wurden erläutert. Im Hinblick auf die Klimaproblematik fällt damit das häufig angeführte Argument, daß die wissenschaftlichen Erkenntnisse hinsichtlich der Klimazusammenhänge für eine weitreichende und kostenintensive Emissionsreduktionspolitik nicht ausreichen, zunächst zugunsten einer präventiven Politik aus. Mit der Durchführung präventiver Gegenmaßnahmen wird die Option, den Zugewinn an Informationen für zukünftige Entscheidungen nutzen zu können, offengehalten.

In Kapitel sechs wurde der Tatsache Rechnung getragen, daß umweltpolitische Maßnahmen zur Vermeidung von Emissionen im allgemeinen Investitionsentscheidungen bedingen. Aufgrund von Unsicherheit stellt die optimale Umweltpolitik sich als sequentieller Entscheidungsprozeß dar, in dem zusätzliche entscheidungsrelevante Informationen im Laufe der Zeit verfügbar werden, die zur Revision der bisherigen Politik führen können. Dabei zeigte sich, daß die Unsicherheit über die zukünftigen umweltpolitischen Kosten zusammen mit der Irreversibilität von Investitionen in Realkapital, aus Sicht der Investoren, einen Optionswert schafft. Die Ableitung der optimalen Investitionsentscheidung erfolgte daher anhand der aus der Theorie der Finanzmärkte bekannten Methode der Optionspreise. Eine allokationseffiziente Implementierung der optimalen Umweltpolitik, die dem Optionscharakter umweltpolitischer Investitionen Rechnung trägt, ist auf der Grundlage einer Politik der handelbaren Emissionsrechte, die einen Termin- und Optionsmarkt für Emissionsrechte einschließt, möglich.

Eine interessante Erweiterung auf der Grundlage dieser Ausführungen ist in der Einbeziehung des technischen Fortschrittes sowie der Einführung eines kombinierten Einsatzes umweltpolitischer Instrumente zu sehen[1].

---

[1] Siehe dazu bereits Laffont, J.-J. und J. Tirole (1996): Pollution Permits and Compliance Strategies, Journal of Public Economics, Vol. 62, S. 85-125 und dieselben (1996): Pollution Permits and Environmental Innovation, Journal of Public Economics, Vol. 62, S. 127-140.

Literaturverzeichnis

Adar, Z. und J. M. Griffin (1976): Uncertainty and The Choice of Pollution Control Instruments, Journal of Environmental Economics and Management, Vol.3, S. 178-188.

Arnold, V. (1984): Umweltschutz als international öffentliches Gut: Komparative Kostenvorteile und Verhandlungsgewinne, Zeitschrift für Wirtschafts-und Sozialwissenschaften, Vol. 104, S. 111-129.

Arrow, K. J. (1963): Social Choice and Individual Values, 2. Aufl., New Haven.

Arrow, K. J. und A.C. Fisher (1974): Environmental Preservation, Uncertainty and Irreversibility, Quarterly Journal of Economics, Vol. 88, S. 312-319.

Arrow, K. J. und R.C. Lind (1970): Uncertainty and the Evaluation of Public Investment Decisions, in: American Economic Review, Vol. 60, S. 364-378.

Bartmann, H. (1996): Umweltökonomie - ökologische Ökonomie, Stuttgart.

Bauer, A. (1993): Der Treibhauseffekt, Tübingen.

Baumol, W. J. und W.E. Oates (1988): The Theory of Environmental Policy, 2. Aufl., Cambridge University Press.

Baumol, W.J. (1968): On the Social Rate of Discount, American Economic Review, Vol.68, S. 788-802.

Baumol, W.J. und W.E. Oates (1971): The Use of Standards and Prices for Protection of the Environment, Swedish Journal of Economics, Vol. 73, S. 42-54.

Bismut, J.-M. (1975): Growth and Optimal Intertemporal Allocation of Risks, Journal of Economic Theory, Vol. 10, S. 239-257.

Black, F. und M. Scholes (1973): The Pricing of Options and Corporate Liabilities, Journal of Political Economy, Vol. 81, S. 637-659.

Blanchard, O. J. und S. Fischer (1989): Lectures on Macroeconomics, MIT-Press, Cambridge.

Bonus, H. (1990): Preis- und Mengenlösungen in der Umweltpolitik, Jahrbuch für Sozialwissenschaft, Vol. 41, S. 343-358.

Bradford, D.F. (1970): Benefit-Cost-Analysis and Demand Curves for Public Goods, Kyklos, Vol. 23, S. 1145-1159.

Chiang, A.C. (1984): Mathematical Economics, 3. Aufl., New Yorl et. al.

Chiang, A.C.(1992): Elements of Dynamic Optimization, New York et. al.

Cichetti, C. J. und A. M. Freeman (1971): Option Demand and Consumer Surplus: Further Comment, Quarterly Journal of Economics, Vol.85, S. 528-539.

Clarke, E. H.(1971): Multipart Pricing of Public Goods, Public Choice, Vol. 11, S. 17-33.

Cline, W. R. (1992): The Economics of Global Warming, Washington.

Coase, R. H. (1960): The Problem of Social Cost, Journal of Law and Economics, Vol. 3, S. 1-44.

Conrad, J. M. (1980): Quasi-Option Value and the Expected Value of Information, Quarterly Journal of Economics, Vol. 94, S. 813-820.

Cox, J.C. und M. Rubinstein(1985): Options Markets, Englewood Cliffs.

Cox, J. C. und S. A. Ross (1976): The Valuation of Options for Alternative Stochastic Processes, Journal of Financial Economics, Vol. 3, S. 145-166.

Cropper, M.L. und W.E. Oates (1992): Environmental Economics, Journal of Economic Literature, Vol. 30, S. 675-740.

d'Arge, R. C., W. Schulze und D. S. Brookshire (1982): Carbon Dioxide and Intergenerational Choice, American Economic Review, Vol. 72, S. 251-256.

Dasgupta, P. (1982): The Control of Resources, Oxford.

Dasgupta, P. und G. Heal (1974): The Optimal Depletion of Exhaustible Resources, Review of Economic Studies, Vol. 41, S. 3-28.

Demsetz, H. (1967): Toward a Theory of Property Rights, American Economic Review, Papers and Proceedings, Vol. 57, S. 347-359.

Deutscher Bundestag (1990): Dritter Bericht der Enquete-Kommission: „Vorsorge zum Schutz der Erdatmosphäre“, Bonn, Bundestagsdrucksache 11/8030 vom 24. Mai.

Deutscher Bundestag(1992): Enquete-Kommission "Vorsorge zum Schutz der Erdatmosphäre", 1992, Klimaänderung gefährdet globale Entwicklung, Erster Bericht, in: Bundestagsdrucksache 12/2400 vom 30. März.

Dixit, A. (1993): The Art of Smooth Pasting, Fundamentals of Pure and Applied Economics, Vol. 55, Chur.

Dixit, A.K. (1992): Investment and Hysteresis, Journal of Economic Perspectives, Vol. 6, S. 107-132.

Dixit, A.K. und R.S. Pindyck (1994): Investment under Uncertainty, Princeton.

Drèze, J. und N. Stern(1987): The Theory of Cost-Benefit-Analysis, in: Auerbach, A.J. und M. Feldstein (Hrsg.), Handbook of Public Economics, Vol. 2, Amsterdam et. al., Chapter 14, S. 909-989.

Elliott, D. und G. Yarrow (1977): Cost-Benefit Analysis and Environmental Policy: A Comment, Kyklos, Vol. 30, S. 300-309.

Endres, A. (1977): Die Coase-Kontroverse, Zeitschrift für die gesamte Staatswissenschaft, Vol.133, S. 637-651.

Faber, M., H. Niemes, G. Stephan (1983):Entropy, Environmental Protection and Raw Material Consumption, Lecture Notes in Economics and Mathematical Systems, Berlin et. al..

Falk, I. und R. Mendelsohn (1993): The Economics of Controlling Stock Pollutants: An Efficient Strategy for Greenhouse Gases, Journal of Environmental Economics and Management, Vol. 25, S. 76-88.

Farzin, Y. H. (1996): Optimal Pricing of Environmental and Natural Resource Use with Stock Externalities, Journal of Public Eonomics, Vol. 62, S. 31-57.

Feichtinger, G. und R. Hartl (1986): Optimale Kontrolle ökonomischer Prozesse, Berlin, New York.

Fishelson, G. (1976): Emission Control Policies under Uncertainty, Journal of Environmental Economics and Management, Vol. 3, S. 189-197.

Fisher, A.C. (1973): Environmental Externalities and the Arrow-Lind Public Investment Theorem, American Economic Review, Vol. 63, S. 722-725.

Fisher, A. C. und W. M. Hanemann (1987): Quasi-Option Value: Some Misconceptions Dispelled, Journal of Environmental Economics and Management, Vol. 14, S. 183-190.

Fisher, A. C. und J. V. Krutilla (1974): Valuing Long-Run Ecological Consequences and Irreversibilities, Journal of Environmental Economics and Management, Vol. 1, S. 96-108.

Fisher, A.C. und J.V. Krutilla, J.V. (1985): Economics of Nature Preservation, in: Kneese, A.V. und J.L. Sweeney, Handbook of Natural Resouce and Energy Economics, Vol. 1, Chapter 4, Amsterdam, New York und Oxford, S. 165-189.

Folmer, H., P. v. Mouche und S. Ragland (1993): Interconnected Games and International Environmental Problems, Environmental and Resource Economics, Vol. 3, S. 313-335.

Freeman, A. M. (1984): The Quasi-Option Value of Irreversible Development, Journal of Environmental Economics and Management, Vol. 11, S. 292-295.

Furubotn, E. und S. Pejovich (1972): Property Rights and Economic Theory: A Survey of Recent Literature, Journal of Economic Literature, Vol. 4, S. 1137-1162.

Groves, T. und J. Ledyard (1977): Optimal Allocation of Public Goods: A Solution to the Free Rider Problem, Econometrica, Vol. 45, S. 783-809.

Hanemann, W. M. (1989): Information and the Concept of Option Value, Journal of Environmental Economics and Management, Vol 16, S. 23-37.

Hediger, W. (1991): Opportunitätskosten der Umweltnutzung, Zürich.

Heister, J. und P. Michaelis et. al. (1991): Umweltpolitik mit handelbaren Emissionsrechten: Möglichkeiten der Verringerung von Kohlendioxid- und Stickoxidemissionen, Kieler Studien 237, Tübingen.

Henry, C. (1974): Investment Decisions under Uncertainty: The Irreversibility Effect, American Economic Review, Vol. 64, S.1006-1012.

Hirshleifer, J. (1965): Investment Decision under Uncertainty: Choice-Theoretic Approaches, Quarterly Journal of Economics, Vol. 79, S. 509-536;

Hohmeyer, O. (1989): Soziale Kosten des Energieverbrauchs, 2. Aufl., Berlin et. al.

Holler, M.J. und G. Illing (1993): Einführung in die Spieltheorie, 2. Aufl.

Hotelling, H. (1931): The Economics of Exhaustible Resources, Journal of Political Economy, Vol 39, S. 137-175.

Hurwicz, L. (1972): On Informationally Decentralized Systems, in: Radner, R. und C. B. McGuire (Hrsg.): Decision and Organization: A Volume in Honor of Jacob Marschak, Amsterdam, S. 297-336.

IEA/OECD (1991): Greenhouse Gas Emissions: The Energy Dimension, Paris.

Intriligator, M.D. (1971): Mathematical Optimization and Economic Theory, Englewood Cliffs.

Kamien, M. I. und N. L. Schwartz (1991): Dynamic Optimization, 2. Aufl., Amsterdam et. al.

Keeler, E., M. Spence und R. Zeckhauser (1971): The Optimal Control of Pollution, Journal of Economic Theory, Vol. 4, S. 19-34.

Laffont, J.-J. (1987): Incentives and the Allocation of Public Goods, in: Auerbach, A. J. und M. Feldstein: Handbook of Public Economics, Vol. 2, Chapter 10, Amsterdam et. al., S. 537-569.

Laffont, J.-J. (1989): The Economics of Uncertainty and Information, MIT-Press, Cambridge.

Laffont, J.-J. und J. Tirole (1996): Pollution Permits and Compliance Strategies, Journal of Public Economics, Vol. 62, S. 85-125.

Laffont, J.-J. and J. Tirole (1996): Pollution Permits and Environmental Innovation, Journal of Public Economics, Vol. 62, S. 127-140.

Lind, R. (1982): A Primer on the Major Issues Relating to the Discount Rate for Evaluating National Energy Options, in: R. Lind, et.al. (Hrsg.), Discounting for Time and Risk in Energy Policy, Washington, D.C.

Loistl, O. (1994): Kapitalmarkttheorie, 3. Aufl., München.

McDonald, G.J.(1988): Scientific Basis for the Greenhouse Effect., Journal of Policy Analysis and Management, Vol. 7, S. 425-444.

McDonald, R. und D. Siegel (1986): The Value of Waiting to Invest, Quarterly Journal of Economics, Vol. 101, S. 707-727.

Mäler, K.-G.(1985): Welfare Economics and the Environment, in: Kneese, A. V. und J. L. Sweeney: Handbook of Natural Resource and Energy Economics, Vol. 1, Amsterdam, S. 3-60.

Mäler, K.G. (1991): International Environmental Problems, Oxford Review of Economic Policy, Vol. 6, S. 80-108.

Malliaris, A. G. und W.A. Brock (1982): Stochastic Methods in Economics and Finance, Amsterdam et. al.

Manne, A.S. und R.G. Richels (1990): CO_2 Emission Limits: An Economic Cost Analysis for the USA, The Energy Journal, Vol. 11, S. 51-74.

Markowitz, H. (1952): Portfolio Selection, The Journal of Finance, Vol.7, S. 77-91.

Merton, R.C. (1969): Lifetime Portfolio Selection under Uncertainty: The Continuous-Time Case, Review of Economics and Statistics, Vol. 51, S. 247-257.

Merton, R.C. (1973): Theory of Rational Option Pricing, Bell Journal of Economics and Management Science, Vol. 4, S. 141-183.

Meyer, J. (1987): Two-Moment Decision Models and Expected Utility Maximization , American Economic Review Vol. 77, S. 421-430.

Miller, J. R. und F.Lad (1984): Flexibility, Learning, and Irreversibility in Environmental Decisions: A Bayesian Approach, Journal of Environmental Economics and Management, Vol. 11, S. 161-172.

Morgenstern, R. D. (1991): Towards a Comprehensive Approach to Global Climate Change Mitigation, American Economic Association, Papers and Proceedings, Vol. 81, S. 140-145.

Musgrave, R.A.(1959): The Theory of Public Finance. A Study in Public Economy, New York, et. al.

Nicodemus, G. (1995): Emission Control Policies under Uncertainty, Paper Presented at the Seventh Annual Conference of The European Association of Environmental and Resource Economists, Lissabon, 1996.

Nordhaus, W. (1991): Economic Approaches to Greenhouse Warming, in: Dornbusch, R. und J. Poterba (ed.): Economic Policy Responses to Global Warming, MIT Press, Cambridge.

Nordhaus, W.(1991): To Slow or Not to Slow : The Economics of the Greenhouse Effect, The Economic Journal, Vol. 101, S. 920-937.

Nordhaus, W. (1993): How Much Should We Invest in Preserving Our Current Climate?, in: Giersch, H. (Hrsg.): Economic Progress and Environmental Concerns, Berlin et.al., S. 255-299.

Oakland, W.H.(1972): Congestion, Public Goods and Welfare, Journal of Public Economics 1, S. 339-357.

Perman, R. (1994): The Economics of the Greenhouse Effect, Journal of Economic Surveys, Vol. 8, S. 99-132.

Pindyck, R. S. (1991): Irreversibility, Uncertainty and Investment, Journal of Economic Literature, Vol.29, S. 1110-1148.

Pindyck, R.S.(1984): Uncertainty in the Theory of Renewable Resource Markets, Review of Economic Studies, Vol. 51, S. 289-303.

Ramsey, F. (1928): A Mathematical Theory of Saving, Economic Journal, Vol. 38, S. 543-559.

Rawls, J. (1971): A Theory of Justice, Cambridge.

Richter, W. F. und W. Wiegard (1993): Zwanzig Jahre „Neue Finanzwissenschaft", Teil 1: Überblick und Theorie des Marktversagens, Zeitschrift für Wirtschafts- und Sozialwissenschaften, Vol. 113, S. 169-224.

Römer, A. (1993): Was ist den Bürgern die Verminderung eines Risikos wert?, Frankfurt a.M. et. al.

Rothschild, M. und J. E. Stiglitz (1970): Increasing Risk. 1. A Definition, Journal of Economic Theory, Vol. 2, S. 225-243.

Samuelson, P. A. (1954): The Pure Theory of Public Expenditure, Review of Economics and Statistics, Vol. 36, S. 387-389.

Samuelson, P. A. (1969): Lifetime Portfolio Selection by Dynamic Stochastic Programming, Review of Economics and Statistics 51, S. 239-246.

Sandmo, A. (1972): Discount Rates for Public Investment under Uncertainty, International Economic Review, Vol. 13, S. 287-302.

Schelling, T. C. (1992): Some Economics of Global Warming, American Economic Review, Vol. 82, S. 1-14.

Schlittgen, R. und B.H.J. Streitberg(1994): Zeitreihenanalyse, 5. Auflage, München.

Schönwiese, Ch. (1991): The Greenhouse Effect, A Necessity to React?, Institute for Meteorology and Geophysics, University of Frankfurt am Main

Schubert, R. (1992): Das Problem der Unsicherheit in der Umwelt- und Ressourcenökonomie, in: Entwicklung und Umwelt, Schriften des Vereins für Socialpolitik, Berlin, S.19-39.

Siebert, H. (1983): Ökonomische Theorie Natürlicher Ressourcen, Tübingen.

Siebert, H. (1987): Umweltschäden als Problem der Unsicherheitsbewältigung: Prävention und Risikoallokation, in: Gesellschaft und Unsicherheit, Holzheu, F. (Hrsg.), München, S. 173-185

Siebert, H. (1988): Haftung ex post versus Anreize ex ante: Einige Gedanken zur Umweltpolitik bei Unsicherheit, in: F. Nicklisch (Hrsg.): Prävention im Umweltrecht, Schriftenreihe Technologie und Recht, S. 111-132.

Siebert, H. (1992): Economics of the Environment, 3. Aufl., Berlin et. al.

Simon, H. (1956): Dynamic Programming under Uncertainty with a Quadratic Criterion Function, in: Econometrica, Vol. 24, S. 74-81.

Simonis, U.E. (Hrsg.) (1988): Präventive Umweltpolitik, Frankfurt, New York.

Sinn, H.W. (1980): Ökonomische Entscheidungen bei Ungewißheit, Tübingen.

Sohmen, E. (1976): Allokationtheorie und Wirtschaftspolitik, Tübingen.

Solow, R. M. (1974): Intergenerational Equity and Exhaustible Resources, Review of Economic Studies, Vol. 41, S. 29-45.

Solow, R. M. (1986): On the Intergenerational Allocation of Natural Resources, Scandinavian Journal of Economics, Vol. 88, S. 141-149.

Stephan, G.: Minderschätzung künftiger Bedürnisse. Zur Formulierung eines psychologischen Phänomens, Jahrbuch für Nationalökonomie und Statistik, Vol. 205, S. 348-362.

Theil, H. (1956): Econometric Models and Welfare Maximization, in: Weltwirtschaftliches Archiv, Vol. 72, S. 60-83.

Theil, H. (1957): A Note on Certainty Equivalence in Dynamic Planning, in: Econometrica, Vol. 25, S. 346-349.

Tietenberg, T. (1985): Emissions Trading, Resources for the Future, Washington.

Tietenberg, T. (1992): Environmental and Natural Resource Economics, 3. Aufl., New York.

Tillmann, G. (1991): Steuern und Gerechtigkeit, in: Wahl, J.(Hrsg.): Steuerpolitik vor neuen Aufgaben, S. 83-117.

Tinbergen, J. (1960): Optimum Savings and Utility Maximization Over Time, Econometrica, Vol. 28, S. 481-489.

van der Ploeg,F. und C. Withagen (1991): Pollution Control and the Ramsey Problem, Environmental and Resource Economics, Vol. 1, S. 215-236.

van der Ploeg, F. und A. J. de Zeeuw (1992): International Aspects of Pollution Control, Environmental and Resource Economics, Vol. 2, S. 117-139.

Varian ,H. (1992): Microeconomic Analysis, 3. Aufl., New York, London.

Vickrey, W. S.(1960): Utility, Strategy and Social Decision Rules, Quarterly Journal of Economics, Vol. 74, S. 507-535.

Viscusi, W. K. (1985): Environmental Policy Choice with an Uncertain Chance of Irreversibility, Journal of Environmental Economics and Management, Vol. 12, S. 29.

Weimann, J.(1991): Umweltökonomik, 2. Aufl., Berlin, Heidelberg et. al.

Weisbrod, B. (1964): Collective Consumption Services of Individual-Consumption Goods, Quarterly Journal of Economics, Vol. 78, S. 471-477.

Weitzman, M. (1974): Prices vs. Quantities, in: Review of Economic Studies, Vol. 41, S. 477-491.

Weitzman, M. L. (1994): On the „Environmental" Discount Rate, Journal of Environmental Economics and Management, Vol. 26, S. 200-209.

Weizsäcker, C. C. von (1965): Existence of Optimal Plans of Accumulation for an Infinite Time Horizon, Review of Economic Studies, Vol. 23, S. 85-104.

GPSR Compliance

The European Union's (EU) General Product Safety Regulation (GPSR) is a set of rules that requires consumer products to be safe and our obligations to ensure this.

If you have any concerns about our products, you can contact us on ProductSafety@springernature.com

In case Publisher is established outside the EU, the EU authorized representative is:

Springer Nature Customer Service Center GmbH
Europaplatz 3
69115 Heidelberg, Germany

Batch number: 10815974

Printed by Printforce, the Netherlands